互联网时代影响下的青少年体质健康研究

王 霄 季雯雯 著

北京工业大学出版社

图书在版编目（CIP）数据

互联网时代影响下的青少年体质健康研究 / 王霄，季雯雯著 . — 北京：北京工业大学出版社，2021.5
ISBN 978-7-5639-8010-9

Ⅰ . ①互… Ⅱ . ①王… ②季… Ⅲ . ①青少年－体质－健康教育－研究－中国 Ⅳ . ① G479

中国版本图书馆 CIP 数据核字（2021）第 111794 号

互联网时代影响下的青少年体质健康研究
HULIANWANG SHIDAI YINGXING XIADE QINGSHAONIAN TIZHI JIANKANG YANJIU

著　　者：	王　霄　季雯雯
责任编辑：	吴秋明
封面设计：	知更壹点
出版发行：	北京工业大学出版社
	（北京市朝阳区平乐园 100 号　邮编：100124）
	010-67391722（传真）　bgdcbs@sina.com
经销单位：	全国各地新华书店
承印单位：	三河市腾飞印务有限公司
开　　本：	710 毫米 ×1000 毫米　1/16
印　　张：	13.75
字　　数：	270 千字
版　　次：	2023 年 4 月第 1 版
印　　次：	2023 年 4 月第 1 次印刷
标准书号：	ISBN 978-7-5639-8010-9
定　　价：	58.00 元

版权所有　翻印必究

（如发现印装质量问题，请寄本社发行部调换 010-67391106）

作者简介

王霄，1989年1月出生，山东济宁人，体育学博士，主要从事青少年职业体能训练和评价研究，韩国嘉泉大学留学生篮球队特聘技术顾问，韩国嘉泉大学体育学院体能研究所研究员。多次代表嘉泉大学参与韩国青少年体适能协会论坛，在各类核心期刊发表论文多篇。

季雯雯，1996年1月出生，山东淄博人，体育学硕士，主要从事中小学生职业体能训练研究，韩国嘉泉大学学生代表，韩国体育协会首尔办事处外聘翻译，中韩体育交流志愿者。

前　言

梁启超先生说"少年强则国强"，促进青少年体质健康发展是实现我们伟大复兴中国梦的重要一步。青少年是中华民族的接班人，他们的身体和心理发展不容忽视。近年来，我国体质健康监测数据表明，随着人们生活水平的提高和现代社会的发展，我国青少年的体质健康水平却在持续下滑，肥胖、超重和近视的青少年比例迅猛增长。毋庸置疑，青少年的体质和他们所处的生活环境是紧密相关的。如何提高青少年体质健康水平，让他们结合自己的生活环境采取有效合理的锻炼方法是非常有必要的。实现青少年体质健康与全民健身的接轨，形成一个良好的全民健身体系，是我国由传统应试教育向新型素质教育跨越的一个历史性转折点。

青少年体质健康教育是素质教育的重要组成部分，在培养创新人才、活跃校园文化生活、促进校园文明建设等方面有着不可替代的作用。青少年是我国可持续发展的源泉，如何运用互联网技术为促进青少年体质健康发展服务，是教育工作者需要关心的新问题。为了促进我国青少年的体质健康发展，让青少年能够具备一个良好的体魄，本书将互联网相关技术引入青少年体质健康研究和教育中，对互联网时代青少年的体质健康进行剖析，厘清互联网技术对青少年体质健康发挥作用的机理，在阐明互联网对青少年体质健康的影响的基础上，阐述青少年体质健康发展的策略，为破解我国青少年体质健康现实困境，使青少年获得更优质、更精准的体质健康教育服务提供参考，为促进互联网时代青少年体质健康的发展提供有价值的建议。

为了确保研究内容的丰富性和多样性，笔者在写作过程中参考了大量理论与研究文献，在此向相关专家学者表示衷心的感谢。限于笔者水平，本书难免存在不足之处，恳请同行专家和读者朋友批评指正。

目 录

第一章 我国青少年体质健康分析 ... 1
第一节 青少年体质健康状况调查 ... 1
第二节 青少年体质健康存在的问题及原因 ... 10
第三节 影响青少年体质健康的主要因素 ... 21
第四节 改善青少年体质健康的措施 ... 33
第五节 促进青少年体质健康的重要意义 ... 55

第二章 青少年体质健康教育模式 ... 63
第一节 体质健康教育概述 ... 64
第二节 青少年体质健康教育存在的问题 ... 76
第三节 青少年体质健康教育模式的构建 ... 85
第四节 青少年体质健康教育模式的应用 ... 94
第五节 青少年体质健康教育的重要意义 ... 101

第三章 青少年体质健康提升的社会路径 ... 105
第一节 我国青少年体质健康标准的发展变化 ... 105
第二节 国外促进青少年体质健康的经验与启示 ... 108
第三节 促进青少年体质健康的社会因素 ... 117
第四节 促进青少年体质健康的社会治理路径 ... 122
第五节 促进青少年体质健康的社会治理原则 ... 143

第四章 "互联网+"背景下促进青少年体质健康的策略探索 146
第一节 "互联网+"概述 146
第二节 "互联网+"对青少年体质健康的影响 153
第三节 "互联网+"促进青少年体质健康的策略 161
第四节 "互联网+"在青少年体质健康实施中的应用 184

第五章 基于大数据的青少年体质健康教学 192
第一节 大数据的概念及发展历史 192
第二节 大数据技术及应用领域 198
第三节 基于大数据的青少年体质健康教学内涵解读 201
第四节 大数据对青少年体质健康教学的影响 203
第五节 基于大数据的青少年体质健康教学模式设计 207

参考文献 211

第一章　我国青少年体质健康分析

第一节　青少年体质健康状况调查

一、体质与健康的定义

（一）体质的定义

体质是人体的质量，它是在遗传性和获得性的基础上表现出来的人体形态结构、生理功能和心理因素的综合的、相对稳定的特征。人体的形态结构、生理功能、身体素质和运动能力（以下简称体能或体力）、心理发育（或发展）以及对外界环境的适应能力是寓于人体、相互依存、相互影响、相互制约，是构成体质且不可分割的重要因素。

人体的形态结构是体质的物质基础，生理功能、体能和心理条件是体质的主、客观表现，对内外环境的适应能力是它们的综合反应。一定的形态结构必然表现为一定的生理功能。体能是各器官系统的机能能力在人体运动过程中的客观反映。提高体能的过程会相应地引起机体一系列形态结构、生理功能的变化；而伴随着形态结构、生理功能的变化和体能的提高，又会产生一定的心理过程和个性心理特征，从而促进人的心理发展。

根据上述认识，体质应包括：①身体形态发育水平，即性格、体型、姿势、营养状况、身体组成成分；②生理功能水平，即机体代谢水平及各器官系统的效能；③心理发育（或精神因素）水平，即智力、情感、行为、意志力、感知觉、个性、性格等；④身体素质和运动能力发展水平，即速度、力量、耐力、灵敏度、协调性、柔韧性以及走、跑、跳、投、攀登等身体活动能力；⑤适应能力，即对各种环境的适应能力和对疾病的抵抗力。

总的来说，体质应包括体格、体能和适应能力三部分。

体质是人的生命活动和劳动能力的物质基础，在其形成、发展和消亡的过程中，具有明显的阶段性，表现出从最佳功能状况到严重疾病的功能障碍等各种不同阶段的体质水平。理想的体质是指良好的人体质量，是在遗传的基础上，人经过后天的努力改造所能达到的形态、结构、心理素质、生理功能和环境适应能力的整体良好状态。

（二）健康的定义

健康是生命的象征、幸福的保证。人人需要健康，向往长寿。那么什么是健康呢？古往今来，人们对于健康的解释各不相同。过去，人们总认为"无病、无残、无伤"即健康。长久以来，"没病就是健康"的传统健康观和"人的命、天注定"的宿命论仍在社会人群中普遍存在。殊不知，即使没有任何躯体上的疾病，在生活中还会有烦恼、抑郁等不良心理现象存在。然而，随着社会的发展和科学技术的进步，人们已突破了过去的思维模式，对健康的概念有了新的认识。因此，对学生进行健康教育，宣传和普及新的健康观尤为重要。

1.健康的概念

世界卫生组织（WHO）于1948年在其宪章中给出的健康的定义是："健康不仅是免于疾病和衰弱，而且是保持体格方面、精神方面和社会方面的完美状态。"1978年国际初级卫生保健大会所发表的《阿拉木图宣言》中，对健康的描述又重申为："健康不仅是疾病与体弱的匿迹，而且是身心健康、社会幸福的完美状态。"1989年世界卫生组织提出了健康的新概念，除了躯体健康、心理健康和社会适应良好外，还要加上道德健康，只有具备这四个方面的健康才算是完全的健康。1994年6月，世界卫生组织亚太地区执委会提出"健康新地平线"战略来迎接21世纪，该战略明确提出，未来医学和卫生工作的侧重点应该是"以人为中心，以健康为中心"，而不是以疾病为中心，并且必须将重点放到有利于健康的工作上，作为人类发展的一部分。

2.健康五要素说

美国美利坚大学的国家健康中心提出了一个与健康三维观相似的健康定义，即个体只有身体、情绪、智力、精神和社交五个方面都健康（也称健康五要素），才称得上真正的健康，或称为完美状态。目前，也常用"完美"一词来代替"健康"。

身体健康主要指无病，而且包括体能，体能是一种满足生活需要和有足够的能量完成各种活动任务的能力。具备这种能力可以有效地预防疾病，增进健康，提高生活质量。

情绪健康的主要标志是情绪的稳定性，即个体应对日常生活中人际关系和环境压力的能力。这种稳定性指的是一种生活中的常态，偶尔的情绪高涨或低落均属正常。

智力健康指在长期的学习和生活中，大脑始终处于活跃状态。

精神健康主要包括理解生活基本目的的能力，以及关心和尊重所有生命的能力。对于不同宗教、文化和国籍的人意味着不同的内容。

社交健康指形成与保持和谐人际关系的能力，它将使人们在交往中有自信心和安全感。与人友好相处，会使你少生烦恼，心情舒畅。

健康的五个要素相互联系、相互影响，在人的生命长河的不同时期，健康的各要素的重要作用会有所不同，但长久地忽略一种要素就可能存在健康的潜在危险。只有所有健康要素平衡发展，人才能称得上处于完美状态，才能真正健康和幸福地生活，享受美好人生。

3.健康的组成

健康的新概念揭示了健康的四个方面，它们之间相互联系、相互影响。因此，对于维护人体健康而言，以下几方面缺一不可。

第一，生理健康。人体的生理功能是以结构为基础，以维持人体生命活动为目的，协调一致，复杂而高级的运动形式。生理健康指人体的结构完整和生理功能的正常，是其他方面健康的基础。

第二，心理健康。心理健康是生理健康的发展。判断心理是否健康的一般原则是：①心理与环境的统一性，指心理所反映客观的现实，无论在形式或内容上应同客观环境保持一致；②心理与行为的整体性，指一个人的认识、体验、情感、意识等心理活动和行为于自身是一个完整和协调一致的统一体；③人格的稳定性，指一个人在长期的生活经历中形成的独特的个性心理特征，它具有相对的稳定性。

第三，道德健康。道德可简单解释为做人的道理和应有的品德。道德健康以生理健康、心理健康为基础并高于生理健康和心理健康，是生理健康和心理健康的发展。道德健康的最高标准是"无私利他"；基本标准是"为己利他"；不健康的表现是"损人利己"和"损人不利己"。

第四，社会适应健康。社会适应主要指人在社会生活中的角色适应，包括职业角色、家庭角色，以及在学习、工作、家庭、娱乐、社交中的角色转换与人际关系等方面的适应。社会适应良好，不仅要具有生理健康、心理健康和道德健康，而且要具有较强的社会交往能力、工作能力和广博的科学文化知识；不仅能胜任个人在社会生活中的各种角色，而且能创造性地取得成就，贡献于社会，达到自我成就和自我实现。社会适应健康也是健康的最高境界。缺乏角色意识、发生角色错位是社会适应不良的表现。

4.健康的标准

（1）世界卫生组织提出的健康的14个标识

①有充沛的精力，能从容不迫地应付日常生活和工作而不感到有精神压力。

②处事乐观，态度积极，勇于承担责任。

③善于休息，睡眠良好。

④应变能力强，能适应外界的各种变化。

⑤能抵抗普通感冒和一般传染病。

⑥体重合适，身体匀称。

⑦眼睛明亮，反应敏锐。

⑧头发具有光泽而少头屑。

⑨牙齿清洁无龋齿，牙龈无出血且颜色正常。

⑩皮肤富有弹性，肌肉丰满。

⑪不吸毒，不淫乱。

⑫有良好的公德和道德修养，品德高尚。

⑬不侵占、剽窃他人的钱财、物品及研究成果。

⑭对自己和他人的健康负责，工作、生活和娱乐时不影响、不损害他人的利益和健康。

（2）"五快三良好"检查标准

世界卫生组织提出了人类新的健康标准。这一标准包括肌体和精神健康两部分，具体可用"五快"（肌体健康）和"三良好"（精神健康）来衡量。

①"五快"。吃得快：进餐时，有良好的食欲，不挑剔食物，并能很快吃完一顿饭。便得快：一旦有便意，能很快排泄完大小便，而且感觉良好。睡得快：有睡意，上床后能很快入睡，且睡得好，醒后头脑清醒，精神饱满。说得快：思维敏捷，口齿伶俐。走得快：行走自如，步履轻盈。

②"三良好"。良好的个性人格：情绪稳定，性格温和；意志坚强，感情丰富；胸怀坦荡，豁达乐观。良好的处世能力：观察问题客观、现实，能适应复杂的社会环境。良好的人际关系：助人为乐，与人为善，对人际关系充满热情。

还有一些学者认为健康就是适应。他们说："健康是人类对其生活中面临的所有生物的、生理的、心理的和社会刺激因素的一系列连续的适应。"总之，健康的概念及定义是由不同历史阶段的科学发展和社会进步所决定的，而随着现代科学的发展、社会的进步，人们对健康的认识必将更为确切，更符合其内在规律。

二、青少年体质的分类

青少年的体质主要可以划分成两类：一是与健康有关联的体质；二是与运动有关联的体质。健康方面的体质包含了身体成分、肌肉力量、耐力和柔韧性、心血管系统的功能等，并可以通过参加体育锻炼增强和改善体质健康。运动方面的体质包括平衡性、灵敏度、协调性、速度等，它们可以通过后期的专项训练提升到较高的水平，但与健康的相关性很低。所以青少年学生的体质健康教育主要还是以身体健康为目的去安排课程。

三、青少年的体质与健康的关系

在我们的生活中，一个人是否健康一般采用"体质"和"健康"两个词来衡量与表达，说明体质与健康存在密不可分的内在联系。随着社会的进步、科技的发展，我国青少年学生的体质得到了明显的改善，但学生的体能素质却在逐渐下降，肺活量明显降低，肥胖的青少年数量明显增多。健康不仅是没有疾病或不虚弱，而且会呈现出身体上、精神上和社会适应三个方面的完美状态，也就是说评价一个人的健康要用身体健康、心理健康和社会适应良好三种指标加以综合评价。体质是生命活动中的最基本要素，也是健康的物质基础。健康的身体要有好的体质，可是好的体质并不一定代表健康。加强青少年学生的体育锻炼，改善身体体质的最终目标是提高身体健康的水平。青少年学生的体质状况在一定程度上能反映出这一群体的健康水平，但是只有同时注重体质健康和心理健康才能使青少年学生的健康得到平衡发展。"少年强则国强"，只有青少年有了好的身体，国家才能发展得更好。

四、青少年体质健康状况调查

近年来青少年体质状况有喜有忧,喜的是随着社会经济的发展,我国青少年的身高有所增长,多发病与常见病发病率在逐年下降;忧的是青少年身体素质的一些指标持续下降。

(一)全国青少年体质健康现状

①肺功能指标维持低水平。②超重和肥胖现象严重。③近视发生率继续上升。④速度、力量素质增长趋于停滞。⑤血压调节机能不良比较普遍。

(二)某县中学近三年的学生体质健康调查

1.该中学学生体质健康数据对比分析

①中学生身高体重比分析:a.城乡差异小;b.超重及肥胖人数逐年增加;c.低体重人数也在逐年增加;d.体重不达标的占比在30%以上。②中学生男女人数比分析:a.男生比女生人数多;b.总体人数在逐年增加。③中学生体测数据分析:a.城乡比较差异不大;b.良好率及优秀率太差;c.不及格率比重较大;d.不及格率在逐年减少。④中学生肺活量数据分析:a.女生肺活量优于男生;b.不及格率在10%左右;c.优秀率在增加但是比重还是较少。

2.该中学学生的基本素质情况

此项调查针对全校范围内277名学生进行抽样调查分析,结果显示:学生的体质健康状况堪忧,主要面临的是近视率居高不下、肥胖学生增多、身体形态发育不正常等重大的健康问题。

(1)身体素质情况

学生的身体素质逐年下降,特别在耐力、柔韧性、力量素质及肺活量方面。肥胖比例增加的主要原因是学生体育锻炼不足,其中既有运动场地不足、时间安排以及体育活动内容安排上的原因,也有学生自身缺乏刻苦锻炼的原因。问卷调查的结果让人吃惊,虽然有80.6%的学生认为是由于体育锻炼的不足而造成自身体质下降,但是在调查中发现,只有26.3%的学生愿意参加有氧训练。对于不愿意参加有氧训练的原因,26%的学生回答没有时间,24.9%的学生回答怕累,21.4%的学生回答枯燥无味,11.6%的学生回答有自己喜欢的其他体育项目,6.1%的学生回答害怕受伤。

（2）近视情况

教师在平时的教学过程中发现，有的班半数以上学生都戴眼镜，并且年级越高戴眼镜的学生越多。调查显示，该校学生视力不良率高达61.2%。在"周末接触电子产品类型及时间"这一项调查中，47.2%的学生回答周末在家看电视长达100分钟以上，16.1%的学生沉浸在网络游戏当中，还有78.7%的学生有玩手机游戏及长时间看手机的习惯。因此，造成这一问题的原因是多方面的，学生的学业负担过重和不良的生活习惯是根本原因，手机、电视、网络等也在很大程度上影响着学生的视力情况。

（3）肥胖情况

目前，中学生的肥胖比率不断上升。调查表明，该校学生肥胖率达18.8%，其中女生肥胖率明显高于男生。究其原因，主要是人们生活水平的普遍改善，热量、脂肪等摄入过多及食物结构的不合理，加之营养科学知识的宣传普及滞后。多数学生喜欢吃一些零食，将炸薯条、汉堡包等高糖、高脂和高热量的食品充当正餐；还有一些学生根本就不按正常规律吃饭，早餐根本就不吃，放学到外面去吃路边摊。这些因素导致了学生肥胖的发生。

（4）身体形态发育情况

身体形态就是身体的外部形状和特征。现在中学里的大部分学生，非常不注意自己的坐、立、行、走，也就是自己的身体形态。在一生中最重要的生长发育环节，留下了很多坏的"伤疤"。调查发现，一部分同学的身体形态有很大的问题，主要是平时的坐、立、行、走中的坏毛病造成的。上课趴着写作业，躺着看电视、玩手机等坏习惯不仅导致了近视，还使身体发育环节出现了问题。

五、《中国居民营养与慢性病状况报告（2020年）》

居民营养与慢性病状况是反映国家经济社会发展、卫生保健水平和人口健康素质的重要指标。2015—2019年，国家卫生健康委员会组织中国疾病预防控制中心、国家癌症中心、国家心血管病中心开展了新一轮的中国居民慢性病与营养监测，覆盖全国31个省（自治区、直辖市）近6亿人口，现场调查人数超过60万，具有国家和省级代表性，根据监测结果编写形成《中国居民营养与慢性病状况报告（2020年）》。报告结果显示，近年来，随着健康中国建设和健康扶贫等民生工程的深入推进，我国营养改善和慢性病防控工作取得积极进展和明显成效，主要体现在以下3个方面。

（一）居民体格发育与营养不良问题持续改善，城乡差异逐步缩小

居民膳食能量和宏量营养素摄入充足，优质蛋白摄入不断增加。成人平均身高继续增长，儿童青少年生长发育水平持续改善，6岁以下儿童生长迟缓率、低体重率均已实现2020年国家规划目标，特别是农村儿童生长迟缓问题已经得到根本改善。居民贫血问题持续改善，成人、6—17岁儿童青少年、孕妇的贫血率均有不同程度的下降。

（二）居民健康意识逐步增强，部分慢性病行为危险因素流行水平呈现下降趋势

近年来，居民吸烟率、二手烟暴露率、经常饮酒率均有所下降。家庭减盐取得成效，人均每日烹调用盐9.3克，与2015年相比下降了1.2克。居民对自己健康的关注程度也在不断提高，定期测量体重、血压、血糖、血脂等健康指标的人群比例显著增加。

（三）重大慢性病过早死亡率逐年下降，因慢性病导致的劳动力损失明显减少

2019年，我国居民因心脑血管疾病、癌症、慢性呼吸系统疾病和糖尿病四类重大慢性病导致的过早死亡率为16.5%，与2015年的18.5%相比下降了2个百分点，降幅达10.8%，提前实现2020年国家规划目标。

六、第八次全国学生体质与健康调研

全国学生体质与健康调研是国民体质监测体系的重要组成部分，是学校体育、卫生与健康教育工作的重要内容。开展该调研的主要目的是全面掌握我国学生体质与健康现状和变化发展趋势，指导各地和学校全面落实和贯彻新时代党的教育方针，科学开展学校体育、学校卫生与健康教育工作，助力教育强国、体育强国和健康中国建设。该调研工作自1985年起，每5年开展1次，分别于1991年、1995年、2000年、2005年、2010年、2014年开展了第二次至第七次全国学生体质与健康调研工作。

为贯彻落实习近平总书记在全国教育大会、全国卫生与健康大会上的重要讲话精神和《中国教育现代化2035》《"健康中国2030"规划纲要》《全民健身条例》《国务院办公厅关于强化学校体育促进学生身心健康全面发展的意见》等相关要求，根据国务院1987年同意建立的全国学生体质与健康调研制度，2019年，

教育部、国家体育总局、国家卫生健康委员会、国家民族事务委员会、科技部、财政部部署开展了第八次全国学生体质与健康调研工作。

本次调研按照分层整群随机抽样调查的方法，在全国31个省（自治区、直辖市）和新疆生产建设兵团的93个地市的1 258所学校进行调研，调研学生374 257人，覆盖全日制普通中小学、普通高等学校学生，调研身体形态、生理机能、身体素质、健康状况4个方面24项指标。调研包括检测项目和问卷调查。调研实施过程中，先进行体检项目测试，再进行体测项目测试。对体检样本中的小学四年级以上学生进行问卷调查。被调研学生按城、乡、男、女分四类，每周岁一个年龄组。

2021年9月3日，教育部召开第五场金秋新闻发布会，会上发布了第八次全国学生体质与健康调研结果。根据调研结果数据，2019年我国大中小学生的健康情况有了明显改善，学生总体身高水平也有所增加，主要表现在以下5个方面。

（一）体质健康达标优良率逐渐上升

2019年全国6—22岁学生体质健康达标优良率为23.8%，优良率较高的地区为东部经济发达和沿海地区。自2014年教育部颁布实施《国家学生体质健康标准》以来，我国学生体质健康达标优良率总体呈上升趋势，13—22岁年龄段学生优良率从2014年的14.8%上升到2019年的17.7%，上升了2.9个百分点。13—15岁、16—18岁、19—22岁学生体质健康达标优良率分别上升5.1、1.8和0.2个百分点，初中生上升最为明显。

（二）学生身高、体重、胸围等形态发育指标持续向好

各年龄组男女生身高、体重、胸围指标均继续呈现上升趋势。与2014年相比，2019年全国7—9岁、10—12岁、13—15岁、16—18岁、19—22岁男生身高分别增加0.52 cm、1.26 cm、1.69 cm、0.95 cm和0.81 cm，体重分别增加0.61 kg、1.73 kg、2.52 kg、2.52 kg和2.86 kg，胸围增加0.53 cm、1.01 cm、0.99 cm、0.82 cm和1.54 cm。各年龄组女生身高分别增加0.72 cm、1.24 cm、0.97 cm、0.80 cm和0.62 cm，体重分别增加0.70 kg、1.64 kg、2.28 kg、1.99 kg和1.67 kg，胸围分别增加0.52 cm、1.03 cm、1.38 cm、0.95 cm和0.83 cm。

（三）学生肺活量水平全面上升

肺活量显示人的心肺功能，肺活量大的人，身体供氧能力更强。近10年，全国学生肺活量持续增加，初中生增长最为明显。与2014年相比，2019年全国7—9岁、10—12岁、13—15岁、16—18岁、19—22岁男生肺活量分别增加

82.5 ml、153.6 ml、209.7 ml、161.2 ml和92.3 ml，各年龄段女生的肺活量分别增加105.3 ml、166.0 ml、187.2 ml、147.0 ml和102.2 ml。

（四）中小学生柔韧性、力量、速度、耐力等素质出现好转

中小学生的柔韧性、力量、速度和耐力等素质总体出现好转，小学生和初中生的力量和柔韧性改善较其他年龄段明显。与2014年相比，2019年7—12岁女生1分钟仰卧起坐成绩平均增加1.6个；7—12岁男生斜身引体平均增加0.7个。中学生速度和耐力有所改善。2019年与2014年数据相比，13—15岁、16—18岁男女中学生50米跑成绩有所提升，分别提高了0.09秒和0.01秒；13—15岁女生800米跑成绩提高4.49秒，13—15岁男生1000米跑成绩提高6.50秒。

（五）学生营养不良持续改善

2019年我国6—22岁学生营养不良率为10.2%，近10年，各年龄段男女生营养不良状况持续改善。与2014年相比，2019年全国7—9岁、10—12岁、13—15岁、16—18岁、19—22岁学生分别下降2.1、1.6、2.4、2.6和2.3个百分点。

第二节　青少年体质健康存在的问题及原因

一、青少年体质健康存在的问题

第八次全国学生体质与健康调研也发现了学生视力不良和近视率偏高、学生超重肥胖率上升、学生握力水平有所下降、大学生身体素质下滑等一些学生体质与健康状况亟待解决的问题。现重点阐述前两个问题。

（一）学生视力不良和近视率偏高

国家卫生健康委员会（以下简称"卫健委"）疾病控制局原副局长张勇在2019年4月召开的一次新闻发布会上称，我国儿童、青少年总体近视发病形势严峻。2018年，全国儿童、青少年总体近视率为53.6%。其中，6岁儿童为14.5%，小学生为36%，初中生为71.6%，高中生为81%，近视防控任务艰巨。

第八次全国学生体质与健康调研的相关数据显示，2020年受疫情影响，近视检出率有所反弹，但总体上数据和2018年相比有所下降。

中国青少年的视力问题一直是家长和社会关注的焦点。

2018年，教育部基础教育质量监测中心发布了《中国义务教育质量监测报告》。报告中指出，学生视力不良问题突出。四年级、八年级学生视力不良检出率分别为36.5%、65.3%，其中四年级女生视力中度不良和重度不良比例分别为18.6%、10.4%，男生分别为16.4%、9%；八年级女生视力中度不良和重度不良比例分别为24.1%、39.5%，男生分别为22.1%、31.7%。

我国青少年近视率已经高居世界第一，其中初高中生和大学生的近视率均已超过70%，而美国青少年的近视率约为25%，澳大利亚仅为1.3%，德国的近视率也一直控制在15%以下。

有专家指出，现在中国义务教育阶段的青少年普遍家庭教育作业时间过长，参加校外培训的比例较高，学习压力大；三、四年级的青少年，个别做作业要到晚上10点多，睡眠时间不足，是导致近视的一大问题。

另外，越来越多的手机、计算机等科技产品逐渐占据了孩子的休息时间，孩子长时间注视电子屏幕，会增大用眼强度，造成视力减退。

近视的危害很大，不仅会影响青少年的学习成绩和身心健康，而且长期佩戴眼镜会导致眼球突出，影响外貌，从而影响到孩子的自信。

同时，医学证明，近视超过600度，不及时治疗，有可能会遗传到下一代。

2018年，教育部、国家卫健委共同印发了《综合防控儿童青少年近视实施方案》。方案规定，要将儿童青少年近视防控工作及总体近视率纳入政府绩效考核指标。

（二）超重肥胖率上升

青少年儿童肥胖，在中国是一个日趋严重的问题。2015—2019年全国国民营养和慢性病状况调查结果显示：6—17岁的青少年超重率和肥胖率分别为11.1%和7.9%，6岁以下儿童超重率和肥胖率分别为6.8%和3.6%；超重和肥胖的患病率正在迅速上升，并影响到所有年龄组。

中国疾病预防控制中心首席营养师赵文华说，这些健康问题的高流行率归因于饮食不平衡，特别是高脂肪和高糖食物的过度消费，以及由于无节制地使用电子产品而缺乏体育活动。

专家敦促努力优化健康食品的供应，促进健康的饮食，同时加强体育锻炼公共空间的建设。赵文华还强调了在儿童和青少年中树立体重管理意识以及预防与体重有关的健康问题的重要性。

青少年、儿童的肥胖、体质等问题和成年人的健康问题有很大相关性。比如超重和肥胖的青少年、儿童，在成年后患糖尿病、高血压等疾病的几率将大幅增加。一些医生正在为高胆固醇的肥胖儿童开具有争议性副作用的他汀类药物，以防止家族性高胆固醇血症引起冠心病。

1. 儿童肥胖概述

根据世界卫生组织（WHO）的定义，2—5岁的儿童肥胖判断主要以身高、体重作为参考（见表1-1）。

表1-1　2—5岁的儿童体重标准

身高/cm	2—5岁男生体重标准/kg			2—5岁女生体重标准/kg		
	正常	超重	肥胖	正常	超重	肥胖
65	7.4	8.8	9.6	7.2	8.7	9.7
70	8.6	10.2	11.1	8.3	10.0	11.1
75	9.6	11.4	12.5	9.3	11.2	12.3
80	10.6	12.6	13.7	10.2	12.3	13.6
85	11.7	13.8	15.1	11.4	13.7	15.1
90	12.9	15.2	16.6	12.6	15.2	16.8
95	1.1	16.6	18.1	13.9	16.7	18.5

来源：WHO公布数据

以一名身高为70 cm的女孩为例，标准体重为8.3 kg，如果体重大于10 kg，就是超重，如果体重大于11.1 kg，就是肥胖。

而对于5—19岁的人来说，判断肥胖的主要依据是身体质量指数（BMI指数，体重除以身高的平方），如表1-2所示。

表1-2　5—19岁青少年BMI标准

年龄/岁	5—19岁男生BMI标准			5—19岁女生BMI标准		
	正常	超重	肥胖	正常	超重	肥胖
6	15.3	16.8	18.5	15.3	17.0	19.2
8	15.7	17.4	19.7	15.7	17.7	20.6
10	16.4	18.5	21.4	16.6	19.0	22.6
12	17.5	19.9	23.6	18.0	20.8	25.0
14	19.0	21.8	25.9	19.6	22.7	27.3
16	20.5	23.5	27.9	20.7	24.1	28.9
18	21.7	24.9	29.2	21.3	24.8	29.5

来源：WHO公布数据

如一个18岁女孩，正常的BMI指数为21.3，若大于24.8则属于超重，大于29.5属于肥胖。

在中国，传统的健康行为模式正在发生变化，儿童肥胖的问题也日益严重。2017年公布的《中国儿童肥胖报告》指出：中国的主要大城市约有476万0—7岁的肥胖儿童，7岁以上超重和肥胖的儿童总计达3 496万。

如果不采取措施对这一状况进行控制，到2030年，0—7岁肥胖儿童人数将增至664万，7岁以上超重和肥胖儿童将增至4 948万。

一篇发表在《运动与健康科学》的论文曾根据2016年中国青少年体育锻炼与健身研究，公布了涉及大量样本的数据报告。报告记录了7天内，90 712名中小学生每天平均进行中等及剧烈运动的时间及次数。其中，小学（4—6年级）、中学（7—12年级）的学生，平均每天运动时间为45.45分钟。细分下，男生每天平均运动时间为47.20分钟，女生为43.70分钟。

平均运动时间随着升学而不断降低。小学生每天平均运动时间为49.2分钟，初中学生为47.7分钟，高中学生为39.9分钟。只有29.9%的儿童，符合青少年每天至少进行60分钟锻炼的体育指导方针，男生中满足条件的占比为31.8%，女生占比为28.2%。中国青少年、儿童所需的日常体育锻炼容量，远没有达到能维持身体体质健康的水平。

研究人员采用2014年后修订的中国学生体质健康标准（见表1-3），对171 991名儿童和青少年进行了体质测试，只有5.95%获得了优秀评分，8.53%的人获得了不及格的评分。

表1-3 中国国家学生体质健康标准——单项指标与权重（2014年修订）

测试对象	单项指标	权重/%
小学一年级至大学四年级	体重指数（BMI）	15
	肺活量	15
小学一、二年级	50米跑	20
	坐位体前屈	30
	1分钟跳绳	20
小学三、四年级	50米跑	20
	坐位体前屈	20
	1分钟跳绳	20
	1分钟仰卧起坐	10

续表

测试对象	单项指标	权重/%
小学五、六年级	50米跑	20
	坐位体前屈	10
	1分钟跳绳	10
	1分钟仰卧起坐	20
	50米×8往返跑	10
初中、高中、大学各年级	50米跑	20
	坐位体前屈	10
	立定跳远	10
	引体向上（男）/1分钟仰卧起坐（女）	10
	1000米跑（男）/800米跑（女）	20

注：体重指数（BMI）=体重/身高（体重单位：千克；身高单位：米）。

上述结果表明，大多数中国儿童、青少年的运动量低于指导方针规定的水平，因此身体状况不如预期。虽然目前还不清楚具体需要多少运动量，才能达到最佳健康体质，但将青少年健康效益最大化所需的运动量，应远高于每天的60分钟体育锻炼。

有研究人员测试了116 615名中国在校青少年、儿童，根据身高体重反映出的肥胖指数（BMI），其中约有14.4%的青少年、儿童超重，11.9%肥胖，且高肥胖率往往在男生中更为普遍。一项汇总分析显示，久坐30分钟后进行轻度的体育锻炼，能有效控制腰围，减少空腹胰岛素、高密度脂蛋白胆固醇含量，降低疾病导致的死亡率。久坐30分钟后，结合中度体育锻炼，会产生更好的生理健康效果。因此，让上课而经常久坐的中国青少年、儿童参与更多的体育锻炼和健身活动是很有必要的。

2.体育锻炼对青少年体质健康的影响

体育锻炼与健身活动是和中国学生肥胖关联最紧密的因素。在此基础上，家庭干预能帮助青少年、儿童提升对体育锻炼的兴趣。

有一份问卷报告研究调研了81 857名中国学龄儿童及青少年的体育锻炼水平是否和父母在体育方面为孩子投入的资金、精神鼓励、教学、陪伴、亲身示范、实际参与这6个方面的支持有很大关系。

研究表明，除了教学以外，其他5项都会影响孩子的体育锻炼水平。曾经有一个以中国35个家庭为研究基础的初步调查表明，家长亲身参与孩子的体育锻炼，将更多地提升孩子的体育锻炼水平。

3.学校体育环境与青少年体质健康的关系

学校体育环境决定一部分锻炼水平。青少年肥胖预防有效计划的缺失，正促使人们呼吁改变现如今的体育氛围。学校体育环境分为两种，即硬环境和软环境。

学校体育硬环境包括体育场地和体育器材。体育场地是学生进行体育锻炼、体育娱乐、体育竞赛等体育活动的场所，包括篮球场、足球场、排球场以及体育馆等。体育场地是校园自然环境中不可或缺的部分，是全校师生进行体育活动的基础。体育器材是学生在体育锻炼和体育比赛中所使用的机械器材和装备用品，主要包括单杠、双杠、铅球、篮球及体操垫等。在体育教学中使用体育器材对完成体育教学任务具有重要作用。

校园软环境包含很多方面，比如教师的文化素养、学生的行为倾向与价值观、师生之间的关系、体育信息、校园文化等都属于校园软环境的范畴。

（1）环境与学生身体机能

身体机能指的是生命个体及其各个组成器官所表现出的生命活动体征。在体育教学中，主要是通过对学生的肺活量进行检测，从而分析判断学生的身体机能情况。相关数据表明：当人体的氧气摄入与排出废气的能力较差时，会由于体内氧气供应量不足而出现胸闷、头晕目眩、精神萎靡、记忆力下降以及注意力不集中等现象，对学习和工作造成严重影响，威胁身体健康。

通过对环境因素与学生肺活量的回归分析可以发现，男生的肺活量与教师体育素养和学生对教师的信任及尊重程度呈正相关的关系，由此表明，体育教师个人素养及其行为榜样作用对提高男生的肺活量具有促进作用。女生的肺活量则与学校体育赛事、体育活动及体育书报等呈正相关的关系，因而学校体育赛事和体育宣传等有利于提高女生的肺活量、增强体育锻炼效果。

（2）环境与学生身体形态

人体外部形态特征是身体形态的主要表现，我们主要从学生的身高与体重两个指标来对学生的身体形态进行监测。身高能够反映学生的骨骼发育和纵向发育水平，而体重则能反映学生的厚度、宽度、维度以及横向生长水平。

调查分析表明，学生身高受环境因素影响较小，但是学生对体育活动的兴趣和参加体育活动的积极性会对男生身高产生一定影响。体育活动中的学生之间的人际关系、教师形象以及参与积极性与男生的体重之间呈现出负相关的关系，可以看出，在体育教学与活动中与学生保持良好的人际关系，提高学生的体育热情，对于男生维持较低体重具有促进作用。同时，教师良好的体型能够为学生树立起良好榜样。而对女生而言，学校体育广播与宣传等与她们的体重呈正相关的关系。之所以会出现这种情况，可能是身体体重越大的学生就会越关注这方面的体育信息。

（3）环境与学生身体素质

身体素质主要是指人体肌肉的基本活动能力，包括力量、耐力、灵敏度以及速度等。通过对1000米跑、800米跑、引体向上、立定跳远、坐位体前屈等体育项目与环境及学生身体素质之间的关系进行分析可以发现，学校环境对学生的耐力会产生较大影响，通过循序渐进的有氧耐力训练、科学控制饮食以及有效降低体重能够使学生的耐力得到改善。坐位体前屈是评价学生人体柔韧性的重要方法。分析发现，男生坐位体前屈的成绩和校园室外场地面积、参与体育课程的积极性等呈正相关关系。校园体育场地是给学生提供体育锻炼机会的基础，而课间活动、体育活动是学生进行体育锻炼的主要和直接手段。通过对学生立定跳远成绩的分析可以发现，体育活动中的人际关系、师生之间的关系以及教师的榜样的作用都会对学生的下肢爆发力有一定影响。

二、青少年体质健康存在问题的原因

（一）生活环境和饮食方式发生变化

生活环境和饮食方式的重大改变，导致体力活动的明显减少，加速了人体机能的退化，青少年体质健康水平也随之下降。

1. 生活环境变化

有专家在分析青少年体质健康存在问题的原因时着重指出，孩子自然成长的环境发生了巨大变化，而家长、学校没有足够重视这种变化对青少年身心健康的影响，并且缺乏相关经验和知识。

如今，人们居住以楼房为主，户外活动场地设施不足，户外活动的不安全因素增加，家长过分呵护，使青少年户外活动减少，放学后在室外游戏或做体育锻炼的学生很少，邻里交往减少，学生从事家务等体力劳动也在减少。

对比，北京大学精神卫生研究所的专家指出，身心是统一的，孩子缺乏体育锻炼，会造成运动神经系统发育不平衡，产生多动症、情绪不稳定、心烦、不爱与人交往等问题。

全国学生体质调查报告显示，学生体质机能发展水平落后于身体形态发展水平。在学生形态发育继续提高、学生营养有所改善的情况下，肥胖已成为城市青少年学生的重要健康问题，肺活量呈现下降趋势，学生近视发病率居高不下，速度、耐力、柔韧性、爆发力、力量素质水平出现全面下降。体质下降，机体对疾病的免疫能力也会下降，导致疾病的多发、高发，从而影响身体健康。

2.饮食方式变化

改革开放后，我国经济得到飞速的发展，人们的生活水平也得到了极大提高。20世纪80年代，从温饱走向小康的中国餐桌上逐渐呈现出前所未有的丰盛。尤其到了中后期，在城市居民的菜篮子中，一年四季都可以装满各种各样的蔬菜水果。20世纪90年代，法国西餐、日本料理、韩国烧烤等纷纷进入中国饮食界，中国人不出国门便能"吃遍世界"。这个时代无论走到何方，大街小巷各种档次和风味的餐厅都随处可见。21世纪人们开始对"水果蔬菜"重新重视。改革开放给百姓带来了充足的粮食，副食品加工才会有条件发展，畜牧业也随之迎来了大的发展。人们的肚子饱了，生活水平才会有一系列的提高。

随着社会的发展、人们生活水平的提高，家长给予孩子的宠爱远超想象。手机、计算机、网络游戏及其衍生产品充斥着孩子们的生活。各种甜点、油炸食品等利用浓郁的油脂香、味蕾轰炸以及斑斓的色彩吸引着孩子们，肥胖、营养不良、体质下降、运动能力差、抵抗能力不足等问题仿佛成了当今青少年的特色标签，现状令人担忧。

2016年，在第五届中国健康生活方式大会上，"三减"作为主题词之一被首次提出。所谓"三减"，即减盐、减油、减糖。盐、油、糖的过量摄入会增加高血压、糖尿病、血脂异常、动脉粥样硬化、冠心病等慢性病的发病风险。儿童、青少年是指从6岁到不满18岁的未成年人，包括学龄期儿童和青少年时期，是体格和智力发育的关键时期。营养供给除了维持生理代谢和身体活动，还应满足器官生长发育的需要，科学合理的膳食是提供全面充足营养的基础。因此，科学合理膳食对保证儿童智力和青少年体格正常发育具有重要意义。

（二）教养方式不当

1.不恰当的隔代教养

在我国，隔代养育普遍存在，可以说是家庭教育中的"中国特色"。中国教育学会家庭教育专业委员会发布的最新《中国城市家庭教养中的祖辈参与问题调查报告》数据显示，有近八成的家庭祖辈是参与教养的。其中幼儿园前为77.7%，幼儿园期间是72.9%，小学阶段占60.1%，农村祖辈教育更是高达90%以上。随着三胎政策的实施，生育二胎、三胎的家庭会日渐增多，爷爷、奶奶、外公、外婆参与抚养、教育孙辈的比例或将有所上升。

除了无节制满足儿童食物摄取的需求，隔代教养最大的弊端是对儿童的过度保护。出于安全考虑，儿童被限制在家庭内活动，户外活动得不到鼓励，以致儿童缺乏必要的身体活动，造成严重的运动缺乏。

2.静态休闲方式占据大多数休闲时间

网络时代，以久坐不动的静态休闲方式为主，这阻碍了青少年获得持久的、足够的运动乐趣，以及以此为基础的经常性体育锻炼行为习惯的养成。

改革开放以来，我国城市家庭数量稳步增长，家庭休闲市场规模日益扩大。移动互联网的迅猛发展使我国城市居民的家庭休闲方式发生了深刻的变革。同时，近两年来受新冠肺炎疫情的影响，我国城市居民家庭休闲呈现出与以往不同的特征：居民深居简出，室内休闲占据主导地位；网络休闲成为主要形式；休闲主题内容发生变化，在线视频扮演了重要角色；居民更加注重运动健身和健康管理。

突如其来的新冠肺炎疫情，让中国近2亿中小学生迎来了史无前例的在线教育。宅在家里，上网课、写作业、打游戏……已成为很多青少年学习和生活的常态。对很多家长而言，他们不仅担心玩游戏时间太长会导致孩子沉溺于游戏，影响到学习，更对孩子的身体健康感到担忧。国家统计局上海调查总队发布的"疫情期间中小学生状况调研报告：小学篇"显示，70.7%的小学生每天锻炼时间不到30分钟，其中，有8.3%的学生几乎没有体育锻炼，有19.2%的学生在15分钟以内。而最让家长们忧心的，是长期接触电子产品对视力的影响。调查数据显示，在0—6岁的孩子中，66.6%的儿童从4岁就开始接触电子产品，有的甚至从2岁左右就开始玩平板电脑或手机，每天的时间在1.5—2小时。很多家长表示，孩子使用电子产品过多是他们最焦虑的问题。电子产品对于儿童视力到底有多大影响呢？眼科医生曾经做过一个测试，青少年在持续近距离使用平板电脑半小时后，近视增加了50度。

（三）来自考试和升学的压力

改革开放40多年来，由于我国选拔人才的高考制度以文化课考试成绩为依据的格局并没有根本改变，加上中国家长对子女获得高质量高等教育机会的不懈追求，导致青少年的"应试"压力并没有出现减轻趋势，在某种程度上反而越来越严重。这种压力反映在学生的学习生活中，最直接的表现是睡眠时间严重不足和学习时间的延长，减少了闲暇时间特别是体育锻炼时间。

20余名国内外运动与健康领域的专家通过全面研究，以强有力的科学证据表明，儿童青少年每天进行60分钟或更长时间的中等强度到高强度的身体活动，在健康和健身等多个领域都有显著的益处，而且这些益处将伴随他们的一生。

来自大规模横断面和回顾性人口研究的证据表明，我国学龄儿童和青少年的体育活动和身体健康总体水平依然很不理想，仅有不到1/4（22%）的学生每天从事任何类型的身体活动持续60分钟或更长时间，且总体处于下降趋势；85.8%的儿童、青少年从事久坐行为每天超过2小时，从而导致体质健康下降；10个学生中只有3人达到"优秀"或"良好"等级国民体质健康标准。

这些情况将导致学龄儿童和青少年面临更大的超重和肥胖风险，由此将进一步加剧对健康的危害。因此，"野蛮其体魄"对实现"健康中国"战略显得极具紧迫性和战略性。

（四）部分学校的体育教育未能按国家规定严格实施

《学校体育工作条例》和《全民健身条例》规定在校学生每天要保证1小时的体育活动时间。相关调查显示，只有18%的学生能达到每天1小时的体育活动时间，42%的学生只能达到每天0.5小时的体育活动时间，而有40%的学生达不到每天平均0.5小时的体育活动时间。并且，随着年级的增高，能够达到每天1小时体育活动时间的学生逐渐减少，高中学生的情况最差，只占12.5%，而情况最好的小学生也只能达到22.6%。

（五）新的体育课程目标体系还存在问题

学校体育课程不能开齐开足，学生正常体育活动时间被挤占；体育课程缺乏科学设计，脱离学生生长发育规律，大大削弱了锻炼效果。

中小学新课程改革已走过20年，中小学体育教学内容低级重复的现状依然未能有较大改观。随着基础教育课程改革的不断深入，中共中央、国务院印发了《关于深化教育教学改革全面提高义务教育质量的意见》，提出要坚持"五育"并举，全面发展素质教育。体育与健康课程在实施中存在哪些问题以及如何解决是摆在基础教育工作者面前的现实问题。

研究表明，新的体育课程设定的目标体系，并没有严格按照儿童、青少年生长发育和动作能力发展的规律及顺序进行设计，教学内容的选择更多的还是按照运动训练的体系和教师的能力来设计。因此，所实施的体育教育脱离了青少年神经系统发育和身体素质、机能发育的需求，在学生体质健康发展的关键期不能给予最适宜的运动刺激，错失有效促进学生生长发育和增强学生体质健康的良机。

（六）体育师资队伍数量不足和教学能力下降

高素质的体育师资队伍是学校体育教育高效率、高质量的保证。高素质的体育师资，一是指数量充足能够满足教学需要；二是指教学能力强能够科学有效地指导学生进行体育锻炼。

《国家教育委员会关于加强中、小学体育师资队伍建设的意见》对各级学校体育教师与学生的比例，原则上要求如下：

①按每班每周两节体育课计算，城镇小学和农村中心小学每7—8个教学班配备1名专职体育教师；规模较小的农村小学每4个教学班选配1名兼职体育教师；中学每6个教学班配备1名体育教师。

②增加了体育课时和工作量的中等师范学校、体育传统项目学校和开展体育业余训练的试点学校，体育师资的数量应适当增加。

③按照《中共中央关于教育体制改革的决定》中提出的各类地区教育发展的规划，各地应采取积极有效的措施，努力达到对各级学校体育师资配备的比例要求，以适应教育事业发展的需要。

第三节　影响青少年体质健康的主要因素

一、社会因素

第八次全国学生体质与健康调研的数据表明，促进青少年体质健康的主要社会因素包括以下方面。

第一，经济社会发展水平激发学生生长潜能。随着经济社会的发展，人的生活水平提高，影响学生生长发育的疾病得到有效预防和控制，身体形态指标和营养不良状况持续改善，从营养不良向营养过剩转变。

第二，政策措施牵引带动学生体质与健康。①校园足球等体育特色学校建设促进学生体质与健康。教育部从2015年开始在全国广泛开展体育特色学校建设，对增强学生体质与健康起到了积极作用。校园足球特色学校学生体质健康达标优良率为29.2%，高于非校园足球特色学校的22.3%。②中考体育的强化增加了中学生的体育活动时间。近年来，随着中考体育考试分值提高，中学生尤其是初三学生的体育活动时间显著增加。在校体育锻炼1小时比率，初三学生为42.7%，高于高一学生的30.6%。体质健康达标优良率初三学生为29.2%，高于高一学生的22.6%。

第三，家校协同提高学生体质与健康水平。家庭和学校的教育与引导对提高学生健康水平起着至关重要的作用。得到父母支持的孩子体质健康达标优良率高于没有得到父母支持的学生。学校体育锻炼安排和用眼卫生指导等至关重要，每周体育与健康课课时达标的学校的学生体质健康达标优良率显著高于其他学校，每天安排2次以上眼保健操的学校的学生近视风险低于其他学校。

第四，学生的健康意识和生活方式改善了体质健康状况。学生保证每天足量的体育锻炼和睡眠时间等对增强身体素质、预防超重肥胖和近视发生有积极影响。每天能够保证1小时以上在校体育锻炼时间的学生体质健康达标优良率为27.4%，显著高于体育锻炼时间不足学生的17.7%，每天睡眠充足学生的近视率为47.8%，显著低于睡眠不足学生的67.8%。

二、环境因素

环境通常是指人类赖以生存的各种外部条件。人类的生存和繁衍及其一切活动都与环境息息相关。人类是在不断变化的环境中生存和发展的，因此，环境对人类的健康影响极大。除了少数遗传性的疾病外，人类所有的健康问题、疾病问题或多或少都与环境有关。环境可分为自然环境和社会环境两大范畴，它们之间密切联系，相互影响，共同影响着人体健康。

华中科技大学同济医学院公共卫生学院的专家认为，在个体层面肥胖很大程度上是由致胖环境因素（城市化进程、城市规划、食物体系和环境）和经济、社会、政治因素等系统动力（经济发展、社会规范、导致肥胖率上升的政策）来驱动的。例如，随着经济的发展，我们越来越容易获得便宜、可口但不健康的食物，包括含糖饮料和营养价值低、高热量的加工食物。收入的增加使得人们买得起汽车、家用电器、省力的机器、电子娱乐设备等，但同时也容易形成久坐不动的生活方式。在中国，父母对孩子学习成绩的期望和校园里的激烈竞争，导致孩子的作业负担非常重，而这与儿童肥胖率上升密切相关。

（一）自然环境对健康的影响

自然环境是指人类周围的客观物质世界，如空气、水、土壤、食物和其他生物等。地球上的一切生物，其中包括我们人类，都生活在地球的表层，这个有生物存在的地球表层叫作生物圈。组成生物圈的主要物质有空气、水、土壤、岩石、阳光以及生活于其中的生物。这些物质为生命活动提供了一切必要条件。对人类来说，环绕人类的一切因素的总和就是人类的自然环境。人和其他生物都是地壳物质发展到一定历史阶段的产物。人类的生活和生产活动基本上就是在这个生物圈内进行的。生物和人类与地壳物质之间始终保持着动态平衡。一方面，生物体总是从内部经常地调节自己以适应不断变化的环境；另一方面，生物的活动又在不断地改变着自然环境的状态。这种动态的平衡，就是所谓的生态平衡。

自然环境分为原生环境和次生环境，构成人类自然环境的因素主要有化学因素、物理因素、生物因素等。其中许多因素对人体健康有利，如清洁的并具有正常理化构成的空气、水、土壤，适宜的太阳辐射和气候等都对人体健康有促进作用。但是，随着科技的高度发展，城市人口的急剧增多，人类在开发利用自然资源的同时，也将大量的废弃物和污染物扔给了环境，造成严重的环境污染，破坏了环境的生态平衡。我国目前主要的环境污染源包括：①生产性污染。工业生产产生的"三废"和农业生产中使用的农药造成空气、水、土壤、食物等的污染。②生活性污染。垃圾、污水、粪尿等生活废弃物、排泄物处理不当，导致空气、土壤、水、食物的污染，医院排放的污水可能含有致病菌。③其他污染。指噪声、废气、电磁波、放射性废弃物、飘尘、光污染等，这些污染对人的自身健康产生了极大的负面作用，甚至危及人类的生存。

1.化学因素

自然环境中存在的化学组成成分通常是相对稳定的，这种相对稳定的环境，是保证人类正常生活、机体健康的必要条件。人体必需的一些化学元素如铁、碘、氟、铜、硒等，大多数是通过水、土壤和食物供给人体的，并对人体生理功能的调节具有重要作用。随着历史的变迁，自然界的化学物质可通过自然灾害和人为活动释放于环境中，特别是随着现代化大工业生产的发展，化学物质的种类和数量剧增。当今进入环境中的化学物质多达数百万种以上，并正在逐年增加，其中，部分化学物质在一定条件下可能被分解。但是某些金属、非金属和人工合成化学物质性质稳定，在自然环境中不易分解、被破坏，当这些化学物质在环境中达到一定浓度，而人体又与其长期接触时，就可对健康造成严重危害。我国目前存在的主要中毒病有三种：①铅中毒。铅及其化合物都具有一定的毒性，主要以铅烟和铅尘的形式通过呼吸道进入人体，也可经过消化道进入人体，一般不通过皮肤进入人体。职业性铅中毒多为慢性，临床上有神经、造血和消化等系统的综合性机能失调症状。易产生铅中毒的工作有铅矿的开采、冶炼、生产、加工和印刷业等。②汞（水银）中毒。汞及其化合物对人体的危害主要是经呼吸道吸入金属汞蒸汽或汞化合物的气溶胶所致，也可通过消化道和皮肤的吸收对人体造成危害。汞中毒初期缺乏特异性症状，主要为中枢神经机能障碍。中毒的典型临床表现为汞中毒型"易兴奋状"、汞毒性震颤、汞毒性口腔炎三大症状。易产生汞中毒的工作有汞矿的开采、冶炼、仪表制造、金银提炼、照相、医疗等。③苯中毒。苯主要以蒸汽的形态经呼吸道进入人体，短时间接触高浓度苯可引起急性中毒，主要以神经系统症状为主，会出现"苯醉"状态。易接触苯的工种有制药、制革、印刷、喷漆等。

2.物理因素

自然环境中的物理因素如气温、湿度、气流、气压，以及阳光中的紫外线等，都具有一定的生物功能，并综合作用于人体，可对健康产生有利或不利影响。环境中的物理因素对机体的良性刺激有利于机体的新陈代谢、生长发育和延年益寿。如气流可以通过垂直或水平运动保持大气中的化学平衡，有害气体和粉尘稀释扩散到空气中；阳光中的紫外线有杀菌和预防佝偻病的作用，红外线可促进机体的新陈代谢。然而，当这些物理因素的强度、剂量和作用人体的时间超过一定程度时，反而会对机体造成危害或引起疾病。如高温可致中暑，低温可致冻伤，低温、高温环境容易使机体发生呼吸道感染；接触过量的太阳辐射可对机体产生有害作用，如导致日光性皮肤炎等。在人类生活、生产活动中产生的物理因素如噪声、振动、电离辐射等也会有害于健康。噪声和振动干扰人们的情绪，长期接触可引起听力损伤和振动性疾病；电离辐射过量可诱发白血病、肿瘤等。气温还对某些传染病的地区分布有明显影响，这是通过病媒昆虫或宿主动物的生态活动在起作用。

3.生物因素

自然环境中的生物因素包括各种动物、植物、微生物等。自然界生物之间存在着相互依存、相互制约的关系，人类当然会受到其他生物因素的影响。环境中的微生物在自然界的物质循环和能量转换中，以及在人类环境的净化过程中，发挥着极其重要的作用。如土壤中的氨化微生物可将含氮有机物分解为氨和铵盐而无害化。但是，有些细菌、病毒、寄生虫、真菌等微生物可成为人类的致病因素，这些致病的微生物一般通过空气、水、土壤、食物等环境条件危害人体健康。在人类历史上，病原体引起的伤寒、霍乱、鼠疫、血吸虫病、痢疾等曾严重威胁人体健康。许多昆虫和动物在某些人类传染病方面起着传播和媒介作用；有的生物体本身含毒；有些微生物在生长繁殖过程中产生毒素，通过一定方式与人体接触即可对人体造成危害，如食用含黄曲霉毒素的食物所引起的中毒。

此外，在地球的发展过程中，由于地质历史条件的差异，逐渐形成地壳表面元素分布的不均匀性，这种不均匀性在一定程度上控制和影响着世界各地区的人、动物和植物的发展，有些会严重损害人体健康。

（二）社会环境对健康的影响

社会环境是指人类在自然环境基础上，通过长期有意识的社会劳动，加工和改造的自然物质、创造的物质资源、积累的物质文化等形成的紧密的社会关系，是人类物质文明和精神文明发展的标志，并随着人类文明的演进而不断发展。它包括政治制度、法律、经济、文化、教育、人口、民族和职业等诸多方面。过去，人们探究环境与健康的关系多重视自然环境的影响，忽视了社会环境的作用。随着医学模式、健康观念的转变，人们已明确地认识到健康不仅与自然环境有关，而且也受社会因素的影响和制约。良好的社会环境可促进健康，反之将危害健康，甚至导致疾病。社会越发展、人类物质生活越丰富，人对社会的依赖性越强，社会环境对人的健康发展的影响也就越大。中国自古就有"孟母三迁"的典故和"近朱者赤，近墨者黑"之说，表明古人早已意识到社会环境对人的影响，表1-4所示为父母文化素质对青少年发展的影响。

表1-4 父母文化素质对青少年发展的影响（人数百分比）

父母文化素质	学习成绩		品行	
	优良	差	优良	差
小学或小学以下	7.4	25.9	28.9	10.4
大学或大学以上	49.2	1.6	62.3	0

1. 社会制度与健康

社会制度对健康有直接和深远的影响。社会制度对人体健康的影响主要表现在国家制定和实施的各种方针、政策、法令，在人民的社会地位、经济水平和医疗卫生事业方面所起的作用。

新中国成立后，党和国家十分重视人民的健康，制定了人民卫生工作方针，使我国的卫生保健和医疗卫生事业蓬勃发展。我国是世界上第一个提出"预防为主"的卫生工作方针的国家，开展了轰轰烈烈的群众性的爱国卫生运动；建立、健全了三级医疗预防保健网，开展群防群治工作；开展社会保险、社会救济、合作医疗等各种卫生服务，使人民的健康水平得到很大提高。因此，虽然从国民生产总值、人民生活水平以及卫生事业费用来看，我国与经济发达国家还存在差距，但主要健康指标已接近或达到了经济发达国家水平，这充分证明了社会制度对人体健康的深远影响。

2. 社会经济与健康

经济是人类社会发展的主体形式，也是人类生存和保证健康的决定性力量。物质资料的生产创造出越来越丰富的物质财富，为人们采取维护和增进健康的行为提供了物质基础。经济发达的国家和地区，人们的健康水平也相应较高。

经济发展为人们提供了更多受教育的机会，从而有利于提高人们的健康知识水平，促进人们选择增进健康的行为。

当然，发达的经济带来了丰富的物质生活，也诱导人们表现出一些新的危害健康的行为。人们过多地进食精制高热量、高脂肪、高胆固醇食品，天然食品摄入量减少，导致营养素不平衡，肥胖者所占比重增加，心脑血管疾病和某些肿瘤发病率上升，从而使社会经济负担加重。由于劳动条件和生活条件的改善，体力劳动的时间减少、强度降低，越来越多的人久坐不动，特别是各种电子产品的普及，不少人连续数小时地观看与操作，长此以往造成生理机能退化，心血管疾病增多。经济条件的改善，使一部分人追求吸烟、酗酒、吸毒的刺激性消费，使不良行为、不利于健康的行为增多，直接危害人体健康。

3.社会人口与健康

人口的数量与质量不仅在经济的发展中起着重要作用，而且与健康的水平息息相关。世界卫生组织认为："健康、人口与发展是相互不可分割的。发展的成功，取决于资源分布的平衡，人口的迅速增长威胁着这种平衡，因为它使人口与资源的差距加大。人口的规模、年龄结构及性别结构、区域分布，既取决于生育率、人口流动情况，又对健康与工作有着重要影响。"人口是一个社会问题，人口的增长应该与社会经济的增长相协调。从经济学角度看，在经济增长时出现的人口增长终将耗尽经济赖以增长的资源。物质生产的发展是人口发展的前提，没有物质生产发展，超额的人口会造成收入降低，导致贫困，并最终以死亡率的上升来抵消人口增长的影响。此外，在一定的生产力发展水平下，人口过多，还会对自然环境造成破坏，对人的健康和生存造成严重后果。

人口过多的增长与经济发展不相适应，还会带来就业困难。失业人口的增多，不仅给社会带来一系列问题，而且由于在经济上、生活上没有保障，人的健康也就失去了保障。

人口过多给医疗卫生带来很多问题。由于人口密度过大，为许多传染病的流行提供了有利条件；又因社会和个人的经济负担过重，对医疗卫生事业的投资相对减少，卫生服务事业不能适应实际需要，使人的健康得不到保障而降低健康水平。

人口增长过快，必然造成儿童及老年人口比例增加。由于年龄的特征，还有他们健康上的特殊问题，将会加重社会保险工作的负担。另外，由于人口过多，人口居住过于集中，对环境的影响也很大，环境的污染又对健康造成严重威胁。

4.文化环境与健康

文化是人类特有的、普遍的社会现象，是人类在实践中创造的物质财富和精神财富，是人们继承、传递和发展社会文明的重要手段。文化是指人类创造的物质文化和精神文化的总和，包括思想意识、道德规范、风俗习惯、教育等。由这些文化内涵所形成的文化环境直接影响着人的健康。

（1）思想意识与健康

思想意识是人对客观世界认识的理性化产物，表现为观点、信念等。思想意识的核心是世界观。

人的思想意识的形成，一方面基于其生活经历和实践，另一方面受社会观念的影响。因此，思想意识具有个别性和社会普遍性。一个有着崇高理想和明确生活目标、朝气蓬勃、积极进取、不怕困难与挫折、富于理性的人，必定选择有利于健康的行为方式。一个提倡健康、进步思想意识的社会，其社会成员的行为取向必定倾向于有益于健康的行为；相反，一个颓废的、思想意识混乱的社会，其成员中必定存在危害健康的行为。可见，个体的思想意识与个体的健康、社会的思想意识与社会成员的健康有着密切的联系。

（2）道德与健康

道德是以善恶和荣辱观来评价和调节人的社会生活行为的一种社会规范。作为一种行为规范，道德的作用主要通过对人的行为提出善与恶、正义与非正义、诚实与虚伪的社会评价舆论，对社会成员发生间接性的导向和制约作用。道德舆论将一定的社会行为准则推荐给社会成员，经过个体的认知过程在其内心树立起某种初步的道德观念，并逐步使其道德认识深化，通过舆论的褒扬、贬抑、谴责而产生作用力，控制和影响个人的需要、动机和行为。如乱倒垃圾或工业废料而危害他人或人群健康的行为，将会因违背了有关社会道德标准而受到社会舆论的谴责；在公共场所吸烟或随地吐痰，会受到旁人的批评和厌恶；晚间举办家庭舞会，可能因影响他人睡眠而遭到干涉。因此，社会的道德舆论导向制约着个体道德观念的形成，个体的道德观念又直接影响个体行为的发展方向。

（3）教育与健康

教育指一切增进人的知识技能、身体健康以及形成和改变人的思想意识的活动。教育的职能主要体现在两个方面，即传授知识和传播社会行为规范，两个方面均与健康联系密切。

教育通过传授知识的活动，增进教育对象的科学知识、技能和健康信息，使其接受、理解和应用健康信息来提高自我保健能力。与此同时，教育还通过传播社会行为规范，使教育对象了解并掌握与健康有关的法规制度、道德标准等，系统地按社会的需要培养出符合社会健康规范的相应角色。可以说，一个人接受教育水平的高低对其健康的影响是十分明显的。受过良好教育的人接受的卫生知识多，重视自我保健，注意培养自己良好的生活习惯，同时按社会健康规范来约束自己。

一般而言，受教育水平越高的人，对健康认识水平也越高，教育事业越发达的国家，国民健康水平也越高。

三、生物因素

作为"万物之灵"的人类，是自然之母创造出来的最大奇迹。人体同任何其他物质一样，也是由原子构成。这些原子就像音符组成乐曲一样，以特定排列的方式构成了分子、细胞、组织、器官和系统，最后构成复杂的人体。人体这个极为复杂的有机体还具有遗传繁衍的功能，即按亲体的遗传模式进行世代繁衍。

（一）遗传因素

遗传是指子代和亲代之间在形态结构以及生理功能上的相似。早在胚胎期，由于受精卵中父母双方各种基因的不同组合，决定了个体发育的各种遗传性状，通过各种方式的基因传递，子代可以显现亲代的各种形态、功能、性状和心理素质等特点，这就是每个儿童各自的生长发育潜力。

1.遗传因素对健康的影响

重视遗传对健康的影响具有特殊意义。我们知道，遗传病种类较多，发病率也高（一般占儿童发病率的20%）。虽然有些治疗方法可以纠正或缓解一些临床症状，甚至可以防止发病，但到目前为止有效根治遗传病的方法还很少。

2.遗传因素对儿童生长发育的影响

遗传因素的影响在儿童的生长发育上也具有较大的体现。近代有关体质人类学领域的跨文化研究提供的科学证据表明：在良好的生活环境下长大的儿童，其成年身高在很大程度上取决于遗传。有人认为，人体的成年身高75%取决于遗传因素，只有25%取决于营养、锻炼等环境条件。一般是父母高，子女也高，父母矮，子女也矮。研究结果还证实：人的体型、躯干和四肢的比例主要受种族遗传的影响。

当然，我们不能因为遗传的影响而丧失信心；相反，我们更应该重视和充分

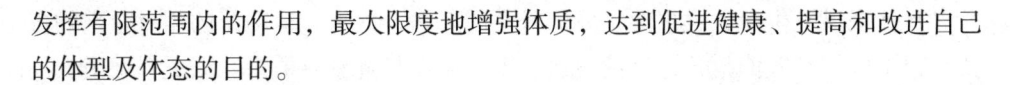

发挥有限范围内的作用，最大限度地增强体质，达到促进健康、提高和改进自己的体型及体态的目的。

（二）心理因素

1.心理的实质

人是具有丰富复杂心理活动的生物和社会实体。心理是脑的功能，是人脑对客观事物的主观反映，这种反映是能动的。

大量解剖学、生理学的研究和临床观察证明，心理是大脑的功能，大脑是产生心理活动的物质基础，但是，心理活动要在客观现实的作用下才能产生，客观事实是产生心理的源泉。同时，这种反映又具有主观能动性。

对于心理的实质，可以用英国著名作家萨克雷的一句很有哲理的话来帮助我们理解，这位作家说："生活像一面镜子，你对它笑，它也对你笑，你对它哭，它也对你哭。"

2.身心健康的关系

人的心理活动不仅可以影响心理功能，同时也会对人的生理功能，如内脏功能、免疫功能、内分泌功能等产生影响。如情绪和情感，是客观刺激作用于大脑皮层活动的结果。自主神经系统分布在内脏器官，它的主要机能是支配机体的消化、呼吸、循环、生殖等内脏器官的活动，调节内脏平滑肌、心肌及腺体的功能。现代医学研究表明：情绪反应的特点在很大程度上取决于下丘脑、边缘系统、脑干网状结构的功能。大脑皮质调节情绪和情感，控制着中枢活动。

心理因素既可以成为导致疾病的重要原因，也可以作为治疗疾病、维护健康的重要途径。在同样的环境下，不同的人会有不同的感受，不同个性的人会患不同的疾病。不良的心理紧张刺激因素，会造成人对疾病的易感状态，可引起心理性疾病，促发"心身"疾病，也可诱发精神病。良好的心理素质，如正确的自我认识与评价、积极愉快的情绪可促进疾病痊愈，维护健康。

俗话说："笑一笑，十年少；愁一愁，白了头。"这也说明了心理状态与身体健康的关系。

四、生活方式

生活方式是人们长期受一定文化、民族、经济、社会、风俗、规范，特别是家庭影响而形成的一系列生活习惯、生活制度和生活意识。

具体来讲,生活方式主要是我们日常的起居、饮食、运动等的相对固定的方式。很早以前,人们就知道生活习惯、生活意识与健康有关。据史料记载,早在春秋战国时期,管仲就指出:"起居时,饮食节,寒暑适,则身利而寿命益;起居不时,饮食不节,寒暑不适,则形体累而寿命损。"我国最早的医书《黄帝内经》也指出:"故智者之养生也,必顺四时而适寒暑,和喜怒而安居处,节阴阳而调刚柔,如是,则僻邪不至,长生久视。"

但是,由于在很长一段时间内,严重危害生命的各种传染病是人类死亡的主要原因,因此,人们对生活方式问题虽有一定认识,但没有给予普遍的足够的重视。目前,已知与生活方式有明确因果关系的疾病称为"生活方式病",如吸烟、过量饮酒、缺乏运动、高盐饮食、精神紧张、食物过细过精以及不健康的夜生活、不良作息习惯等与高血压、肥胖症、冠心病、糖尿病、癌症等疾病都有直接或间接的关系。

(一)现代社会生活的特点

现代社会以现代科学技术为主要标志,是经济、政治、科学技术、文化生活高度发展的新型社会。现代社会的主要特征是:工业化、都市化、科技高度发展和组织管理科学化,人们在日常劳动和生活中都享用着现代科学技术。如工作机械化、网络化;家庭设施电器化(洗衣机、空调机、电视、电冰箱、微波炉等);方便的现代交通工具、公寓化住宅以及丰富多样的方便食品等,无不显示出科学技术的新水平。

可以说,科学技术的进步从根本上改变了人们的劳动条件、劳动性质和劳动内容,使人们的生活方式发生了重大改变。最为明显的表现有以下四方面的特点。

1.劳动技能与动作单纯化

现代化生产手段的最大特点是使各项职业分工细致化,使劳动技能与动作单纯化。劳动的机械化改变了繁重的体力劳动状态,与此同时,人们的体力活动机会相对减少。然而,机械化、网络化的工作条件,加大了作业人员的精神紧张度,使精神疲劳相对多于体力疲劳。

2.人的活动空间缩小并远离自然

大工业化使劳动力聚集,从而导致人员密集,住宅多向高层发展。居住高层住宅,一方面住宅空间狭小,同时使人远离自然;另一方面大量公共设施的建设也占用了许多土地,这也减少了人们休闲、娱乐和运动的自然场所,缩小了人在自然环境中的身体活动空间和自由活动的条件。

3.家用设备电器化，家庭生活社会化

科学技术在日常生活中的应用，如家电设备的使用，减轻了人们的家务劳动负担，也减少了身体活动的机会。另外，第三产业的发展，高度社会化的服务业也减少了许多家庭劳动。

4.信息量大，人际交流少

现代通信工具的交流方式在信息传递速度方面有显著优势，它使地球"缩小"，人们之间的距离"变近"，交往范围扩大。但是，现代通信工具在交流情感方面也带来许多负面影响。例如，快速、大量的信息源加快了人的生活节奏，加强了人的精神紧张度，加之激烈的竞争机制等，使人们的心理负担加重。而人与人之间因为情感交流少，又常常产生难以摆脱的隔阂感。

简单地讲，现代生活的物质文明给社会带来了繁荣，给人们的生活带来了舒适和便利，同时，也使人减少了体力活动，增加了精神压力。但是应该看到，机械化和信息化带来的工作效率的提高，可以增加人们的休息时间，增加了能按照个人意愿进行休息、娱乐和满足多种需要的余暇时间，增加了可以充分发展自己的时间，自由时间成为财富的一种形式。

为了能够在充分发挥现代社会对人的生活带来有利条件的同时，避免那些不利因素，健康生活方式的教育就十分必要了。

（二）现代生活方式与健康

任何事物的发展都具有两面性。在高新科学技术迅猛发展，促进经济发展和提高人的生产、生活水平，改变人的生活方式之时，如果人们认识不到其本质也会对人的身心发展带来不适应的一面，会给人的健康带来新的问题。

最先通过调查研究现代生活方式对健康的影响，证明生活习惯影响健康的是美国保健学家毕洛克和布瑞斯洛。他们对7 000名成年人随访观察了五年半之久，用大量事实总结了六个指标：①每日三餐，定时定量，不吃零食。②每周做三次和缓的运动。③每天睡眠7—8小时。④不吸烟。⑤保持正常体重。⑥饮酒不过量。他们指出，养成这六种良好生活习惯的中年人的平均期望寿命，比只有三种或更少良好生活习惯的同龄人高33%。由此看出，养成良好的生活习惯对于健康是多么重要。

由经济发达国家的发展，也可以看出现代生活方式的变化给人的健康带来的负面影响。

有资料显示，美国1976年人口死亡原因中有50%与不良生活方式有关，20%由于环境因素的影响，20%由于生物学因素的影响，只有10%是医疗条件的原因。我国自改革开放后，经济飞速发展，20世纪80年代初的人口死亡原因已经接近西方发达国家的情况，死因中排前三位的脑血管病、心脏病和恶性肿瘤，其致病因素就与生活方式有十分重要的关系。生活方式因素在全部死因中占44.7%，与美国相差不多。

世界卫生组织1992年在一份报告中也指出：发达国家70%—80%、发展中国家40%—50%、全球60%的死亡是由于不良生活方式所造成的。

可见，经济越是发展，不良生活方式占死亡原因的比重越大。现代社会已经进入"生活方式时代"，我们面临的最大挑战是自己的不良行为和不健康的生活方式。

（三）不良生活方式及其危害

1.不良生活方式概述

不良的生活方式主要是一些不良的生活行为，如没有规律的作息、不卫生的饮食习惯、缺乏体育锻炼和吸烟、酗酒、滥用药物等不良行为习惯。

相反，心胸豁达、情绪乐观、劳逸结合、坚持锻炼、生活规律、善用闲暇、营养适当、防止肥胖、不吸烟、不酗酒、家庭和睦、适应环境、与人为善、自尊自重、爱好清洁、注意安全等，都是良好的生活方式。

美国的健康教育专家们研究并提出了充分认识健康生活的八要素，这八要素的简称以大写的英文NEWSTART来表示：N——营养，E——锻炼，W——水，S——阳光，T——节制，A——空气，R——休息，T——信念与希望。我们提倡的良好的生活方式都含有以上各要素。

2.不良生活方式的危害

（1）生活无规律对健康的危害

科学家研究发现，人类的生理节律有100余种，对人的各种行为影响最大的是昼夜生理节律和月生理节律。月生理节律主要有体力节律、情绪节律、智力节律，即人体生理三节律。"三节律"均按一定周期的正弦曲线规律变化，高潮期与低潮期交接处为临界期。"三节律"运行在不同的区间，对人体行为影响很大。

（2）不良的饮食习惯对健康的危害

科学的饮食是维持健康必不可少的要素，不良的饮食结构和饮食习惯可危害健康。例如，很少吃新鲜蔬菜或水果是发生多种癌症，特别是食管癌和胃癌的一个重要危险因素。

吃蔬菜也要讲究方法，一般以生冷为好（必须是清洗干净的），因为过高的温度会使蔬菜中的维生素C遭到破坏，从而失去营养价值。

吃过多的盐对健康不利，高盐饮食是高血压病的主要病因之一，高盐饮食还与胃癌的发病有关。此外，人们食入过多的蛋白质、脂肪与糖，食物也变得越来越精细，前者与冠心病、肥胖症、糖尿病有关，后者使结肠癌的发病率增高。

（3）缺乏锻炼对健康的危害

不爱运动的人体内自由基水平会增高，氧自由基与低密度脂蛋白接触，易使动脉中形成阻塞性脂肪物质。而有规律的长期体育锻炼会保护人的血管内皮，从而避免因年龄不断增长而导致的血管变化。

第四节　改善青少年体质健康的措施

一、政府部门的政策与措施

教育部深入学习贯彻习近平总书记关于教育的重要论述，全面分析第八次全国学生体质与健康调研结果，精准把握学生体质与健康的影响因素，靶向施策，加强和改进学校体育、卫生与健康教育工作，提升学生体质健康水平。

（一）全面加强和改进学校体育工作

指导各地和学校贯彻落实中办、国办联合印发的《关于全面加强和改进新时代学校体育工作的意见》，强化体育课和课外锻炼，加强中小学生体质健康管理，全面落实大课间体育活动制度，大力推广家庭体育锻炼活动。督促指导中小学校每节课间安排学生走出教室适量活动和放松。推进高校体育评价改革，把体育工作及其效果作为高校办学评价的重要指标，纳入高校本科教学工作评估指标体系和"双一流"建设成效评价。

（二）落实学校卫生与健康教育政策要求

指导各地和学校贯彻落实《教育部等五部门关于全面加强和改进新时代学校卫生与健康教育工作的意见》，深化健康教育改革，夯实卫生条件保障，全面提升学生健康意识和能力，养成健康生活方式。

（三）持续综合防控儿童青少年近视

指导各地和学校贯彻落实《综合防控儿童青少年近视实施方案》《儿童青少年近视防控光明行动工作方案（2021—2025年）》，开展减轻学生学业负担、强化户外活动和体育锻炼、科学规范使用电子产品等8个专项行动，持续降低儿童青少年近视率。

纵观近年来国家政策的走向可以发现，政策规定越来越明确、具体，具有可操作性。下一步的关键是在地方政府和学校中落实责任人，把儿童青少年的视力健康情况纳入对个人和单位的考核指标里，明确规定相应的奖惩措施，对达不到要求的个人和单位进行问责。

从法制的角度看，亟须制定基本医疗卫生与健康促进法、家庭教育法，修订《学校卫生工作条例》等法律法规，依法明确相关各方的法律责任，保障儿童青少年远离近视目标的实现。

国家对儿童青少年近视问题的关注，正在提升至前所未有的高度。2019年6月，国务院印发的《关于实施健康中国行动的意见》中，明确了15个专项行动，其中包括实施中小学健康促进行动，"到2022年和2030年，全国儿童青少年总体近视率力争每年降低0.5个百分点以上，新发近视率明显下降"。

2021年6月，教育部指导全国综合防控儿童青少年近视专家宣讲团研制《全国儿童青少年近视防控光明行动倡议书》，向各位家长、校长、老师、学生和社会各界发出五条倡议。

第一，加强引导监督，杜绝"电子保姆"。家长应当主动学习掌握眼健康知识和技能，带动和帮助孩子养成良好用眼习惯。积极引导孩子进行户外活动和体育锻炼，有意识地控制孩子使用电子产品。要均衡饮食，规律生活，保障孩子充足睡眠时间。

第二，坚持"一增一减"，落实"五项管理"。学校要定期组织视力检查，加强近视监测干预。要开齐开足上好体育与健康课，保障学生每天户外活动2小时。统筹推进手机、睡眠、作业、读物、体质"五项管理"，切实减轻过重课业负担。

第三，学会科学护眼，养成良好习惯。学生是自身健康的第一责任人，要自觉养成正确用眼习惯。

第四，积极推广科普，精准有效防控。专业医疗机构要改变"重治轻防"观念，引导医务人员积极参与科普宣传。进一步加强临床诊疗、科学研究，通过视觉健康档案准确掌握儿童青少年近视现状，做到早预防、早发现、早干预。

第五，构筑防控体系，社会合力攻坚。有关部门要以实施儿童青少年近视防控光明行动为契机，坚持问题导向，科学综合施策。社会各界要积极构筑全民参与的防控网络，有效保障儿童青少年眼健康。

（四）实施全国健康学校建设计划

针对学生超重和肥胖的问题，2020年国务院六部门印发了《儿童青少年肥胖防控实施方案》，该方案有具体实质性操作、针对性措施，落实好这项方案，是把肥胖问题在新阶段解决好的一个总体政策设计。另外，教育部也在2020年4月印发了《关于加强中小学体质健康管理工作的通知》，希望青少年体质健康比较突出的视力、肥胖、耐力、速度等基本健康指标下降的问题，得到有效解决。

二、严格执行《国家学生体质健康标准》

（一）《国家学生体质健康标准》的内涵

《国家学生体质健康标准》（以下简称《标准》）是测试学生体质健康状况和锻炼效果的评价标准，是国家对不同年龄段学生体质健康方面的基本要求，是学生体质健康的个体评价标准。健康的概念包括身体健康、心理健康和社会适应。《国家学生体质健康标准》涵盖的是与学校体育密切相关的学生身体健康范畴。为了界定它的内涵，又避免与三维的健康概念混淆，故将"体质"作为"健康"的定语以示其内涵。

《标准》是国家学校教育工作的基础性指导文件和教育质量基本标准，是评价学生综合素质、评估学校工作和衡量各地教育发展的重要依据，是《国家体育锻炼标准》在学校的具体实施办法，适用于全日制普通小学、初中、普通高中、中等职业学校、普通高等学校的学生。

（二）《国家学生体质健康标准》项目的测试方法

随着《标准》的实施及推广，测试方法和手段的合理与否，对《标准》实施的目的和效果起着至关重要的作用。如果测试方法不合理、不科学，测试手段不正确、不规范，无论《标准》的内容、结构、测试项目、评价指标设计得多么完美，《标准》测试结果的真实性和可比性将无法得到保证，《标准》的实施也可能流于形式，从而失去《标准》实施的目的和意义。因此，无论是测试工作人员还是广大学生都应该正确掌握各项目的测试方法和手段，以提高《标准》实施的效率和保证测试数据的真实性和准确性。

1.身高

（1）测试目的

测试学生的身高，与体重测试相配合，评定学生的身体匀称度，评价学生生长发育的水平及营养状况。

（2）场地器材

身高测量计。使用前应校对0点，以钢尺测量基准板平面至立柱前面红色刻线的高度是否为10.0厘米，误差不得大于0.1厘米。同时应检查立柱是否垂直、连接处是否紧密、有无晃动、零件有无松脱等情况并及时加以纠正。

（3）测试方法

受试者赤足，立正姿势站在身高计的底板上（上肢自然下垂，足跟并拢，足尖分开成60度角）。足跟、骶骨部及两肩胛区与立柱相接触，躯干自然挺直，头部正直，耳屏上缘与眼眶下线呈水平位。测试人员站在受试者右侧，将水平压板轻轻沿立柱下滑，轻压于受试者头顶。测试人员读数时双眼应与压板水平面等高，记录员复述后进行记录。以厘米为单位，精确到小数点后一位。测试误差不得超过0.5厘米。

（4）注意事项

①身高测量计应选择平坦靠墙的地方放置，立柱的刻度尺应面向光源。

②严格掌握"三点靠立柱""两点呈水平"的测量姿势要求，测试人员读数时两眼一定与压板等高，两眼高于压板时要下蹲，低于压板时应垫高。

③水平压板与头部接触时，松紧要适度，头发蓬松者要压实，头顶的发辫、发结要放开，饰物要取下。

④读数完毕，立即将水平压板轻轻推向安全高度，以防碰坏。

⑤测量身高前，受试者应避免进行剧烈体育活动或体力劳动。

2.体重

（1）测试目的

测试学生的体重，与身高测试相配合，评定学生的身体匀称度，评价学生生长发育的水平及营养状况。

（2）场地器材

杠杆秤或电子体重计。使用前需检验其准确度和灵敏度。准确度要求误差不超过0.1%，即每百千克误差小于0.1千克。检验方法是：以备用的10千克、20千克、30千克标准砝码（或用等重标定重物代替）分别进行称量，检查指标读数与标准砝码误差是否在允许范围内。灵敏度的检验方法是：置100克重砝码，观察刻度尺变化，如果刻度抬高了3毫米或游标向远移动0.1千克，刻度尺维持水平位时，则达到要求。

（3）测试方法

测试时，杠杆秤应放在平坦地面上，调整0点至刻度尺水平位。受试者赤足，男性受试者身着短裤，女性受试者身着短裤短袖衫，站在秤台中央。测试人员放置适当砝码并移动游标至刻度尺平衡。读数以千克为单位，精确到小数点后一位。记录员复述后将读数记录。测试误差不超过0.1千克。

（4）注意事项

①测量体重前受试者不得进行剧烈体育活动或体力劳动。

②受试者站在秤台中央，上下杠杆秤动作要轻。

③每次使用杠杆秤时均需校正。测试人员每次读数前都应校对砝码标重以避免差错。

3.台阶测试

台阶试验也称"哈佛"台阶测试，通常用来评价人体的心血管机能，以台阶测试指数大小反映人体心血管系统机能状况。台阶测试指数值越大，表明心血管系统的机能水平越高；反之亦然。

（1）测试目的

测试学生在定量负荷后心率变化情况，评价学生的心血管机能。

（2）场地器材

男生用高40厘米的台阶（或凳子）；女生用高35厘米的台阶（或凳子）。

（3）测试方法

测试前让受试者做轻度的准备活动，主要是活动下肢关节。上、下台阶的频率是30次/分钟，因而节拍器的节律为120次/分钟（每上、下是四动）。受试者按节拍器的节律完成试验（见图1-1）。

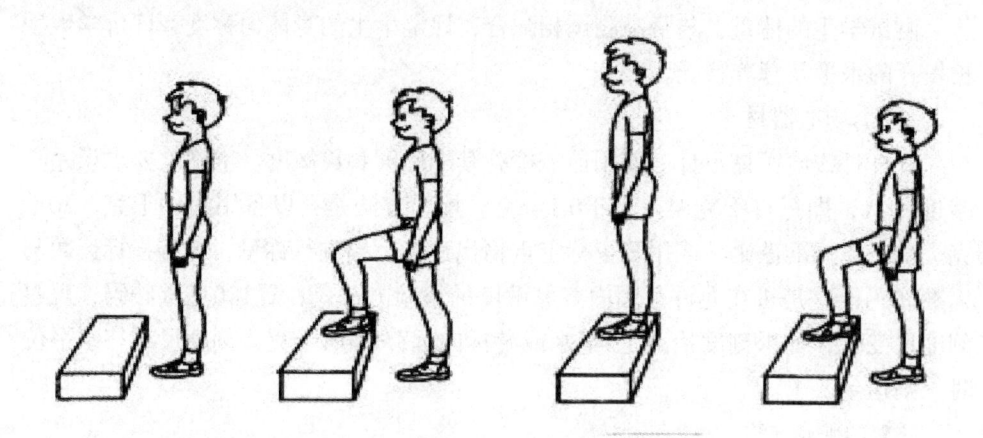

图1-1 台阶测试

受试者从预备姿势开始：受试者一只脚踏在台阶上；踏台腿伸直成台上站立；先踏台的脚先下地；还原成预备姿势。按2秒上、下一次的速度（按节拍器的节律来做）连续做3分钟。做完后，受试者立刻坐在椅子上测量运动结束后的1—1.5分钟、2—2.5分钟、3—3.5分钟的三次脉搏数，并用下列公式计算得评定指数，计算结果包含有小数的，对小数点后一位进行四舍五入取整后进行评分。

评定指数=［踏台上、下运动的持续时间（秒）×100］÷2×（三次测定脉搏的和）

如果受试者不能完成3分钟的负荷运动，以实际上、下台阶的持续时间进行计算，计算公式和方法同上。

（4）注意事项

①有心脏病史者不能参加测试。

②按2秒上、下一次的节奏进行，当受试者跟不上节奏时应及时提醒，如果三次跟不上节奏应停止测试，以免发生伤害事故。

③上、下台阶时，膝、髋关节都应伸直。

④受试者自己不能测量脉搏。

4.肺活量

（1）测试目的

测试学生肺通气功能。

（2）场地器材

电子肺活量计。

（3）测试方法

受测者做一两次较平日深一些的呼吸动作后，更深地吸一口气，向口唇处慢慢呼出直至不能呼为止。呼气完毕后，液晶屏上最终显示的数字即为肺活量毫升值。每位受测者测三次，每次间隔15秒，记录三次数值，选取最大值作为测试结果。以毫升为单位，不保留小数。

（4）注意事项

①为保证仪器的准确，电子肺活量计的计量部位必须保持通畅和干燥，吹气筒的导管必须在上方，以免口水或杂物堵住气道。

②每测试10人及测试完毕后用干棉球及时清理和擦干气筒内部。严禁用水、酒精等任何液体冲洗气筒内部。

③导气管存放时不能折放。

④定期校对仪器。

5.握力

（1）测试目的

测试学生上肢肌肉力量的发展水平。

（2）场地器材

电子握力计或弹簧式握力计。

（3）测试方法

受测者两脚自然分开，成直立姿势，两臂自然下垂。一手持握力计全力紧握（此时握力计不能接触衣服和身体），记下握力计指针的刻度或握力器所显示的数字。每位受测者用有力手握两次，取最大值为测试结果。读数以牛顿为单位，精确到小数点后一位。

（4）注意事项

受测者应保持手臂自然下垂姿势，手心向内，不能触及衣服和身体。

6.立定跳远

（1）测试目的

测试学生下肢爆发力及身体协调能力的发展水平。

（2）场地器材

沙坑、丈量尺。沙面应与地面平齐，如无沙坑，可在土质松软的平地上进行。起跳线至沙坑不得少于30厘米。起跳地面要平坦，不得有坑凹。

（3）测试方法

测试时，受试者双脚自然分开，站立在起跳线后，然后摆动双臂，双脚蹬地尽力向前跳，测量起跳线距最近脚跟之间的直线距离（见图1-2）。每人试跳三次，记录其中成绩最好的一次。以厘米为单位，不计小数。

图1-2 立定跳远测试

（4）注意事项

①发现犯规时，此次成绩无效。三次试跳均无成绩者，再跳，直至取得成绩为止。

②受测者可以赤足，但不得穿钉鞋、皮鞋、塑料凉鞋接受测试。

7.坐位体前屈

（1）测试目的

测量学生在静止状态下的躯干、腰、髋等关节可能达到的活动幅度，主要反映这些部位的关节、韧带和肌肉的伸展性和弹性以及学生身体柔韧素质的发展水平。

（2）场地器材

坐位体前屈测试计。

（3）测试方法

受测者两腿伸直，两脚平蹬测试纵板，坐在平地上，两脚分开10—15厘米，上体前屈，两臂伸直向前，用两手中指尖逐渐向前推动游标，直至不能前推为止（见图1-3）。记录以厘米为单位，保留一位小数。测试两次，取最好成绩。

图1-3 坐位体前屈测试

（4）注意事项

身体前屈、两臂向前推游标时，两腿不能弯曲。

8. 50米跑

（1）测试目的

测试学生速度、灵敏素质及神经系统灵活性的发展水平。

（2）场地器材

50米直线跑道若干条，地面平坦，地质不限，跑道线要清晰。发令旗一面，口哨一个，秒表若干块（一道一表）。秒表使用前应用标准秒表校对，每分钟误差不得超过0.2秒。标准秒表的选定以北京时间为准，每小时误差不超过0.3秒。

（3）测试方法

受试者至少两人一组测试，站立起跑，受试者听到"跑"的口令后开始起跑。发令员在发出口令的同时要摆动发令旗。计时员视旗动开表计时。受试者躯干部到达终点线的垂直面停表。记录以秒为单位，精确到小数点后一位。小数点后第二位数按非零进1原则进位，如10.119读成10.2秒，并记录之。

（4）注意事项

①受试者测试最好穿运动鞋或平底布鞋，赤足亦可，但不得穿钉鞋、皮鞋、塑料凉鞋。

②如有抢跑者，要当即召回重跑。

③如遇风时一律顺风跑。

9. 800米跑（女）或1000米跑（男）

（1）测试目的

测试学生耐力素质的发展水平，特别是心血管呼吸系统的机能及肌肉耐力。

（2）场地器材

400米、300米、200米田径场跑道，地质不限，也可使用其他不规则场地，但必须丈量准确，地面平坦。秒表若干块，使用前需要校正，要求同50米测试跑。

（3）测试方法

受测者至少两人一组进行测试，站立式起跑。当听到"跑"的口令后开始起跑。当受测者的躯干部到达终点线垂面时停表。

（4）注意事项

①受测者不得穿皮鞋、凉鞋、钉鞋参加测试。

②对分、秒进行换算时要细心，防止出现差错。

③受测者在跑完后应继续走动，不要立刻停止，以免发生意外。

10.跳绳

（1）测试目的

测试学生的下肢力量和身体协调能力。

（2）场地器材

地面平整、干净的场地一块，地质不限。主要测试器材包括秒表、发令哨、各种长度的跳绳若干条。

（3）测试方法

两人一组，一人测试，一人记数。受试者将绳的长短调至适宜长度，听到开始信号后开始跳绳，动作规格为正摇双脚跳绳，跳绳的正确姿势如图1-4所示，每跳跃一次且摇绳一回环（一周围），计为一次。听到结束信号后停止，测试员报数并记录受试者在1分钟内的跳绳次数。测试单位为次。

跳绳的正确姿势
自然站立，两脚裸稍错开，上臂贴紧身体，小臂自然下垂，掌心相对或向下，手腕发力摇绳，切记不可用脚后跟或全脚掌着地。

摇绳的正确位置
身体前方15厘米

图1-4　跳绳的正确姿势

（4）注意事项
测试过程中注意跳绳绊脚。

11.仰卧起坐

（1）测试目的
测试学生的腹肌耐力。

（2）场地器材
垫子若干块（或代用品），铺放平坦。

（3）测试方法
受试者仰卧于垫上，两腿稍分开，屈膝呈90度角左右，两手指交叉贴于脑后。同伴压住其踝关节，以固定下肢。受试者坐起时两肘触及或超过双膝为完成一次。仰卧时两肩胛必须触垫。测试人员发出"开始"口令的同时开表计时，记录1分钟内完成次数。1分钟到时，受试者虽已坐起但肘关节未达到双膝者不计该次数，精确到个位。

（4）注意事项
①如发现受试者借用肘部撑垫或臀部起落的力量起坐时，该次数不计。
②测试过程中，观测人员应向受试者报数。
③受试者双脚必须放于垫上。

12.引体向上

（1）测试目的

测试学生的上肢肌肉力量和耐力的发展水平。

（2）场地器材

高单杠或高横杠，杠粗以手能握住为准。

（3）测试方法

受试者跳起双手正握杠，两手与肩同宽成直臂悬垂。静止后，两臂同时用力（引体不能有附加动作），上拉到下颌超过横杠上缘为完成一次（见图1-5）。记录引体次数。

图1-5 引体向上

（4）注意事项

①受试者应双手正握单杠，待身体静止后开始测试。

②引体向上时，身体不得做大的摆动，也不得借助其他附加动作撑起。

③两次引体向上的间隔时间超过10秒终止测试。

13.篮球运动

（1）测试目的

测试学生综合身体素质和篮球运球基本技能水平。

（2）场地器材

测试场地长20米，宽7米，起点线后5米处设置两列标志杆，标志杆距左右边线3米。各排标志杆相距3米，共5排杆，全长20米，并列的两杆间隔1米。测试器材包括秒表（使用前应进行校正，要求同50米跑）、发令哨、30米卷尺、标志杆10根（杆高1.2米以上），篮球若干个。测试用球应符合国家标准。

（3）测试方法

受试者在起点线后持球站立，听到出发口令后，按图中所示箭头方向单手运球依次过杆，每次过杆时需换手运球。发令员发令后开表计时，受试者与球均返回起终点线时停表。每名受试者测两次，记录成绩最好的一次。以秒为单位记录测试成绩，精确到小数点后1位，小数点后第二位数非0时进1。

（4）注意事项

①测试中篮球脱手后，如球仍在测试场地内，受试者可自行捡回，并在脱手处继续运球，不停表。

②测试过程中出现以下现象均属犯规行为，取消当次成绩：出发时抢跑、运球过程中双手同时触球、膝盖以下部位触球、漏绕标志杆、碰倒标志杆、人或球出测试区域、未按图示要求完成全程路线、通过终点时人球分离等。

③受试者有两次测试机会，两次犯规无成绩者可再测，直至取得成绩。

14.排球垫球

（1）测试目的

测试学生综合身体素质和排球基本技能水平。

（2）场地器材

在坚实、平坦的场地或排球场上进行，测试区域为3米×3米，测试器材为排球。测试用球应符合国家标准。

（3）测试方法

受试者在规定的测试区域内原地将球抛起，个人连续正面双手垫球，要求手形正确、击球部位准确、达到规定的高度，球落地即为测试结束，按次计数。排球垫球技术要领如图1-6所示。受试者每次垫球应达到的高度，男生为2.43米，女生为2.24米。每名受试者测试两次，记录其中成绩最好的一次。测试单位为次。

排球垫球技术要领：

插：降低重心，两臂
　　前伸，插到球下

夹：含胸收肩，两臂夹紧
　　两肘伸直，前臂击球压腕

抬：含胸后提臀

图1-6　排球垫球技术要领

（4）注意事项

①测试过程中如出现以下现象均只作为调整，不计次数：采用传球等其他方式触球、测试区域之外触球、垫球高度不足等。

②为方便判定垫球高度，可将排球场的球网调整到相应的高度，或者在测试区域外相距0.5米处插两根标杆，标杆顶端用橡皮筋或标志线相连，将标杆调整到相应的高度，测试时通过比较垫球的高度和球网或标志线的高度进行判定。

15.足球运球

（1）测试目的

测试学生综合身体素质和足球运球基本技能水平。

（2）场地器材

在坚实、平整场地或足球场上进行，测试区域长30米，宽5米，各标杆间距5米，共设5根，标志杆距侧边线各5米。测试器材包括足球若干个（测试用球应符合国家标准），秒表（使用前应进行校正，要求同50米跑），30米卷尺，5根标志杆。

（3）测试方法

受试者站在起点线后准备，听到出发口令后开始向前运球依次过杆，受试者和球均越过终点线即为结束。足球运球如图1-7所示。发令员发令后开始计时，受试者与球均到达终点线时停表。每人跑两次，记录其中成绩最好的一次。以秒为单位记录测试成绩，精确到小数点后一位。小数点后第二位数非0时进1。

图1-7　足球运球

（4）注意事项

①测试过程中出现以下现象均属犯规行为，取消当次成绩：出发时抢跑、漏绕标志杆、碰倒标志杆、故意手球、未按要求完成全程路线等。

②受试者有两次测试机会，两次犯规无成绩者可再测，直至取得成绩。

（三）《国家学生体质健康标准》的功能

《标准》名称的外延涉及它的教育激励功能、反馈调整功能和引导锻炼功能。

1.教育激励

《标准》是促进学生体质健康发展、激励学生积极进行身体锻炼的教育手段。所选用的指标可以反映与身体健康关系密切的身体成分、心血管系统功能、肌肉的力量和耐力，以及关节和肌肉的柔韧性等要素的基本状况。《标准》的实施将使学生和社会能够对影响身体健康的主要因素有一个更加明确的认识和理解，引导人们去积极追求身体的健康状态，实现学校体育教育的目标。《标准》实施办法还规定，对达到合格以上等级的学生颁发证章，以激励学生对体育锻炼的内在积极性。

2.反馈调整

《标准》是学生体质健康的个体评价标准，并规定了学校应将每年测试的数据按时上报至国家学生体质健康标准数据管理系统，该系统具有按各种要求进行统计、分析、检索的功能，并定期向社会公告。该系统为学生及家长提供在线查询和在线评估服务，向学生提供个性化的身体健康诊断，使学生能够在准确了解自己体质健康状况的基础上进行锻炼；该系统还可为各级政府机关、教育行政部门、学校提供翔实的统计和分析数据，使之了解学生的体质健康状况，及时采取科学的干预措施。

3.引导锻炼

新的《标准》增加了一些简便易行、锻炼效果较好的项目，并提高了部分锻炼项目指标的权重，对引导学生进行体育锻炼具有较强的实效性；同时通过国家学生体质健康标准数据管理系统，学生还可以查询到针对性较强的运动处方，用于自身因地制宜的进行科学的体育锻炼，提高身体健康水平。

（四）《国家学生体质健康标准》的特点

第一，突出了"健康第一"的指导思想。测试内容的选择考虑了与身体健康状况关系密切的身体健康素质要素。

第二，增强了《标准》的适应性。测试项目设置了必测和选测项目，范围既适用于城市学校，也适用于广大农村学校，测试的目的是促进学生的全面发展，扩大了《标准》的可行范围。

第三，实现了教考分离。注意测试项目与练习项目的分离，防止考什么教什么的应试教育倾向和对正常体育教学的影响和冲击，有利于促进学生综合素质的提高。

第四，反馈意义明确。评价量表除了定量指标外，还增加了定性等级。例如，营养不良较轻体重、正常体重、超重和肥胖：优秀、良好、及格和不及格。《标准》虽然设置这些等级，但并不是为了实现甄别和选拔的功能，而是强调针对学生个体差别的激励和促进发展功能，重视学生个体差异。采用有针对性的个体评价方法，有利于针对每个学生的个体情况，进行科学的体育锻炼，促进学生体质健康的全面发展。

第五，评价更加合理。评价量表采用了四等级（优秀、良好、及格、不及格）和七段制（除不及格，优秀、良好和及格等级中各分为两段），充分体现了评价的公平和激励机制。

第六，增强学生强身健体的责任感。增加了《标准》登记卡片并归档保存，与新课程标准的理念一致，建立学生成长的记录，促进学生的发展，填补了学生档案中只有德育和智育材料，而没有学生健康状况材料的空白，强化了对学生自我健康意识和社会责任感的培养。

第七，加快学生体质健康状况监测工作科学化、现代化的步伐。学生体质健康标准智能服务系统软件及测试仪器的开发与应用、磁卡在测试成绩登记中的应用等都加速了学生体质健康状况监测工作科学化、现代化的步伐。

（五）实施《国家学生体质健康标准》的意义

第一，贯彻落实《中华人民共和国体育法》《国家体育锻炼标准》是我国重要的体育制度，《中华人民共和国体育法》明确规定：学校必须实施国家体育锻炼标准，对学生在校期间每天用于体育活动的时间给予保证。《国家学生体制健康标准》是《国家体育锻炼标准》在学校中的具体实施，目的在于鼓励广大学生自觉积极地锻炼身体，促进身体的正常发育和全面发展，增强体质，为全面建设社会主义现代化国家，为培养德、智、体、美、劳全面发展的社会主义建设者和接班人服务。

第二，贯彻落实"健康第一"的指导思想。学校体育教育直接肩负着"增强全体学生体质"和"促进全体学生健康"的使命。《中共中央国务院关于深化教育改革全面推进素质教育的决定》明确提出："健康体魄是青少年为祖国和人民服务的基本前提，是中华民族旺盛生命力的体现，学校教育要树立健康第一的指导思想，切实加强体育工作，使学生掌握基本的运动技能，养成坚持锻炼身体的好习惯。"《国家学生体质健康标准》作为促进学生体质健康发展、激励学生积极进行身体锻炼的教育手段，是学生体质健康的个体评价标准。因此，它的实施必然会促进学生积极锻炼，使学生练就健康的体魄和健全的人格，将"健康第一"的指导思想落到实处，充分发挥学校体育教育在素质教育中的作用。

第三，满足社会发展对人体健康的需要。随着社会文明的不断发展，人类在充分享受物质文明的同时，也受到社会对健康带来的威胁，面对精神紧张、营养过剩、运动不足、环境污染等因素所引发的非传染性疾病在全球的不断蔓延，处于"亚健康状态"的人群不断扩大的趋势，人们对健康的要求越来越高。"关爱生命，追求健康"是现代人的健康理念。随着科学研究的不断深入，人类对健康的认识发生了深刻的变化，"生理—心理—社会"三维健康观逐渐为人们所接受。同时，人们对体育的促进功能以及如何通过体育锻炼提高体质健康水平在理论和认识上也有了进一步的提高，体质健康的测量与评价在手段和方法上也不断改进和创新。《标准》是激励学生积极进行身体锻炼的教育手段，而不是为了甄别和选拔优秀体育运动员，它采用个体评价标准，突出了对发展和改善学生健康有直接影响且关系密切的身体机能、身体素质和运动能力方面的测评项目，体现了现代社会对健康的具体要求，从而满足了社会发展对体质健康评价的要求。

第四，发展并完善学生体质健康评价体系。学生体质健康评价是学校体育教学工作的重要环节，也是学校教育评价体系中的重要组成部分。正确、合理地对学生进行体质健康评价，对促进学校体育和教育工作具有十分重要的意义。《标准》是在汲取《劳卫制》《国家体育锻炼标准》的成功经验，认真总结《劳卫制》《国家体育锻炼标准》《大学生体育锻炼标准》《中学生体育合格标准》《学生体育合格标准》《学生体质健康标准》执行过程中所取得的成绩和存在的问题的基础上，根据我国学生体质调研所反映出来的肺活量水平继续呈下降趋势，速度、爆发力、力量耐力、耐力素质等体能素质和心肺功能下降现状，参考国际上有关研究的成功经验和先进做法，建立在以健康素质为主要指标的新的评价体系。《标准》的颁布实现了一标多用：一是取代《国家体育锻炼标准》中的学生部分，同时原《国家体育锻炼标准》的内容不再执行；二是取代大、中、小学体育合格标准；三是可以作为学生体育课成绩评定中体能部分的参考评价依据；四是大学生毕业的基本条件之一；五是与全国学生体质调研的部分指标测试的数据互相兼容。

三、促进青少年科学健身

（一）遵循科学规律

随着物质文化生活水平的提高和现代生活、学习及工作节奏的加快，人们越来越感觉到体育锻炼的重要性。青少年的体育锻炼要从青少年的生理和心理特征出发，循序渐进，持之以恒。青少年处于生长发育期，科学锻炼、补充营养有利于提高免疫力，促进生长发育。青少年需要全面补充蛋白质、钙和磷，适当补充瘦肉、禽蛋、牛奶、鱼类以及各种促进新陈代谢的维生素B族、E族、豆类、杂粮，以促进骨骼的发育。专家建议，应注重营养均衡、科学运动，保持良好的睡眠习惯，确保足够的睡眠时间，这些都有利于青少年的生长发育。

青少年肥胖及心血管系统机能的下降是诱发成年糖尿病和冠心病等慢性病的重要原因，而科学地进行体育锻炼是预防这些慢性病的重要手段。

体育锻炼中，青少年的肌肉和骨骼接受外界刺激，这有利于肌肉和骨骼的发育。长期科学地进行体育锻炼可增大青少年的胸围和呼吸肌的力量，从而提高肺活量，增强心肺功能。体育锻炼能促进神经系统的发育。如果一个人在青少年时期缺乏体育锻炼，其成年后的动作协调能力会比较差。

体育锻炼可缓解眼部疲劳，减缓近视进程，保护视力。在青少年的运动过程中，其睫状肌不断地收缩与舒张，眼部血液循环加快，从而被输送更多的营养。另外，在户外强光照射下，青少年的瞳孔缩小，景深增大，离焦导致的模糊减少，可有效抑制近视的发生。

近年来，随着中考体育考试分值提高，中学生尤其是初三学生体育活动时间显著增加。在校体育锻炼1小时比率，初三学生为42.7%，高于高一学生的30.6%。体质健康达标优良率初三学生为29.2%，高于高一学生的22.6%。因此，将体育纳入中考，这是现阶段解决问题的有效手段。

专家建议，青少年可以选择摸高、爬杆、爬绳梯、引体向上、交叉伸展、跳绳、跳皮筋、踢毽子、单杠悬垂及游泳等运动，这些体育训练会增加关节、韧带的柔韧性，有助于生长发育。青少年不适合经常进行举重、杠铃、铅球、铁饼等负重训练。

（二）遵照科学指导

1.身体活动概述

根据世界卫生组织的定义，身体活动是由骨骼肌肉产生的需要消耗能量的任何身体动作。身体活动是指所有运动，包括闲暇时间的活动，在不同地点之间往返等。中等强度和高强度的身体活动均可增进健康。

流行的活动方式包括步行、骑自行车、轮式运动、体育运动、积极的娱乐和游戏，可以在任何技能级别开展，而且每个人都可以享受。

已有资料证明，定期的身体活动有助于预防和管理非传染性疾病，如心脏病、中风、糖尿病和多种癌症。身体活动还有助于预防高血压，保持健康的体重，并可以在一定程度上改善心理健康、生活质量和幸福感。

2.身体活动的好处和久坐行为的风险

身体活动对心脏、身体和精神有显著的益处，有助于预防和管理心血管疾病、癌症和糖尿病等非传染性疾病，可减少抑郁和焦虑的症状，可加强思维、学习和判断能力，可确保年轻人的健康生长和发育，可改善整体健康。

与身体活动充分者相比，身体活动不足者的死亡风险会增加20%—30%。世界上80%以上的青少年身体活动不足。

定期进行身体活动可以改善肌肉和心肺功能，改善骨骼和功能性健康，降低患高血压、冠心病、中风、糖尿病，包括乳腺癌和结肠癌在内的多种癌症以及抑郁症的风险；降低跌倒以及髋部或脊椎骨折的风险；有助于保持健康的体重。

在儿童和青少年中，身体活动可以改善体能（心肺和肌肉健康）、心脏代谢健康（血压、血脂异常、葡萄糖和胰岛素抵抗）、骨骼健康、认知结果（学习成绩、执行功能）、心理健康（减少抑郁症状），另外，还可以减少肥胖症。

现如今，人们在生活中久坐不动的时间越来越多，有证据表明，儿童和青少年的久坐行为的增长会造成诸多不良健康结果，如肥胖症增多（体重增加），较差的新陈代谢、睡眠时间的缩短，等等。

3.国内首部《中国儿童青少年身体活动指南》

2018年，由国家儿童医学中心、上海交通大学医学院附属上海儿童医学中心牵头，联合上海体育学院、复旦大学附属儿科医院临床指南制作与评价中心合作制作完成了国内首部《中国儿童青少年身体活动指南》（以下简称《指南》）。在充分参考了国际上28个指南的推荐意见的基础上，该《指南》推荐：儿童和青少年每日应进行至少累计60分钟的中高强度身体活动，包括每周至少3天的高强度身体活动和增强肌肉力量、骨骼健康的抗阻活动。

该《指南》的主要目标人群是健康的6—17岁的儿童、青少年，其针对青少年的科学健身在以下几个方面为我们提供了一些参考意见。

（1）每天应该进行多少身体活动

儿童、青少年每日应进行至少累计60分钟的中高强度身体活动，包括每周至少3天的高强度身体活动和增强肌肉力量、骨骼健康的抗阻活动。

（2）屏幕时间限制的最低要求

除身体活动之外，该《指南》还专门强调了公众容易忽视的久坐行为问题。

尤其强调了久坐行为对健康的危害是独立于身体活动的，也就是说，即使达到了每天推荐的60分钟的中高强度身体活动量，如果每天仍有较长时间的久坐行为，依然会对健康产生不利影响。为此，该《指南》特别建议在保证每天60分钟中高强度运动时间以外，儿童、青少年每日使用屏幕时间应限制在2小时内，并减少持续久坐行为，在课间休息时应进行适当的活动。

（3）儿童、青少年日常生活中的不同运动及其相应的代谢量

常见的儿童、青少年不同身体活动与相应的代谢当量，如见表1-5所示。

表1-5 常见的儿童青少年不同身体活动与相应的代谢当量

身体活动内容	代谢当量（MET）
坐姿时安静地玩游戏、电脑游戏、看电视、做作业	1.1—1.8
站立时身体活动	1.6—2.0
提轻物体	2.0—3.0
家务活动	1.9—4.2
全身活动的视频游戏	1.8—4.8
步行（0.8—6.4千米/时）	2.5—5.3
柔软体操、体操	2.8—6.7
跳舞、爬楼梯	3.0—5.5
自行车、滑板车	3.6—7.8
体育运动（乒乓球、足球、篮球等）	3.4—8.9
游戏（跳绳、攀爬、捉人游戏等）	4.9—8.6
跑步（4.8—12.9千米/时）	4.7—11.6

注：MET为身体活动强度代谢当量的基本测量单位，1MET为安静坐位休息时的能量消耗率

（4）身体活动对儿童、青少年身体健康、心理健康、认知学业及社交技能的影响

身体活动能促进身体健康，包括改善身体成分，提高心肺耐力，促进心血管健康和代谢健康，改善骨骼、肌肉和关节的健康。身体活动有益于心理健康，有助于认知发展和学业成绩的提高，还可提高儿童、青少年的社交技能。

（5）日常生活中适宜的运动项目

①有氧运动：步行、慢跑、滑冰、骑自行车、游泳、健身舞、韵律操等。

②无氧运动：短跑、投掷、跳高、跳远、拔河等，引体向上、哑铃操、深蹲、俯卧撑、仰卧起坐等。

（6）运动强度的评价

表1-6　主观运动强度等级量表对应运动强度和最大心率百分比

等级	主观运动感觉	运动强度分类	最大心率百分比/%
6	安静、不费力	静息	
7	极其轻松	超低强度	<50
8	极其轻松	超低强度	<50
9	很轻松	超低强度	<50
10	轻松	低强度	<63
11	轻松	低强度	<63
12	有点吃力	中等强度	<76
13	有点吃力	中等强度	<76
14	吃力	高强度	<93
15	吃力	高强度	<93
16	吃力	高强度	<93
17	非常吃力	超高强度	≥94
18	非常吃力	超高强度	≥94
19	极其吃力	超高强度	≥94
20	精疲力竭	最高强度	100

注：非专业人士可通过主观感觉评价运动强度

(7) 不同空气环境下的身体活动建议

表1-7 空气质量指数及建议采取的措施

空气质量指数（μg/m³）	空气质量指数类别	健康效应	建议采取措施
0—35	优	空气质量令人满意，基本无空气污染	推荐进行户外身体活动
35—75	良	空气质量可接受，但某些污染物可能对极少数异常敏感儿童、青少年健康有较弱影响	

空气质量指数（μg/m³）	空气质量指数类别	健康效应	建议采取措施
75—115	轻度污染	出现刺激症状，呼吸道症状轻度加剧	减少户外身体活动
115—150	中度污染	症状加剧，对心脏及呼吸系统可能产生影响	
150—250	重度污染	普遍出现呼吸系统症状，心血管疾病或呼吸系统疾病症状显著加剧	避免户外身体活动
>250	严重污染	出现明显强烈的呼吸道症状，心血管疾病或呼吸系统疾病患者死亡风险增加	

(8) 针对哮喘儿童、青少年的身体活动建议

身体活动是哮喘管理控制的非药物治疗策略之一。在医生指导下，使用药物控制好哮喘症状的前提下，应该鼓励定期进行身体活动以获得全面的健康益处。

第五节 促进青少年体质健康的重要意义

青少年是国家的未来和民族的希望。习近平总书记强调："少年强、青年强则中国强。少年强、青年强是多方面的，既包括思想品德、学习成绩、创新能力、动手能力，也包括身体健康、体魄强壮、体育精神。"青少年身体素质事关个人成长、家庭幸福、民族未来，只有积极参与体育健身运动，强健体魄、砥砺意志，凝聚和焕发青春力量，才能为中华民族伟大复兴做出应有的贡献。

青少年体质的下降不仅对其成长造成不良影响，而且直接关系到国民素质的发展，最终成为社会发展的潜在危机，这就需要我们不断反省，如何从根本上解决经济持续增长而青少年体质下降的尴尬情况。在"健康中国"上升为国家战略的时代背景下，研究探讨青少年的体质健康问题，已经关乎家庭的幸福、社会的和谐、民族的发展。

一、为个人未来的持续奋斗打好身体的底子

"体质不强，谈何栋梁。"当下社会对身心健康人才的需求与现阶段青少年体质健康持续下降的矛盾已成为社会各界关注的焦点。体质健康是人全面发展的基础，体育素质是健康的重要组成部分，是素质教育的重要内容。有效促进青少年体质健康、培育学生体育素质才能实现"健身育人"的目标。

为全面贯彻党的教育方针，从根本上提高青少年学生的身体健康水平，2006年12月23日，我国的教育部门第一次就学校青少年体育运动召开会议讨论，在会议上，教育部、国家体育总局以及共青团中央联合制定下发了关于全国亿万学生阳光体育运动的通知，并在会议上指出，要进一步提高对体育的认识，各级教育行政部门、体育行政部门、共青团组织和各级各类学校要把开展阳光体育工作作为全面推进素质教育的重要突破口和主要工作方向，要求自2007年开展全国学生体质健康建设，全面地、深入地、有效地开展全国亿万学生阳光体育运动，阳光体育的运动形式也随之出现。2007年4月29日，全国亿万学生阳光体育运动活动通知书也正式下发，自此，全国中小学正式开展青少年学生的身体健康建设活动。

法国著名教育家、国际体育活动家、教育学家和历史学家、现代奥林匹克运动的发起人皮埃尔·顾拜旦曾经说过："一个民族，老当益壮的人多，那个民族一定强；一个民族，未老先衰的人多，那个民族一定弱。"开展阳光体育运动的目的及意义在于鼓励青少年学生们走出教室，在运动的过程中缓解长期坐椅子所导致的肩颈疲劳，防止疾病的过早发生，改善学生的心理环境和心理健康，也是为了让青少年学生通过参与集体体育运动，来培养自己的运动兴趣，并养成良好的学习习惯，即使是在课下也愿意自主地展开体育训练。

二、为学生健康成长和终身发展奠定基础

学生的健康成长和终身发展与体质健康有着密不可分的联系，学校要把全

面提升学生健康素养纳入高质量教育体系，为学生的健康成长和终身发展奠定基础。

实现学校体育的目标，要转变思想观念，实现对学校体育内容、目标、价值的"移风易俗"，充分认识学校体育和健康教育对学生全面成长的基础性作用。要在改善办学条件上"改天换地"，加大体育师资力量和场地设施建设。健全各项制度，确保学校体育能够"增"上去，"最重要的，就是建立健全学校体育相关工作评价体系，确保学生在考试之外，在思想品德、体质健康、艺术修养和劳动素质等方面有全面的发展"。教育与运动是相辅相成、缺一不可的。

（一）运动与学习

广州某所中学实施零时体育计划，即在没正式上课之前，让学生早上七点到校，跑步、做运动，要运动到学生的心跳达到最高值或最大摄氧量的70%，才开始上课。

一开始家长都反对，孩子本来就不愿早起上学，再去操场跑几圈，岂不一进教室就打瞌睡？结果发现正好相反，学生反而更清醒，上课的气氛好了，记忆力、专注力都增强了。

这是因为我们在运动时会产生多巴胺、血清素和正肾上腺素，这三种神经传导物质都和学习有关。多巴胺是种正向的情绪物质，人要快乐，大脑中一定要有多巴胺，我们的快乐中心伏隔核里面都是多巴胺的受体，我们看到运动完的人心情都愉快，打完球的孩子精神会比较亢奋。

这所学校还做了一个实验，将学生最不喜欢、最头痛的课，如数学，排在上午第二节课上或下午第八节时上，结果发现上午那一组的学习比较好。因为运动完的神经传导物质在上午第二节课时还在大脑里，但到下午时就已经消耗殆尽了。一学期下来，学生的阅读、理解能力比正规上体育课的学生高了10%，而且打架事件也减少了。

这些数据让学生家长看到了运动对孩子的学习和行为的帮助，于是就不再反对零时体育计划了，反而早早地把孩子送到学校运动。

无独有偶，在上海市的某所小学，每天最热闹欢腾的地方是足球场、网球场、多功能体育室等体育场馆，数以百计的学生或踢足球、打网球，或练跆拳道、打棒球，甚至连双休日，都有几十名女生在足球场上飞奔驰骋，对着球门起脚劲射。该校校长表示，当学校要在全体学生中广泛开展足球、棒球、篮球、武术等运动项目时，不少家长有所顾虑，担心孩子参加运动时间太多会影响文化学科的学习，精力会分散，成绩会下滑，甚至有的家长在潜意识里认为踢球、打球水平高的学生都是一些调皮捣蛋、成绩不好的孩子。特别是听说学校还要组建女子足球队时,有些家长更是惊诧不已,生怕女孩子会变成"野丫头"。为此,教师们通过家长会、家访等多种形式耐心地开导家长:良好的身体素质是学习优良的基础,爱运动的孩子更聪明、更健康、更阳光。此后的大量事实证明,参加体育活动丝毫没有耽误学习。据该校科研和体育教研部门统计,全校没有一名学生因参加体育运动而文化学科成绩下降,一些体育运动水平高的学生,学习成绩也非常优秀。

(二)运动与情绪

孩子的攻击性,需要通过教育来引导,升华为正面行为。除了良善行为的认同学习外,多运动也是很好的宣泄管道,能让大脑分泌多巴胺,使孩子拥有正向的情绪。

科学家很早就知道运动跟情绪有关,运动可以抑制大脑中杏仁核的活化,阻止负面情绪的出现,如打完球的人情绪都很亢奋,不会忧郁。

希腊人早在两千年前就看到了体育的重要性,他们的孩子16岁以前最注重的便是体育。有了强健的身体,知识才有意义;失去健康和生命的话,再多的知识都无用武之地。

体育不仅能教给孩子运动技能,更是以体验的方式教孩子如何体面地对待输赢,尤其面对失败时,是逃避还是客观面对,这对孩子的未来将产生重要影响。

因此有专家认为,未来学校体育和健康教育的内容,就是要教会学生基本的健康知识、基本的运动技能和专项的运动技能,并且学校要组织经常性的锻炼和训练,组织全员参与的体育竞赛活动。

三、为体育强国和健康中国增色添彩

青少年身心健康、体魄强健是国家繁荣、民族昌盛、社会文明进步、家庭和睦幸福的重要标志,是实现中华民族伟大复兴"中国梦"的重要基础。党和国家历来高度重视青少年体育工作,2007年,中共中央、国务院印发了《关于加强青少年体育增强青少年体质的意见》,对青少年体育工作做了重要部署,各地积极推进青少年体育工作,青少年体育发展取得明显成就。2018年,为深入学习贯彻党的十九大精神,深入贯彻落实习近平总书记关于体育工作的重要论述,更好地满足广大青少年日益增长的体育活动需求,进一步加强青少年体育工作,七部委联合制订了《青少年体育活动促进计划》。

(一)建设体育强国离不开青少年体质健康

青少年时期是身心健康和各项身体素质发展的关键时期。青少年的体质健康水平不仅关系个人健康成长和幸福生活,而且关系整个民族的健康素质,关系我国人才培养的质量。体育锻炼和体育运动,是加强爱国主义和集体主义教育、磨炼坚强意志、培养良好品德的重要途径,是促进青少年全面发展的重要方式,对青少年思想品德、智力发育、审美素养的形成都有不可替代的重要作用。各地和各级各类学校必须全面贯彻党的教育方针,高度重视青少年体育工作,使广大青少年在增长知识、培养品德的同时,锻炼和发展身体的各项素质和能力,成长为中国特色社会主义事业的合格建设者和接班人。

2019年9月,国务院办公厅印发了《体育强国建设纲要》(以下简称《纲要》),部署推进体育强国建设,把"体育强国梦"和"中国梦"紧密连接。

《纲要》分别提出了到2020年、2035年和2050年的短、中、长期战略目标(见图1-8),列出了五大战略任务(见图1-9)和九大项目工程(见图1-10),为建设体育强国提供了"时间表"和"路线图",且"身体素养"成为青少年体育的关键词。

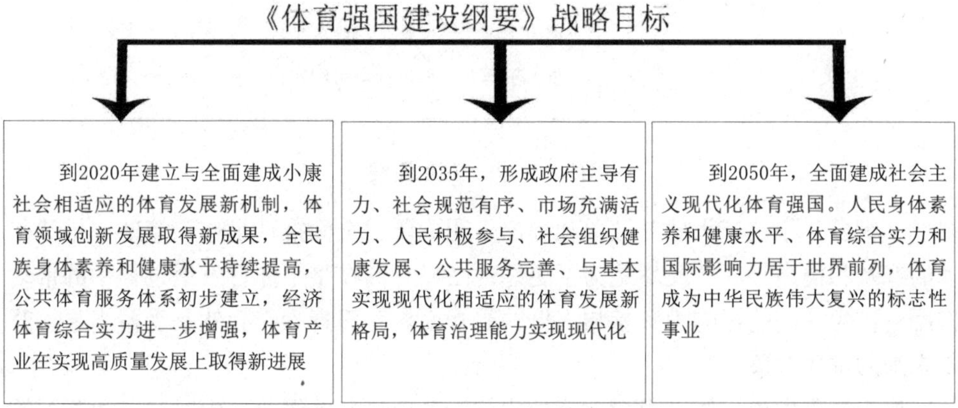

```
          《体育强国建设纲要》战略目标
    ┌──────────────┼──────────────┐
    ↓              ↓              ↓
```

| 到2020年建立与全面建成小康社会相适应的体育发展新机制,体育领域创新发展取得新成果,全民族身体素养和健康水平持续提高,公共体育服务体系初步建立,经济体育综合实力进一步增强,体育产业在实现高质量发展上取得新进展 | 到2035年,形成政府主导有力、社会规范有序、市场充满活力、人民积极参与、社会组织健康发展、公共服务完善、与基本实现现代化相适应的体育发展新格局,体育治理能力实现现代化 | 到2050年,全面建成社会主义现代化体育强国。人民身体素养和健康水平、体育综合实力和国际影响力居于世界前列,体育成为中华民族伟大复兴的标志性事业 |

图1-8 2020年、2035年和2050年的短、中、长期战略目标

五大战略任务
- 落实全民健身国家战略，助力健康中国建设
- 提升竞技体育综合实力，增强为国争光能力
- 加快发展体育产业，培育经济转型新动能
- 促进体育文化繁荣发展，弘扬中华体育精神
- 加强对外和对港澳台体育交往，服务中国特色大国外交和"一国两制"事业

图1-9　五大战略任务

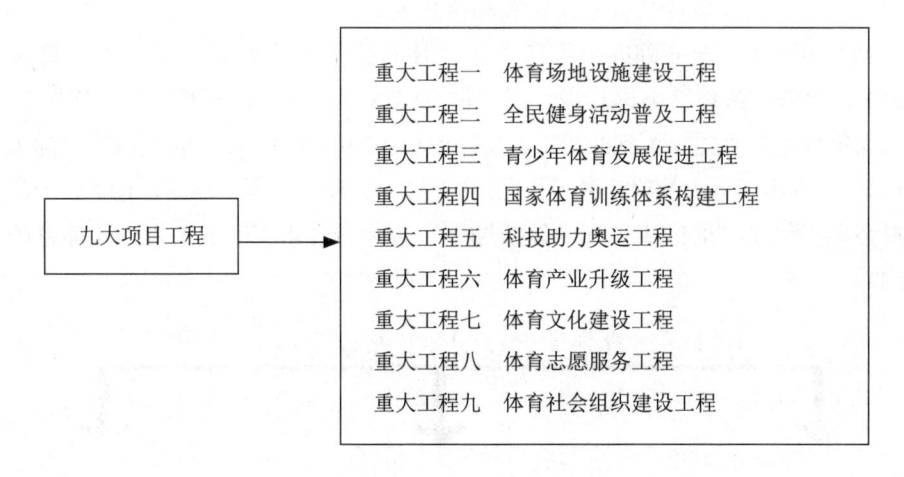

九大项目工程
- 重大工程一　体育场地设施建设工程
- 重大工程二　全民健身活动普及工程
- 重大工程三　青少年体育发展促进工程
- 重大工程四　国家体育训练体系构建工程
- 重大工程五　科技助力奥运工程
- 重大工程六　体育产业升级工程
- 重大工程七　体育文化建设工程
- 重大工程八　体育志愿服务工程
- 重大工程九　体育社会组织建设工程

图1-10　九大项目工程

《纲要》中"三大球"被单独提出，明确要"全面推动足球、篮球、排球运动的普及和提高"。"此举是为了更好地凸显它们在整个体育发展过程中的带动作用，扩大它们的影响力和参与人群的受众面。"而青少年必然是受益当下、改变未来的重要对象。

作为能集中展示体育教育功能的集体运动项目，《纲要》中对"三大球"的强调，除了为项目的普及与提高培育土壤，更在一定程度上让其成为先行载体，促使更多青少年投入体育运动中，从而增强学生体质，强化以体育人的功能，助推《纲要》中"到2035年，青少年体育服务体系更加健全，身体素养显著提升，健康状况明显改善"的战略目标的实现。

《纲要》特别提出了发展青少年身体素养的目标要求。身体素养是体育教育的结果，是青少年全面发展和取得成就必不可少的基础。这是在国家层面的文件中，首次明确提出提高青少年身体素养的问题。

（二）青少年体质健康是健康中国的保证

家庭作为社会的重要组成部分，对子女的成长发展起着重要作用。家庭体育教育作为教育不可分割的一部分越来越受到父母的关注，家庭体育—社会体育—学校体育三位一体发展已经成为现在体育教育的主旋律。家庭体育教育能够满足家庭成员对于休闲娱乐的需要，能够满足其对身心健康发展的需要，有利于全民健身战略的落实推进，有利于终身体育思想的树立。父母可以通过家庭体育教育增进亲子关系，加强感情沟通，不仅可以愉悦身心，更有助于孩子的全面健康发展，中小学阶段是孩子人生观、价值观的启蒙培养阶段，这就凸显出家庭教育的重要性，家庭体育教育的好坏直接影响学校体育和社会体育教育的发展。家庭体育教育于家庭可以促进孩子的社会化发展，有助于其进入社会的发展；于国家有利于推动体育产业及全民健身战略的落实推进。

首都师范大学硕士生导师傅添认为，虽然当前人们的物质生活水平有了极大的改善，但总体上来看，青少年的健康情况不容乐观。近视问题是其中较为明显的问题之一。在傅添看来，青少年的视力健康正在面临前所未有的威胁，如果不及时应对及解决，将引发严重的社会问题。

北京大学出版社出版的《国民视觉健康报告》研究指出，如果近视人口持续增加，在航空航天、精密制造、国际军事等领域，符合视力要求的劳动力会面临巨大缺口，甚至会直接威胁国家安全。

根据世界卫生组织的一项研究报告可知，目前我国近视患者达6亿人，青少年近视率居世界第一并呈逐年上升的趋势，青少年眼健康已经成为我国重大公共卫生问题。

2019年7月，随着《国务院关于实施健康中国行动的意见》《健康中国行动（2019—2030年）》等文件相继出台，健康中国路线逐渐清晰。其中，"中小学健康促进行动"成为健康中国行动提出的15个重大专项行动之一。

学校教育最大的优势是学科教学，《"健康中国2030"规划纲要》把健康教育的学科教学摆在了非常重要的位置。北京大学儿童青少年卫生研究所教授余小鸣认为，首先，学校可以在现有政策下，更好地把健康教育的内容纳入"体育与健康"课程中，加强体育与健康教育的融合，解决多年来体育与健康"两张皮"

现象，具体来看，两者之间相同的部分可以融合教学，交叉的部分可以结合教学，不同的内容可以并行教学。其次，学校可以在目前碎片化的课程架构中，探索搭建各个学科间融合发展的桥梁，以及与学校常规工作等实际相结合的模式。

在体育课、体育活动中间，结合健身指导，融入营养配给、保健卫生、疾病防治等健康知识，构建相关学科教学与教育活动相结合、课堂教育与课外实践相结合、经常性宣传教育与集中式宣传教育相结合的健康教育模式，也能使以往因健康教育与体育教育的分割而产生的弊端有所改善。

学生体质和健康监测看重的不只是数据变化，更重要的是提醒人们，健康教育不只体现在体育课上，更是一项系统工程。近年来，把青少年健康和学校体育教育纳入地方政府的考核，把"健康第一"作为学校工作的出发点和落脚点，与青少年体质健康相关的文件密集出台，相关政策不断细化完善。2021年9月，教育部等五部门联合印发《关于全面加强和改进新时代学校卫生与健康教育工作的意见》，进一步将学校健康教育的内容规范化、系统化。无论是引导树立正确的健康观，还是构建"面向人人、人人有责"的健康教育体系，相关要求体现了提升学生体质健康工作的系统性和综合性，不仅立足当下，更着眼未来。

第二章　青少年体质健康教育模式

习近平总书记在2016年8月的全国卫生与健康大会上发表了"没有全民健康，就没有全面小康"的重要讲话后，青少年健康问题重新备受全社会的关注。同年10月，中共中央、国务院印发了《"健康中国2030"规划纲要》，指出健康是促进人的全面发展的必然要求，是经济社会发展的基础条件，是民族昌盛和国家富强的重要标志，也是广大人民群众的共同追求。2019年7月，健康中国行动推进委员会又印发了《健康中国行动（2019—2030年）》。此后，我国的体育事业进入了蓬勃发展阶段，不仅备受政府的重视与支持，也推进了体育强国的建设进度。

青少年是"健康中国"战略实施的主要对象，作为国家发展与建设的未来希望，青少年的体育健康素养事关整个社会的未来发展，进一步培养青少年的体育健康素养、加强青少年的身体健康，是实现"健康中国"战略的关键。

青少年的体质健康是我们整个民族健康素质的根基。广大青少年身心健康、体魄强健、意志坚强、充满活力，是一个民族旺盛生命力的体现，是社会文明进步的标志，是衡量国家综合实力的重要指标。但是，青少年体质健康状况薄弱已成为长期以来困扰我国教育和社会发展的问题之一。

青少年生活方式和体育锻炼行为的相关调查研究显示：大多数青少年并没有养成健康的生活方式，学生的学习压力和课业负担较重，直接影响了青少年课余生活方式的选择和安排；青少年校内外体育锻炼的参与度不高，学校体育教学与校外体育锻炼的契合性不强，长期坚持体育锻炼的学生较少；个体主观因素、家庭经济因素、社会导向因素制约着青少年的生活方式及体育锻炼行为。归纳起来，在青少年阶段产生这种现象的主要原因是，目前学校仅发挥教化功能，而家庭、社区都没有发挥其应有的作用，特别是青少年学生中普遍存在知行冲突现象。

健康促进是指促使人们提高、维护和改善他们自身健康的过程。有关研究从健康促进强调综合干预的视角提出综合性健康促进策略，即"健康促进是指一切能促使行为和生活条件向有益于健康改变的教育与生态学支持的综合体"。其中提到的教育指健康教育，生态学指对健康教育产生有效支持的自然环境、社会环境和人文环境等。

健康促进是健康教育的发展与延伸，其理念是坚持以人为本，以健康为中心，从社会、经济、环境等各方面全方位研究和解决健康问题。近年来，随着国内外健康教育和健康促进理论与实践的不断深入，人们渐渐意识到，如果仅仅关注导致健康问题的下游因素而忽略上游原因，如果只关注个体而忽视他们所处的社会和环境，往往难以把握深层次的原因，就会错失很多促进健康的机会。新时期，我国青少年体育发展呈现出新趋势。学校体育、社会体育和家庭体育是青少年在不同时期、不同生活领域中参加体育活动的实践过程。我国的学校体育应该向社会体育和家庭体育延伸，才能适应终身体育和健康教育的要求。《中共中央国务院关于加强青少年体育增强青少年体质的意见》中明确指出："把培养青少年良好的体育锻炼习惯和健康的生活方式作为当前和今后一个时期加强青少年体育工作的要求之一……加强家庭和社区的青少年体育活动，形成学校、家庭和社区的合力……"

第一节　体质健康教育概述

一、体质健康教育的内涵

体质健康教育是通过信息传播和行为干预，帮助个人和群体掌握卫生保健知识，树立健康观念，自愿采纳有利于健康的行为、生活方式的教育活动与过程。

（一）健康教育概述

健康教育是有计划、有组织、有系统的社会教育活动，使人们自觉地采纳有益于健康的行为和生活方式，消除或减轻影响健康的危险因素，预防疾病，促进健康，提高生活质量，并对教育效果做出评价。健康教育的核心是教育人们树立健康意识，促使人们改变不健康的行为及生活方式，养成良好的行为及生活方式，以减少或消除影响健康的危险因素。通过健康教育，帮助人们了解哪些行为是影响健康的，并能自觉地选择有益于健康的行为及生活方式。

健康教育应该从小学开起，不同学段开设不同深度的健康教育教育课，让学生成长为身体健康、人格健全、心理健康的完整社会人。

实施健康教育的意义包括：①增强人们的健康，使个人和群体实现健康的目的；②提高和维护健康；③预防非正常死亡、疾病和残疾的发生；④改善人际关系，增强人们的自我保健能力，使其破除迷信，摒弃陋习，养成良好的卫生习惯，倡导文明、健康、科学的生活方式；⑤增强健康理念，从而理解、支持和倡导健康政策、健康环境。

（二）体质健康教育的内涵

体质健康教育是通过信息传播和行为干预，帮助个人和群体掌握卫生保健知识，培养健康观念，自愿采纳有利于健康的行为、生活方式的教育活动与过程。其目的是消除或减轻影响健康的危险因素，预防疾病，促进健康和提高生活质量。

二、体质研究的发展与分类

有学者从体质研究发展的视角对目前的科研成果进行梳理，将体质分为三大类，即一般体质、理想体质和适度体质。

（一）一般体质

一般体质，即指通常所说的宏观体质概念。体质是一个众人皆知的名词，大多数人对体质的直观印象，就是强健的体魄、矫健的身姿。然而，健康才是体质的内在表现。联合国世界卫生组织（WHO）于1948年在《世界卫生组织宪章》中，首次给出了健康定义，即"健康不仅是免于疾病和虚弱，而是保持身体方面、精神方面和社会方面的完美状态"。WHO在1978年9月召开的国际初级卫生保健大会通过的《阿拉木图宣言》中又重申了健康的含义，指出"健康不仅仅是没有疾病或不虚弱，而是包括身体、心理和社会适应等方面的良好状态"。1997年14国签署的《医学的目的：确定新的优先战略》声明中提出：所谓健康，是身心完整统一的体验，其特点是没有显著的疾病，能让人去寻求其基本目标，并进行正常的社会活动和履行工作职责。

我国对于"体质"概念的理解，通常是指体育、卫生、教育部门联合倡导的"体质研究",内容涵盖了运动能力、身体素质等方面,在理论和实践方面均形成比较完善的体系。我国体质研究专家将"体质"定义为：人体的质量,它是在遗传性和获得性的基础上表现出来的人体形态结构、生理功能和心理因素的综合的、相对稳定的特征。体质涵盖了五个范畴：①身体形态发育水平（包括体格、体型、姿势、营养状况及身体成分）；②生理功能水平（机体新陈代谢水平以及各器官、系统的效能）；③身体素质和运动能力发展水平（速度、力量、耐久力、灵敏度、平衡性、协调性、反应时等素质,以及走、跑、跳、投、攀爬等身体活动能力）；④心理发育（或发展）水平（本体感知能力、个性、意志等）；⑤适应能力（对内外环境条件的适应能力、应激能力以及对疾病的抵抗能力）。

在人类生命历程中,体质具有独特的性质。它是一种物质基础,是人的生命工作能力和活动的体现,在其形成、发展和消亡的进程中,体现出其固有的阶段性和差异性。从人的最好功能状态、严重的疾病及各种功能障碍等方面,均体现出各种各样的不同体质水平。虽然这一概念在当前已被广泛使用,但学术界对其内涵仍存在一定的争论,主要表现在体质是否包括心理因素以及体质与健康的关系上。

1.国内研究现状

世界上很多国家对体质健康方面的研究都十分重视,我国也不例外。1949年以前,许多学者就已经对部分青少年的身体发育做过调查；1979年对全国16个省（区、市）的青少年进行了体质调查研究；从1985年开始,每5年对全国的学生进行一次大规模的体质与健康调研；1988年7月的体质研究会对体质进行了详细的研究,并设定了健康体质的理想状态；等等。以往的这些体质研究工作主要是一些大范围的体质调查及体质理论的雏形研究,而针对体质健康监测管理的研究,还未形成一套系统的理论体系。

通过查阅文献可以发现,我国关于体质研究最早可以追溯到1934年,当时厦门大学林惠祥教授编著的《文化人类学》中,首次提到"体质人类学"是人类学的重要组成部分。书中强调"体质人类学"即为"种族人类学",即应用比较的方法研究各民族的体质特征,并寻找一定的标准,以审视各民族相互间的遗传关系,以此区分。在此后数年间,我国的人类学专家、学者从不同角度和不同学科的交叉中进行总结、划分,把人类起源学、人种学、人体形态学、人体测量学和人类遗传学等学科进行了综合研究,重新界定了人类体质学的内涵。人类学学会在1982年编辑出版的《中国八个民族体质调查报告》、黄新美等人在1983年编著的《体质人类学基础》、邵象清编著的《人体测量手册》等，均为体质人类学领域的发展奠定了坚实的基础。

经过多年的发展，在前人研究的基础上，关于体质方面的研究逐渐演变为两个方向，医学界的体质观和体育界的体质观。

在体质的认识方面，医学界从体质特殊状态等方面进行了着重研究。以个体形成的规律作为基础来进行体质的研究，认为人是从受精卵开始伴随体质的特有基因，在人体的成长、发育过程中起着重要的作用。在这个过程中，环境和遗传是主要因素。我国中医理论认为，体质就是人体生命的重要表现形式，中医提出"体质可分论、体病相关论、体质可调论"，认为人体是受到遗传、饮食结构和疾病发生影响的。这些因素中有着千丝万缕的联系，是构成体病相关论的基础；基于体质偏颇状态及动态可变性特征，应从体质入手，调节人体整体机能，从而使其恢复健康，是体质可调论的基础。

北京中医药大学教授王济提出：中医体质的关键是在体质可分、体病相关和体质可调三个领域内的认知。按照人类体质的个体差异性和群体趋同性是体质可分；在疾病防治中考虑体质的个体化因素，每种体质都有其易患的疾病，可以通过健康人群的体质辨识对相关疾病起到一定的预测作用，即为体病相关；从偏颇体质这种"未病"状态进行调治，减少相关疾病发生的风险，则是体质可调。这些理论辨识应用于临床和公共卫生服务，在辨识过程中充分强调了服务对象的参与性。

景浩在《论体质与证的关系》一文中指出：体质是由先天遗传和后天获得所形成的在形态、功能活动方面固有的、相对稳定的个性特征，是指人体正气的盛衰和抗病能力的强弱，以及常态下人体阴阳、虚实、寒热、燥湿的属性。体质反映了人体的自我调节能力和对外界环境的适应能力。

目前最具代表性的定义有两个。一是由上海中医药大学教授匡调元所下的定义：体质是人群及人群中的个体在遗传的基础上，在环境的影响下，在其生长、发育和衰老的过程中形成的机能、结构与代谢上相对稳定的特殊状态。这种特殊状态往往决定着其对某些致病因素的易感性及其所产生的病变类型的倾向性。二是由中国工程院院士王琦所下的定义：体质是个体生命过程中，在先天遗传和后天获得的基础上表现出的形态结构、生理机能和心理状态方面的综合的、相对稳定的特质。

体育界的体质观强调整体，认为体质是人机体构成所有要素的综合能力体现，也是一个统一的、相互联系的整体。其建立在人类生活劳动和物质的基础上，是生产力发展的一种潜能。在人的生理、心理两个方面同时作用，继承了人体先天遗传因素，同时对于后天的环境影响也有着巨大的改变，例如，种族、地域、性别、群体等，其发展有着普遍的规律性，也有个体发展的特殊性。与此同时，体格的发育与生理的功能水平主要是强调身体素质和运动能力，体育锻炼则是有效增强体质的手段之一。

江崇民、张一民在《中国体质研究的进程与发展趋势》一文中总结提出：体质人类学是从生物和文化结合的视角来研究人类体质特征在时间和空间上的变化及其发展规律的科学。主要涉及三个内容：①研究人类的起源；②研究人类不同体质特征的形成与分布的原理；③研究人类的生长和发育，以及人体的结构与机能的关系，还有人类遗传和变异的关系等。

江崇民认为，体质是依附于人类自身健康的基本属性，其先天的遗传和后天的环境影响存在巨大的作用。从国家社会的发展角度来看，国民的身体素质、体质健康发展的水平好坏也直接影响到国家自身的发展，这是一个战略性问题。因此，必须重视国民的体质健康，要采用必要的强制手段以不断改善和增进国民的身体素质，这也是每一个体育、卫生工作者的责任。

吴萍博士的研究认为，新中国成立后体质的概念逐步清晰，它一方面凸显了人体生命的活动水平，另一方面也显示了身体的运动水平。在我国古代，"质"的含义是"体也、实也、本也"，在当代表述的增强体质和古代所表达的"体质丰伟"即为同一个意思，说明体质就是身体的实质。体质研究协会在1982年的泰山会议上达成共识：体质即人体的质量，它是在遗传性和获得性基础上表现出来的人体形态结构、生理功能和心理因素的综合的、相对稳定的特征。这是目前关于体质概念较为权威的界定。

刘东海等在《体质概念的内涵、外延及其综合评价》一文中表达以下观点：体质本是个动态的、相对稳定的、具有时空性的、多维的大概念和大系统。他认为体质学科是建立在体质对象系统化的基础上的，在长期的科学发展中，体质对象的系统化可以将体质学科固定其中。他将体质的概念分为狭义和广义两种，狭义的体质概念可以分为：①从健康角度可分为健康体质、亚健康体质、弱体质、病体质等；②从种族角度可分为黑、白、棕、黄种人等体质等；③从民族角度可分为汉族、蒙古族、回族、维吾尔族、藏族等体质；④从性别角度可分为男性体质、女性体质；⑤从年龄角度可分为胎儿体质、婴儿体质、幼儿体质、青少年体质、成年体质、老年体质；⑥从运动专项角度可分为球类运动员体质、投掷运动员体质、体操运动员体质等。而关于精神病患者、心理疾病患者等其身体是属一种先天性病态体质，并不在健康人群体质范围内。广义的体质概念则是指，具有高级心理活动功能的生命体生存质量的一种规定性，包括表现与反映出来的形态结构、生理功能（含高级心理活动功能）、代谢方式等，是对不同类型、不同个体、不同体质期质与量总和的统称。

郝树源在"身心一元论"领域对体质的范畴进行了论述。他指出，身体和心理、物质和精神是人体的统一体，两者之间存在辩证的关系，是相辅相成、相互作用的结果。即心理建立在身体的基础上，而身体的活动又反映出心理的变化，两者对立统一。故"体质指人体的质量，是人的有机体在遗传性和获得性的基础上表现出来的形态和功能上相对稳定的固有特性，包括生理机能、形态结构、运动能力和适应能力"。

2.国外研究现状

（1）美国

美国在经济和科学技术领域领先世界，属于发达国家，他们非常重视对国民体质的研究，特别是对青少年体质的研究，在措施的制定和落实方面走在世界前列。美国相关政府部门注重体质的研究和学校体育课程的紧密结合。在各州，各学校根据自身的特点和实际情况实施具有地方特色的健身计划，在推进国民健康方面独树一帜。美国在体质认识方面的探讨分为以下三个时期。

第一个时期（1958年以前）：19世纪末，相关领域专家提出了Fitness Test（体能测定），经过若干年发展，美国成立了青年体质总统委员会（现更名为"体质与运动委员会"，PCPFS），采用了Krus-Weber测试（克劳斯-韦伯体能测试），设计出7项指标并对全美青少年体质进行测试，目的是通过全面了解美国各地青少年的身体发育状况和体质的相关联系及内在规律，制定出符合地域特色、适合不同地区青少年体质检测的锻炼标准。

第二个时期（1959—1985年）：在前期对全美青少年体质测试实施的基础上，分别于1965年和1975年进行了全美范围内的普查。相关专家、学者对体质研究领域的定义、指标设置和测试内容进行论证，并提出一些问题。这些问题主要集中在测试内容上，认为不能过于偏重运动能力的测试，因为这无法体现普通人群体质的现状。对于技巧测试需要进行长时间的练习，才能达到相应的标准，这也违背了青少年身体、心理发育的规律，不能如实地表现出青少年体质发展的规律。基于此，体质与运动委员会修订了相关的测试内容，去除50米冲刺跑和立定跳远，添加了肩胛下肌测定、仰卧起坐、1公里跑和直腿坐位体前屈；制定了《

增强体质与预防疾病的国家标准》，并规定每十年对全美范围内的青少年进行体质普查。

第三个时期（1985年以后）：1985年以后，美国根据当时的实际情况和青少年身心发展的规律开始制定发展目标，于1988年推行了新的《最佳健康计划》，规划中着重对体质的内涵、体质测试对于国民身体发展的意义以及体质在经济发展中的重要意义等进行了阐述。这也引起了联邦政府的重视，国会经过辩论，正式确定为资助项目。与此同时，体质调查十年规划也出台，其间对于如何将体质测试纳入国民素质提升的范畴中，关注体质对于青少年生长的影响，并对体育锻炼对体质的影响等问题进行了细致调研，这标志着美国对青少年体质的研究进入正轨。

（2）日本

日本自明治维新以来，历届政府都非常重视青少年儿童体质健康状况，日本在这个领域积累了较为健全的调研资料，对日本政府研究在当前政治、经济条件下青少年体质健康的发展起着至关重要的作用。日本称体质为体力，对于体质的研究也可分为三个时期。

第一个时期（1945年以前）：早在明治十二年（1879），为了实施国家战略，日本政府开始对部分学生的身体活动能力进行调查，并逐步开始在全国范围内对青少年的身体形态、生理指标等进行测试，并以此来关注青少年的身体生长发育。相关专家对于体质影响青少年生长发育，体质检测对于促使青少年健康、体质与体育锻炼、心理干预及适应能力等方面进行了研究，根据相关研究结果和部分体质测试数据制定了相关的政策。然而，由于受到客观环境的影响，这项研究随着军国主义掌握政权而停滞不前。到1939年，日本政府为战争做了战前准备，发动了历史上规模最大的国民体质测定，以期实现对外扩张政策。

第二个时期（1945—1960年）：1945年日本发动侵略战争失败后，政府当局为了尽快恢复国民体质健康水平，在全国范围内对8—18岁男、女青少年进行了体质测试。测试内容是依据青少年身心发展规律制定的跑、跳、投等项目，同时，在体质研究领域也取得了一些成绩，许多体质测试资料就是在这一时期完成的。这一时期对于体质的研究也进入正常的发展轨道，其间对体质在青少年身心发展方面的作用进行了解释，认为体质是先天存在于人体内的，具有遗传因素，但是后天的干预非常重要，干预手段的强弱直接决定了体质发展的好坏。并在测试、分析的基础上，着手制定了青少年体质干预措施。

第三个时期（1960年以后）：进入20世纪70年代，日本经济飞速发展，社会逐步走出战争的阴影，全面实现了信息化和国际化。但是，随之而来的老龄化也困扰了日本政府和相关机构。1963年，文部省针对6—9岁的学生颁布了《小学低、中年级运动能力测验实施要案》，第二年，颁布了《运动测验实施要案》，主要针对10—29岁的小学高年级、初中、高中、中等专业学校、短期大学、大学和劳动青年等人群。日本相关领域专家在体质研究方面颇有建树，对体质内在的关联做了详细的研究论证，对体质与青少年锻炼实施进行了系统的辩证，认为体质是在先天遗传基础上，经过后天体育锻炼和相关干预措施的实施而形成的个人固有身体特征。

（二）理想体质

理想体质的概念最早是在20世纪80年代，由我国教育、卫生、体育等领域的专家提出的。1988年7月19—24日，中国体育科学学会体质研究会第二届全国体质研究学术讨论会上专家们认为，体质是人的生命活动和劳动能力的物质基础，在其形成、发展和消亡的过程中，具有明显的阶段性。表现出从最佳功能状况到严重疾病和功能障碍等各种不同阶段的体质水平。理想体质是指人的体质功能不同状态中的较高层次和较高水平。理想体质具有明显的人群特征，如年龄、性别、种族和职业等；理想体质的概念可以理解为人体的良好质量，它是在遗传基础上，经过后天的努力所达到全面良好的状态。

理想体质的主要标志包括：①身体健康，主要脏器无疾病；②身体发育良好，体格健壮，体型匀称，体姿正确；③心血管、呼吸和运动系统具有良好的功能；④有较强的运动与劳动等身体活动能力；⑤心理发育健全，情绪乐观，意志坚强，有较强的抗干扰、抗不良刺激的能力；⑥对自然和社会环境有较强的适应力。

体质是展现人一生中劳动能力的物质基础，其在形成、发展和衰退中具有明显的阶段性。青少年正处于体质发展过程中的重要阶段，这一阶段的体质发展水平将决定其今后生活、工作的质量，对其一生具有深远的影响和重大的意义。如何让青少年的体质发展始终处于一个较高的水平和良好的状态是我们必须关注的重点。合理的体质评价标准可以促进青少年积极地进行体育锻炼，发挥其最大功效。

体质是一种重要的非智力因素。健康的体质是青少年良好个性品质的重要组成部分，也是青少年健康成长的基础，更是青少年能力发展的"催化剂"。目前，我国青少年有一大部分是独生子女，由于受到过多的宠爱甚至溺爱，使其养成了骄横、任性的不良习惯；再加上中国传统教育重视智育而轻视体育，缺乏对青少年体质健康的关注。所以，青少年要健康成长，必须培养其健康的体质。

体质研究的最终目的是增强体质，并使之达到能够适应学习、工作和生活需要的良好状态。因此，讨论和研究理想体质的问题是当前体质研究工作中一个亟待解决的课题。当然，讨论理想体质的概念不能离开体质的基本概念，即体质是指人体的质量。体质是在遗传和获得性的基础上表现出来的人体形态结构，生理功能和心理因素的综合的、相对稳定的特征。

于道中指出：所谓理想体质，是指人体良好的质量。它是一种状态，首先建立在遗传基础上，其次是后天经过努力，在人体形态结构、生理功能、运动能力、心理素质等方面有着良好的功能，并对外部环境有着良好的适应能力。同时他强调，理想体质是建立在人类生命中劳动工作能力之上的，具备明显的个体特征和阶段性。在不同的人群中，理想体质的表现也不同，是其较高层次中的突出水平。

刘卫东认为，理想体质建立在当代教育理念上，通过实事求是和"以人为本"的实践过程而获得的。他指出，人类的存在是社会性的，学校体育教育的对象就是个体人，理想体质是学校体育教育追求的一种境界，是一个开放的、存在于动态中的系统。而不同的年龄阶段，对于理想体质的界定也是不同的。其制定的标准包含自然指标和定性指标，以身体各个方面的生理状况、社会适应能力、不同阶段的智力发育水平为基础。它是一个动态的、存在变量的系统，可简单描述为具备了遗传性，经过后天自然人的个人努力塑造和所处环境的影响，表现出来的对环境适应的一种能力，这种能力包括自身身体的形态结构、心理素质、生理成熟的功能，以及所具备的运动素养等。这些都是理想体质的内涵。

（三）适度体质

随着理想体质的提出，国内不断有学者对其进行研究，但都局限于对理想体质进一步的描述，或者在著作、期刊中作为概念、知识点提出。时隔10年，直至1998年，刘东海在《论体质综合评价的战略思想》中提出"适度体质"。他认为，在控制论的指导下的体质以最经济的形式，建设更加符合生物学特点和生物力学结构，有利于人类的健康长寿，有利于发挥最大运动能力、劳动能力和适应能力的形态结构和内在结构，使人类能在自身体质下，获得巨大的综合效益，以利于人类更好地在地球上生存。这种控制下的体质，即适度体质。按照这种理论，体质综合评价必须是以控制下的体质指标的最佳量为标准，对青少年儿童的体质生长发育进行人为的、有目的的控制，使其向适度体质的方向发展，维持各类各项指标处于最佳状态，以保证我们的民族，乃至整个人类体质的相对稳定。

2004年，刘东海、夏国军在《重审并再论建立"适度体质"的思想及理论》中将"适度体质"进行了进一步论述，从现实的个体体质与未来的民族体质两方面分别下了定义。一是适度体质（狭义、近期）：以产生健康效益为第一，把个体体质的各类、各项指标的量实施科学最佳化适度规范，并控制在与其身高相适应的规范范围内，并优化组合后的体质。此定义适用于现阶段的个体，以其自身身高为基础，对其他指标量实施科学适度最佳化规范控制，可用以单项指标的评价及综合评价。二是适度体质（广义、战略）：以最经济的手段和方法对体质各类、各项指标的量实施科学最佳化适度规范控制并优化组合，产生有利于民族乃至整个人类的健康与科学的可持续发展，并从中获得巨大的综合效益（健康效益、环境效益、社会效益、经济效益）的体质。此定义适用于中华民族乃至各种族体质的战略发展，最终是使后代个体体质的各类、各项指标量达到科学最佳化适度控制的规范，并优化组合向战略适度体质规范发展、靠拢、归顺，最后达到规范模式下的相对统一。

刘东海"适度体质"的提出对理想体质的进一步研究提供了思路，但也仅限于理论的研究，没有提出切实可行的研究方法和标准，更没有涉及综合评价。

三、青少年体质评价的思路

青少年体质健康状况的变化必须要根据学生体质评价来系统地掌握，它也是增强体质的措施之一。体质评价与体质测试密不可分，体质测试为体质评价提供能反映体质基本状况的有代表性和准确可靠的原始数据资料，是体质评价资料的重要来源。体质评价依据收集的定性和定量的数据资料，按照一定的评价理论、标准和方法，以评定具体对象体质优劣的过程。其中包括反映体质某一方面的单项评价和全面反映体质水平的多项综合评价。随着社会的进步、科技的发展，国内外对青少年体质评价的思想也在不断变化。

1.国内学生体质评价思想

学生体质评价的目的是掌握青少年体质的状况及其发展变化，检查、评定增强体质的效果，分析研究影响体质强弱的各种因素，为科学体育锻炼、改善营养、卫生条件等提供科学依据，以便更有效地提高青少年的体质水平。其具体任务包括掌握学生体质状况，探究其发展变化的客观规律，为体育的科学化提供依据；检查、评价学生体质增强的效果；为学校体育教学训练和体质研究、运动员选材、制定运动处方等提供依据；为医学、卫生、国防，以及国民经济等方面提供有关资料；为政府部门有关决策提供资料或依据。

确立一个科学、有效的体质评价体系、评价标准必须建立在科学的评价思想之上，应充分考虑青少年时期学生的生长发育规律、各指标特点以及理想的体质评价模式，以便确立正确的评价观念。早期研究认为，对于反映体质状况的单项指标的评价（包括基本测试指标和由此派生的指数），必须考虑这些指标和指数的特定含义。有些指标和指数越大越好，有些指标越小越好；有些在生长发育的某个阶段越大越好，而在另一个阶段就不一定是越大越好；有些既不是越大越好，也不是越小越好（如血压及脉压差等），而是需要确定一个正常值范围。

有学者认为，就当前我国青少年的生长发育状况而言，在生长发育阶段，建立在高一点、重一点、大一点的基础上（指在正常值范围内），是一种积极的评价观念。而对于体质的综合评价，由于构成体质的各种成分（如形态结构、生理机能、身体素质等）对体质的影响和作用大小不一，有些受遗传因素影响较大，有些受后天环境、营养、体育锻炼的影响大些。

在设计体质的综合评价方法、评价标准时，应当根据各类指标对体质的影响和作用大小，以及各类指标本身受遗传、环境、营养、体育锻炼等因素的影响大小，来考虑它们各自在体质综合评价中的"权重"。一般而言，体格、体型受先天遗传因素的影响较大，评价时应赋予较小的"权重"，而生理机能和运动素质受后天环境、营养，特别是体育锻炼的影响较大，在综合评价中应赋予较大的"权重"，适当提高它们在综合评价中的地位。从鼓励积极参加体育锻炼、增强体质、增进健康的意义上讲，这种评价观念才是积极的、合理的。

我国针对学生进行的体质量化评价主要采取的是"体育锻炼标准"，虽然各时期名称不同，但均是通过对于体质相关指标（项目）的测量（测试），并依据一定的标准对各年级学生体质状况进行评定的。根据社会不同时期的发展需要，以及对青少年体质健康、测试项目与体质的关系，以及测试手段研究的不断深入，体质评价思想也在发生着变化。

无论学生体质评价思想如何变化，总目的都是一致的，即通过测试和评价激发学生体育锻炼的兴趣，促进学生健康成长。随着社会的发展，学生所处的生活环境也发生了巨大变化，业余生活有了更多丰富多彩的娱乐活动，体育活动时间不可避免地受到挤压。对大多数学生而言，体育锻炼的目的是追求健康，而非争夺"锦标"。因此，当前学生体质评价思想更趋向于对学生健康相关体质而非运动相关体质进行评价。

2.国外学生体质评价思想

美国20世纪50年代开始进行大规模体质测试活动，1958年美国健康、体育、娱乐及舞蹈联合会（AAHPERD）设计的体质测试项目为50米跑、立定跳远、垒球掷远、往返跑、600米跑、引体向上、仰卧起坐七项指标对全国青少年进行了体质普查。这一时期对学生体质测试与评价，是为了尽快提高学生的身体素质，对青少年体质的关注多与征兵有关。然而，随着人们对体质健康认识的深入，体质评价思想也有所变化，逐渐意识到高水平的速度、爆发力和上肢力量与人体健康并无直接关系，得克萨斯州在推出的体质—运动能力测试中首先将体质与运动能力分开。在1975年、1985年分别把垒球掷远、往返跑、立定跳远和50米跑删除，增加了1000米跑和坐位体前屈，最终形成现在的以健康素质为主的有氧能力、肌肉力量/耐力、身体成分、柔韧性四项指标（或五项指标）。

日本先后颁布了不同年龄段学生的体力测试项目和标准，对不同年龄阶段学生的测试内容也有所不同。他们认为，为使身体能够敏捷而协调地进行各种活动，提高协调各种体力要素的能力是非常重要的，而小学、中学时期正是这种能力发展的显著时期。

因此，对20岁之前的学生除要测试各年龄组通用的握力、仰卧起坐、坐位体前屈测定指标外，还要测试反复横跨（1米）、耐力跑（男1500米，女1000米。可选择20米往返跑）、立定跳远、50米跑、投球（手球）；20岁以后的其他项目为反复横跨（1米）、快走（男1500米、女1000米，可选择20米往返跑）、立定跳远，与运动能力相关的速度、上下肢爆发力、耐力项目基本不再测试，所测项目均是与健康相关的项目。从测试内容来看，日本更注重20岁之前学生的身体素质锻炼，对20岁以后的学生主要从关注其健康的角度和以后参加社会生活的角度出发，实现了学校体育与社会体育的接轨和融合。

第二节 青少年体质健康教育存在的问题

一、家庭体质健康教育的缺失

我国青少年家庭体育教育的缺失是造成家庭体质健康教育缺失的罪魁祸首。调查发现，家长在学生参加体育锻炼方面重视程度不够，要使学生德智体全面发展家长应鼓励学生积极参加体育锻炼和体育竞赛，提高体育运动的热情，培养终身体育意识，家长的种种错误观念、态度和行为会制约影响青少年体育能力的发展和素质的提高，同时也不利于完成素质教育。因此，必须转变家长的体育教育观。

调查发现，家长对体育教育关心少，轻视其积极作用，多数家长在关心子女学习成绩的同时，很少过问子女体育课的体验、感受等，对学校体育教学知情度较低。家长忽视身教，仅为孩子提供现有条件，不能积极为孩子创设环境，不能用身体力行带动影响孩子，说明家长的体育教育行为、态度、观念确实存在问题，只求表不求本。家长对青少年体育教育促进身心全面发展的综合功能认识不足，重视不够，对体育为什么能培养青少年的良好行为没有正确的认识，导致不能积极配合学校开展家庭体育教育。

随着社会经济和科学技术的发展，作为独生子女，父母的溺爱成为一种普遍现象，这一现象的增加，让更多的学生过早地养成了一些不良的饮食习惯，比如饮食更倾向于肉类、零食等。另外，长时间看电视、玩电脑，这些坏习惯对学生尤其是初中生的体质健康的影响较大，需要全社会的共同关注，加大遏制力度，从生活习惯入手，改善他们的身体健康。人体每日所需的营养素是全方面的，偏食不能满足人体所需，这种饮食习惯容易引起营养不良，影响身体健康。

如表2-1显示，南通市某中学初中生有相当一部分学生有不良的饮食习惯，在被调查的学生中偏肉食的占总人数的64.8%，偏素食的占总人数的22.4%，而崇尚均衡膳食的只占总人数的12.8%。调查发现，在超重、肥胖男生中约有40.6%的学生有偏肉食的习惯，而在营养不良的女生中有13.8%的学生有偏素食的习惯。据此可以推断，偏食习惯是导致学生肥胖或营养不良的一个重要影响因素。青少年学生常常对自己钟爱的食物不加控制，而对自己不喜欢的食物又不予理睬、不予尝试，如一些学生对肉类食物非常钟爱，不喜水果蔬菜，长期如此导致营养不均衡，造成身体中的部分营养素过剩，而部分营养素又摄入不足的现象，严重危害身体健康。

表2-1　南通市某中学学生饮食习惯统计表

	偏食情况			早餐情况		
	偏肉食	偏素食	均衡膳食	坚持吃	偶尔吃	常不吃
人数/人	596	206	118	799	100	21
比例/%	64.8	22.4	12.8	86.8	10.9	2.3

大量的文献资料都认为，不吃早餐会给学生的体质健康带来不利影响。不吃早餐会使人在午饭时出现强烈的空腹感和饥饿感，不知不觉就会过量进食，多余的能量在体内转化为脂肪，导致肥胖。早餐是人体睡醒后的第一餐，早餐能使激素分泌很快进入高潮，及时给脑细胞提供所需的能源，长期不吃早餐不但会引起全天能量和营养摄入不足，人体会由于饥饿造成肠内壁过度摩擦而损伤肠黏膜，导致消化系统疾病，有损全身免疫力和机体抵抗力。在坚持用早餐方面，有86.8%的学生表示坚持天天吃早餐，但也有10.9%和2.3%的学生分别表示偶尔吃早餐和经常不吃早餐。

家庭文化对孩子的体质健康教育影响很大，在我国现阶段，独生子女多，不少家长怕孩子出现意外就把孩子"圈养"在家和学校，很少出去运动。许多家长将自己未实现的许多梦想寄托在孩子身上，为了给孩子更多的学习时间，孩子自己力所能及的事情家长也一并包揽，给予孩子过多呵护，忽略了对他们的毅力和吃苦耐劳的品质的培养，导致现在的学生怕吃苦、怕劳累的现象日益普遍。

长跑是一种长距离的耐力运动训练，它在增强心脏和肺部功能的同时，还能增强锻炼者的意志。在平时的教学中，我们发现很多学生怕累，不愿意练长跑，缺乏意志力的学生不能跑完全程。

从学校的角度出发，由于害怕学生受伤，对每年的长跑考核，教师们都小心翼翼，以致现在的学生表现出耐力素质薄弱、心肺功能低下。

从家长的态度不难看出，他们对体育锻炼的认识不足。另外，如何培养健康意识，面向社会普及体育健身的理论知识，更新人们的体育观念，使家长和孩子们都行动起来，积极参与体育运动，是学校及体育工作者面临的一个重要课题，也是亟待解决的问题。

二、学校体育锻炼情况不理想

(一)体育课的项目选择

青少年体育教学模式呆板、陈旧、机械,教学缺乏针对性,忽视了群体性教学,不能充分调动学生学习体育的积极性,很难使学生的潜在能力得到挖掘和发挥,从而使体育教学的质量和学生体育能力的提高受到制约。南通市某中学初中部开展的体育课情况如图2-1和图2-2所示。

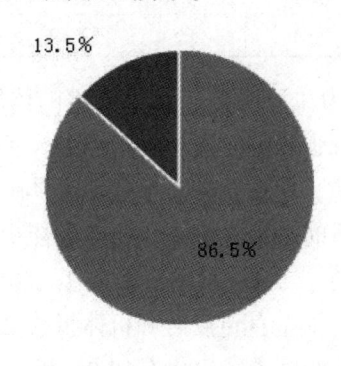

图2-1 南通市某中学初中部体育课开展内容

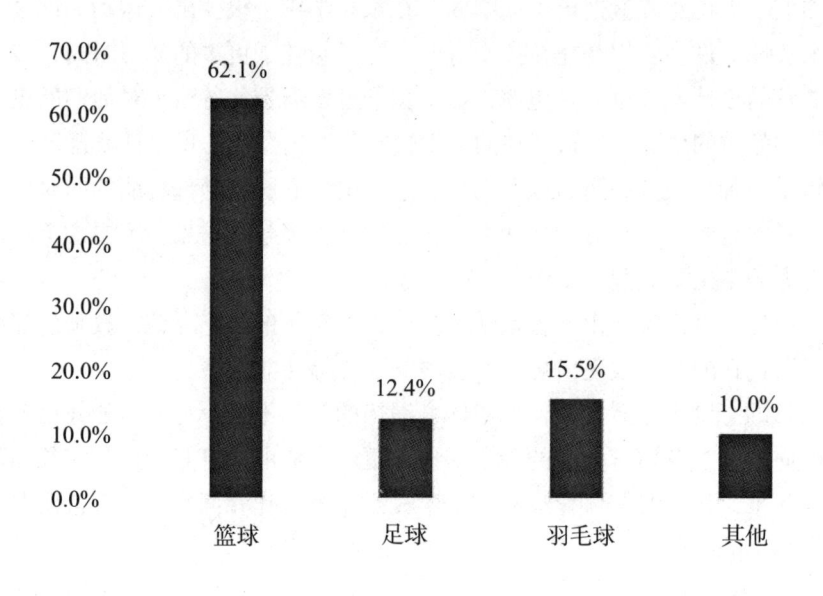

图2-2 南通市某中学初中部体育课球类运动开展

图2-1显示南通市某中学初中部体育课开设项目主要以一些传统的体育项目为主，田径类占到教学内容的86.5%，球类等其他运动仅占13.5%。图2-2球类运动中，篮球、足球、羽毛球分别占62.1%、12.4%和15.5%，其他一些项目开展程度不高。

（二）课外体育活动的开展

积极参加课外体育锻炼有利于增强学生的体质，能有效补充学生在体育课堂上获得体育知识和技术技能的不足，检验体育课堂教学内容的实施效果，促进学生体育兴趣的培养，为终身体育打下基础。

南通市某中学初中部学生体育锻炼意识情况如表2-2所示。

表2-2 南通市某中学初中部学生体育锻炼意识调查表

内容	体育课			课外体育活动			参加体育比赛			观看体育节目		
选项	A	B	C	A	B	C	A	B	C	A	B	C
比例/%	44.5	46.8	8.7	49.3	47.8	2.9	17.8	61.5	20.7	46.8	39.1	14.1

A.表示喜爱、关心、积极；B.表示兴趣一般；C.表示不喜欢、不关心、不积极。

表2-2的调查结果显示，该中学初中生喜欢上体育课和参加课外体育活动的人数不到50%，参加体育比赛和关心国内外体育赛事的人数则更少，这说明有近半数的初中生对体育的健身价值缺乏正确的认识，没有体育锻炼的习惯和运动保健知识与能力。

（三）初中生参与体育运动的现状调查分析

对南通市某中学初中生参与体育运动的喜好情况，如表2-3所示。

表2-3 初中学生参与体育锻炼情况调查表

性别	喜欢/%	一般/%	不喜欢/%
男生	87.8	9.8	2.4
女生	58.4	29.3	12.3

表2-3的调查结果显示，喜欢参加体育活动的男生占调查学生总数的87.8%，而女生则为58.4%，且男生高于女生；不喜欢参加体育活动的学生属少数，且女生高于男生。对男、女生参加体育活动态度进行比较，发现女生的亲和态度比率明显高于男生。如果从教学自身找原因，它反映了课外体育活动、体育教学、组织安排、内容设置以及在器材设备等方面，没有很好地照顾到学生的心

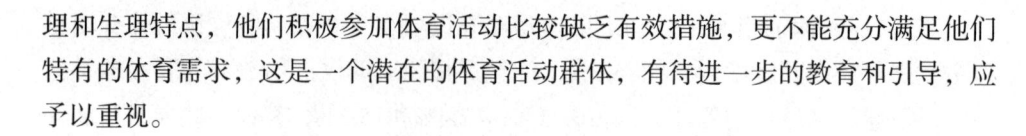

理和生理特点，他们积极参加体育活动比较缺乏有效措施，更不能充分满足他们特有的体育需求，这是一个潜在的体育活动群体，有待进一步的教育和引导，应予以重视。

三、青少年体质健康教育政策的不足

（一）政策受影响者的利益诉求偏离政策愿景

政策受影响者是否支持政策的实施，并不取决于对政策愿景的期望，而在于对自身利益得失的现实判断。如果政策受影响者遵循政策规范，付出成本过高，或者融入政策改革会使自身的既得利益受损，消极适应政策甚至抵制政策执行的现象就不足为奇，政策愿景自然无法实现。在现行的升学选拔机制中，文化课成绩是首要考量的因素，体育成绩占比很小，甚至在高考中没有实质性权重。因此，政策受影响者对高考文化课成绩的利益诉求远远超越了对体质健康教育的价值认同。学校、家庭、教师、家长、学生等构成了青少年体质健康教育政策受影响者群体。对学校而言，减少学生体育活动时间，延长学生学习时间，高考成绩提高、升学率提升，就会得到上级教育主管部门的肯定，受到家长和学生的认可和赞誉；反之，学校积极落实青少年体质健康教育政策，学生体质增强，综合素质得以提升，但升学率会受到影响，主管部门、家长和学生对学校的认可度必然降低。对于上述两种政策执行的认同，更多学校会出于近期利益考量而选择前者。就家长而言，特别是农村家长认为良好的身体素质在高考中并派不上用场，体育在文化课成绩面前微不足道，自然不情愿也不支持子女参与到以"维系人类健康，满足人类精神文化需求，使人类充分享受自由和幸福"的体育活动中。对于青少年体质健康教育工作者，尤其一线体育教师，新政策的实施过程充满了不确定性、否定性，甚至巨大的挑战性，这就意味着墨守成规的做法已不适应新的政策要求，轻松的工作氛围需要不断创新。如果教师在观念上对政策的解读和接受程度不到位，陈旧的行为惯性就难以改变，对政策执行抱以怀疑、拖延甚至排斥而安于现状的态度就会成为常态。

可见，青少年体质健康教育政策受影响者的多元价值诉求和政策愿景形成了某种错位。造成这种错位的根本原因在于政策主体范畴狭隘，政策受影响者得不到主体性尊重，不能平等地参与政策的制定和执行过程，处于被动接受行政命令和被管理的"弱势群体"地位，以致受影响者的多元价值诉求得不到重视和彰显。因此，受影响者在主体地位缺失的政策环境下，局部利益、短期利益、直接

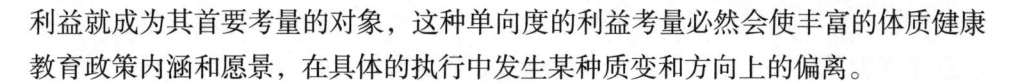

利益就成为其首要考量的对象,这种单向度的利益考量必然会使丰富的体质健康教育政策内涵和愿景,在具体的执行中发生某种质变和方向上的偏离。

(二)政策的前瞻性和系统性欠佳

政策的现实性、前瞻性和系统性是政策演变永恒的主题。政策研究的现实意义是当遇到社会问题或危机时,通过制定和执行新的政策,协调不同群体的利益关系,发挥资源整合的合力作用,解决矛盾。因此,政策编制与执行首要考量的是政策本身的现实性,即问题导向性,政策的目的、可行性、合理性等现实因素直接关系到政策执行的效果。我国青少年体质健康教育政策的编制和执行一直坚持问题导向原则,从解决现实实际问题出发,整合资源,化解危机和矛盾。同时,政策编制应该具有一定的前瞻性,能够预料政策执行可能产生的新问题,预知事物未来的发展趋向。目前,我国青少年体质健康教育政策的前瞻性欠佳,相关政策文本的内容表述重复现象严重,政策演变体现出善后补救式政策规律,政策的时效性和持久性大打折扣。相关研究显示,近30年有关青少年体质健康教育的法律、法规、文件有60余件,平均每年2件,多数新出台的政策存在内容重复的现象。比如,2007年5月7日,中共中央国务院下发的《关于加强青少年体育增强青少年体质的意见》和2012年10月22日,国务院办公厅转发教育部等部门《关于进一步加强学校体育工作若干意见的通知》,以及2016年4月21日国务院办公厅下发的《关于强化学校体育促进学生身心健康全面发展的意见》等文件在课堂教学、课外活动等环节存在重复性表述。迫于现实危机而急于解决问题的青少年体质健康教育政策,虽然对解决某些现实问题非常有效,但并未充分考虑青少年体质健康教育系统发展的内生动力与外在环境,缺乏对青少年体质健康教育趋势准确而科学的研判,致使政策的制定缺乏战略性和前瞻性规划。

青少年体质健康教育政策体系是一个复杂的系统,不仅包括体育课堂教学、课余训练与竞赛、课外体育活动等众多构成要素,而且也涵盖了诸如政策间的兼容互补、要素间的协调统一、系统与外部环境间的能动适应等复杂的非线性关系。基于青少年体质健康教育政策体系的系统性考虑,该政策体系的顺利实施需要完整的理念和系统的思维,在与社会经济、文化和教育等外部环境高度契合的基础上,不同政策之间需要内在的逻辑衔接和相互配合补充,形成"协调增益"之效。《国务院办公厅关于强化学校体育促进学生身心健康全面发展的意见》(以下简称《意见》)规定,"进一步完善政府主导、部门协作、社会参与的青少年体质健康教育机制,基本形成体系健全、制度完善、充满活力、注重实效的中国特色青少年体质健康教育发展格局"。可以看出，青少年体质健康教育政策已经拓展为关联社会多个方面的政策系统，既要有教育行政部门的指导、学校管理者的实施、体育教师和学生的落实，也要有学生家长的参与，广泛联系到了社会的方方面面。因此，《意见》的顺利实施需要多方政策执行主体的团结协作，需要相关配套政策的支持和落实，仅仅依靠政策本身不可能解决系统的问题。令人遗憾的是，目前青少年体质健康教育政策并未形成一种合理的配套政策体系，体育师资配套、职能部门责权划分、问责地方等方面的政策均没有明确规定，使得青少年体质健康教育工作者在实际工作中缺乏强有力的配套政策支持。

（三）政策执行机制不健全，监督机制待加强

美国政策学家范·米特和范·霍恩以公共行政学为理论基础，遵照行政组织的层级原则，设计提出了米特-霍恩政策执行系统模型（见图2-3）。该模型指出影响政策决策成功转化为政策效果的因素，主要由六个变量组成，即"政策标准与目标""政策资源""组织间沟通和执行活动""执行机构的特性""社会经济和政策环境""执行者的价值取向"。其中，"组织间沟通和执行活动"这一变量可以左右政策执行者的意向，搭建政策与执行之间的关联，进而深刻影响政策执行与监督机制的建立。依据该模型对照我国青少年体质健康教育政策执行中的"组织间沟通和执行活动"，会发现体质健康教育政策的多元执行主体间存在着沟通不畅、合作机制欠缺的短板，以致陷入政策执行机制和监督机制不能很好建立并发挥实效的窘境。

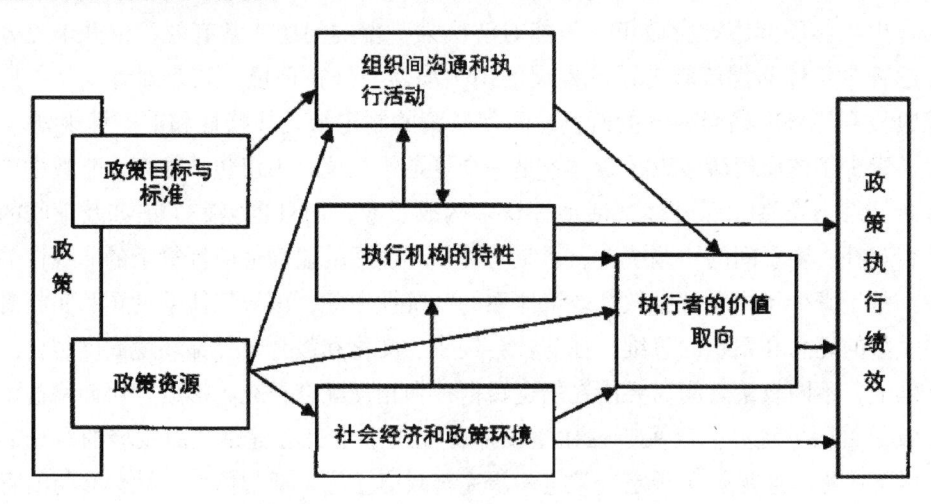

图2-3 米特-霍恩政策执行系统模型

从政策执行角度看，教育、体育、卫生、人社、财政、共青团等多个部门构成了青少年体质健康教育政策的具体执行主体。纵观各相关政策文本，我们会发现，文本中并没有明确划分各相关职能部门的职权和职责，相应的事权关系和边界界定更无从谈起，这就造成了职能部门间权责不明、沟通与合作机制缺乏、政策执行机制不健全以及执行效率低下的困境。长期以来，教育和体育部门主要负责青少年体质健康教育政策的落实与执行工作，但并没有被赋予处理和协调本部门以外相关事务和职能部门的权力，有悖于责权对等的组织设计原则，造成了青少年体质健康教育政策执行的"无奈"和"纵深"不足。教育和体育部门在推动和执行青少年体质健康教育政策过程中，常常会掣肘于学校体育经费问题与当地财务部门意见不一，体育教师编制与人社部门意见不一，政策执行部门能够调动的资源非常有限。同时，因职能部门间责权不明、管理边界划分模糊，也造成了青少年体质健康教育政策执行的评价、考核和奖惩机制无法建立。

从政策监督角度看，我国青少年体质健康教育政策执行缺乏常态化、制度化、多层次的有效监督。政策执行中更多地注重形式建设，以"运动"方式轰轰烈烈组织的会议和活动不少，但缺乏对学校体育常态工作的有力推进和监管。青少年体质健康教育政策执行的事前防御、事中控制、事后反馈等制度化监督机制有待完善和规范。长期以来，青少年体质健康教育政策执行的监测和督导工作主要由教育行政部门来承担。其监督形式主要表现为听学校汇报、查阅文字材料和实地考察固定而流程式的"三部曲"。教育行政部门对于政策执行反馈信息的获取，过分依赖学校单方面汇报，故此学校多在文字和数据上挖空心思，对政策执行中的问题多轻描淡写，真正的问题往往不能被发现，这就加剧了政策执行信息的不对称和失真的风险，大大增加了政策监控的难度。另外一个政策监督不足的原因是监督机构的独立性问题。教育行政部门的督导检查组要么是其下属的职能科室，要么由兄弟院校同行专家临时组建。监督的主体和客体之间存在复杂、密切的共生关系，甚至有着相互制约的利害关系。督导检查组真正的监管和督查职能在这些错综复杂的关系中难以发挥作用。

（四）政策的体育文化溢出效应严重缺失

体育政策文化溢出效应过程图（见图2-4）诠释了青少年体质健康教育政策演进的文化内在驱动机制和体育政策文化效应溢出的全过程。一方面，青少年的体育文化认同、体育价值需求和体育健身动机等内部心理机制的形成与发展是体质健康教育政策演进的文化内在驱动力,其中,体育文化认同为政策演进提供了起源动力,体育价值需求为政策效果提供了生成动力,体育健身动机为政策的文化效应溢出提供了行为催化。另一方面,青少年学生只有在体育文化的无形熏陶中,才会形成体育健身文化认同,产生体育健身价值需求,进而在体育健身动机的驱使下,自觉参加健身运动,把体育内化为生命与生活的一部分。

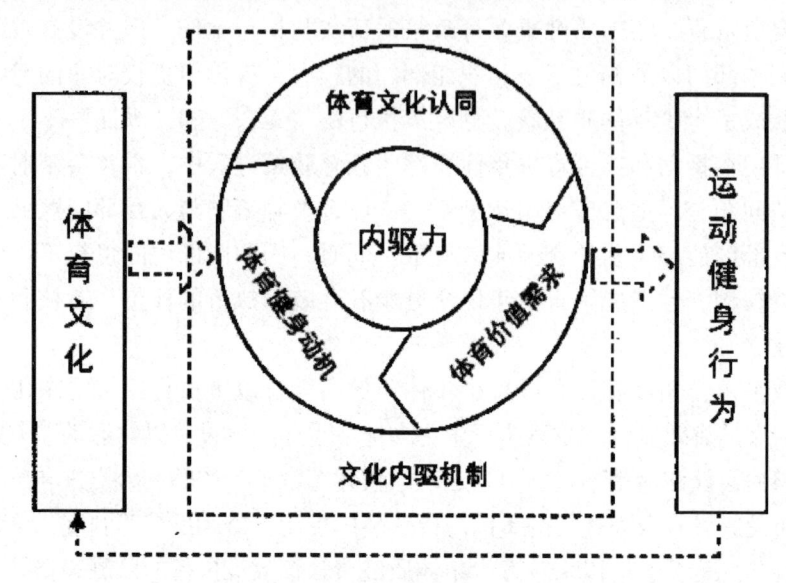

图2-4 体育政策文化溢出效应过程图

然而,近30年颁布的一系列青少年体质健康教育政策,并未在体育健身文化塑造和健身价值需求引导等方面引起足够重视,甚至成为严重缺失和被遗忘的重要内容。致使政策演进缺乏文化认同、价值需求和心理动机等内在驱动力的推动和促进,使得政策的贯彻与落实成为"空中楼阁",政策在实践中表现出空洞化、形式化、表面化,最终导致体质健康教育政策对提升学校体育工作水平和增强青少年健康素质的效果甚微。因此,今后如何推动青少年体质健康教育政策的体育文化建设,提升政策的体育文化溢出效应并有效形成文化内驱力,将成为实现和提升政策效益的根本所在。

青少年体质健康教育政策的演进和执行过程是一项复杂而艰巨的系统工程。今后青少年体质健康教育政策的发展,应在积极汲取和借鉴国内外先进做法和成功经验的基础上,进行青少年体质健康教育政策的优化与提升。其优化的现实路径是加强政策制定主体之间的沟通与协作,优化政策体系;关键路径是健全政策执行机制,完善政策监督机制;根本路径是提升政策的文化溢出效应,提高青少年的体育文化认同度。唯有如此，才能进一步做好青少年体质健康教育工作，从根本上扭转青少年体质羸弱的局面。

第三节 青少年体质健康教育模式的构建

青少年是国家的未来和希望，青少年的教育问题和健康问题一直是国家关注的重点。随着我国物质生活水平的提升，青少年的成长条件也得到了很大的改善，但是每一年青少年疾病案例的数量并没有随着物质生活水平的提升而降低，导致这种现象的出现，一方面有教育因素，青少年对体质锻炼的关注降低，导致体质逐渐下降；另一方面有环境因素，导致青少年身体素质降低。因此，对青少年进行体质健康教育已经成为政府教育的重点。

一、健康政策促进合力下的青少年体质健康教育模式的建设

（一）相关政策的完善

国家政策是保证青少年体质健康教育模式建立和发展的前提和基础。我国政府应该根据青少年体质的具体情况进行宏观政策的调整，发挥自己的引导和约束作用，为青少年体质健康教育模式的建设与发展提供便利条件。这就需要我国政府对青少年的体质状况进行具体的分析，根据青少年体质状况进行政策的制定，并对青少年体质健康的体测机制进行完善，为学校、家庭和社会进行青少年体质健康教育提供指导方向，保证青少年体质健康教育模式的建设与发展。

（二）教学理念的完善

学校要想加强对青少年体质健康教育模式的建立和发展，就要对自己的教学观念进行转变，认识到素质教育和体育教育同等重要，把对学生的文化课教育和体育教育放在同等的位置，正确进行文化课程和体育课程教学活动的开展，使得青少年体质健康教育模式可以在学校中得到建设与发展。这就需要学校对国家的健康促进政策进行了解和学习，认识到国家以人民健康为中心，建立健全的健康教育体系，普及健康知识，引导群众建立正确的健康观，加强早期预防，形成有利于健康的生活方式、生态环境和社会环境，并根据政策内容和要求进行青少年体质健康教育模式的搭建，加大对青少年进行体质健康锻炼重要性的宣传，提高

青少年对于体质健康的认知，从而培养青少年养成积极锻炼的思想和习惯，使得青少年形成终身锻炼的意识。

（三）教师素质的完善

教师是对青少年进行教育和引导的主体。学校要想全面落实青少年体质健康教育模式，就要提升体育教师的专业素质，让教师认识到体质健康教育对于学生的重要性，从而根据体质健康教育的要求进行教学内容和教学活动的设计，让青少年在自己的教学引导下积极进行体育锻炼活动，激发青少年对于体育锻炼的兴趣，不仅可以提高体育教学的效果，还可以帮助青少年养成乐于锻炼的良好习惯。同时，教师要对自己的教育思想进行创新和完善，不断根据青少年的体质状况及兴趣进行体育活动的设计，运用多样化的体育活动，引导青少年发现体质锻炼的乐趣，从而促进青少年的健康成长。这就需要体育教师加强自己对于健康促进政策体系的学习，了解我国提出的健康促进政策体系的具体内容，根据健康促进政策体系的内容对自己的教学理念、教学方式和教学活动进行完善，设计出符合青少年体质健康教育的教学方案，保证青少年体质健康教育模式的顺利开展。

（四）家庭教育的转变

家庭是青少年学习和成长的重要平台之一。家庭应该加强对青少年体质健康教育的意识和活动，从小对青少年进行体育锻炼的培养，帮助青少年养成良好的生活习惯。这就需要家长提升自己的引导作用，为青少年树立学习的榜样，在日常生活中加强自身锻炼，用自己的行为习惯和思想去影响青少年对于体质健康的认知，让青少年主动去了解体质健康的意义，积极地进行体育锻炼，这不仅可以提高青少年的身体素质，还可以通过体育锻炼对青少年的意志力和思维品质进行引导，促进青少年的健康成长。同时，家长也要带领青少年参加社会体育锻炼活动，如马拉松比赛、球类比赛等体育运动，通过比赛来激发青少年对体育锻炼的兴趣，还可以对青少年的体力、智力和心理等方面进行进一步的引导教育，为青少年的全面发展提供教育平台。

二、全国青少年体质健康教育模式的建立

教育活动的开展与当地的社会经济条件、地理环境及气候特点等因素相关。中国幅员辽阔，地区间的人文环境、经济条件等差异较明显。开展青少年体质健康教育必须考虑地区间的差异，因地制宜地进行。

（一）东北地区

1.现状分析

东北地区的健康教育现状调查显示，在课堂教育、教育制度、自我认识、家长示范、社会条件等方面均不如国内其他地区，其原因是多方面的，如经济水平、气候环境、教育理念等。因此，干预方案应该在教育理念和手段方面予以加强，也要能够因地制宜地寻找合适的教育途径。比如，在课堂教育方面使体育课的内容和形式丰富多彩，提高教师的积极性，在课堂中多进行健康知识的传播。在学校条件方面，教育行政部门加强体育设施的投入，给学生提供更多的体育时间和空间进行锻炼。要提高学生对体育健康的个体认知，应该加强科学健身的理论知识指导。在教育制度方面，当地的教育行政部门要适当做出一些政策的干预，如制订一些年度的达标计划，同时也要有监督机制、监督政策的执行。在家长示范方面，通过教育宣传机构鼓励"大手牵小手"，家长和子女共同参与体育锻炼。在社会条件方面，适当增加电视、网络等媒体对体育锻炼的宣传。

2.健康教育模式的内容

①组织体育教师培训班，提高体育教师的教学能力和业务水平。

②鼓励学校对体育课堂的教学质量进行考核和评估，并设立一定的奖惩措施。

③在学校内增加体育墙报、宣传标语和体育展板，以便对国内、国际大型体育赛事进行预报及过程和结果的报道；对学校、班级体育比赛进行宣传；对体育、健康、卫生方面的知识进行宣传。

④增加经费投入，购买必要的体育器材。由于北方冬天室外较冷，有必要增加室内锻炼场所。

⑤学校制定制度，减少文化课对体育课的挤占。

⑥体育课的活动内容可以根据当地的地理特征与气候特征进行设置，如夏天爬山、冬天滑雪等。

⑦加强户外活动的指导，适当考虑邀请家长共同参与。

⑧校内或班内广播、播放视频，可分为录像、电视实况转播等形式，内容有健康讲座、比赛实况等。

⑨建设专用网站，一方面可进行体育赛事和体育新闻的转播，另一方面也可以让学生主动浏览该网站学习健康知识，并且可以查阅自己的体质测试数据和变化情况。

⑩在小学开展"快乐活动日"活动,即进行体育比赛或班级锻炼。

⑪组织"亲子运动会",开展多个项目的家长和学生一起参加的趣味运动会等。

⑫通过校运动会,督促学生进行体育锻炼。

⑬在升学考试中强调体育成绩的重要性。

(二)华北地区

1.现状分析

与全国其他地区相比,华北地区的体育教育做得较好。相关调查资料显示,以北京和天津两个直辖市为代表的我国政治文化中心的华北地区对上级政策的执行力度较大。但社区活动因子和家长示范这两个方面还稍显不足。因此,可更多考虑提高家长的示范作用,营造家庭参加体育锻炼的氛围,使家长认识到健身的重要性。一方面要鼓励家长以身作则,陪同子女一起参加锻炼;另一方面要在社区加强运动健康知识的传播。北京和天津是经济较发达地区,因此可以鼓励家长多购买必要的锻炼设备,在与子女共同锻炼中提高子女对体育健身价值的认识。

2.健康教育模式的内容

①加强学校体育课程的监督,丰富体育课程度内容。

②提高体育教师的专业水平,进行健康知识的培训。

③通过网络传播体育健康方面的知识,建立专用网站或体育博客,促进体育与健康知识的积累和提高。

④宣传家庭游戏,开发适合家庭的体育游戏。

⑤鼓励家庭进行室外体育锻炼,如跑步、游泳、骑自行车,以及打羽毛球、乒乓球、保龄球等。

⑥家庭参加健身会馆,即全家一起在健身会馆参加跑步机跑步、健身操、球类等健身活动。

⑦建设体育健身科技场馆,出版体育普及读物,增加学生对体育的了解。

⑧做好对大型体育运动会的宣传,将比赛与健康关联起来,激发学生的锻炼热情。

（三）华东地区

1.现状分析

华东地区相对来说属经济较发达地区，群众的收入较高，但同时生活压力、土地成本较高。学校的面积一般较小，限制了体育课和课外活动的开展。但另一方面，学校的健康教育理念较好，社会上的体育场所以及社区环境较好。因此，该地区的体育健康教育较其他地区，在课堂教育、教育制度、自我认识及社会条件等方面都较好，但在学校条件、家庭支持方面相对较弱。

2.健康教育模式的内容

①充分利用学校场地环境，增加体育活动场所和活动设施。比如上海及周边东部沿海城市学校的体育场地通常比较拥挤，因此各学校应该多思考如何有效利用现有环境，开辟多用途的综合体育活动场所，包括礼堂、大教室，甚至屋顶平台等。

②有效利用周边的大学、社会体育场所等可以利用的场地。

③以时间换空间，探索利用双休日开展体育活动的可能性。以组织俱乐部或兴趣小组的方式组织学生在双休日参加体育锻炼。

④利用寒暑假组织运动实践活动和开展各种学生体育比赛。

⑤利用灯箱广告或多媒体展示等方式，占用较小的空间在学校的走廊、门厅等进行运动健康方面的知识宣教。

⑥加强家长的示范作用。学校可以定期开展亲子类体育活动，组织有家长及其子女共同参加的郊游户外体育活动。

⑦开展针对学生家长的运动健康知识讲座，内容可以涉及健身锻炼方法、肥胖与营养、运动促进智力发展等。

⑧开展社区健身运动会，组织家庭参加社区组织的各种类型的健身及趣味性家庭运动会。

⑨社区体育协会开展经常性体育活动。社区体育协会在经常性地开展社区中老年人的各种体育活动中，不断吸引中小学生参加，可以使部分学生参与到社区体育活动中来。

（四）中西部地区

1.现状分析

与其他地区相比，中西部地区的城市在学校条件、家庭支持和社区活动方面的体育健康教育开展得较差。因此，从"三位一体"教育模式出发，在学校教育方面要特别重视在学校条件上采取一定的干预措施；在家庭教育方面，更多的是要鼓励家庭经济在体育方面的投入；在社区教育方面，要加强社区活动，这样才能使"三位一体"的健康教育更好地执行。中西部地区地处内陆，城市附近有较多山脉、湖泊。这是推广开展户外活动的好条件。但是，中西部地区经济发展度可能较东部沿海城市低，相对阻碍了学校在体育设施上的投入以及家庭在体育器材和培训费上的投入。因此，针对中西部地区的干预更多地要考虑增加经济投入和有效利用周边环境开展户外运动。

2.健康教育模式的内容

①学校增加体育设施、器材的投入。这方面需要财政增加投入。

②充分利用现有的体育设施和器材，制作一些简易的器材，或者做到一器多用。

③增加课外活动的时间。

④在学校的宣传栏增加体育方面的知识。

⑤邀请体育健康领域的学者、专家在学校进行知识讲座。

⑥开辟户外运动场所，建立固定的活动地点和活动项目，将这些项目纳入教学管理中。

⑦组织由家长共同参与户外体育活动。

⑧鼓励家庭购买一定数量的体育用品。

⑨增加免费的公共体育活动场所。

⑩在社区进行体育健康知识的宣传。

⑪安排社区体育指导员。

⑫组织社区内或社区间的体育比赛，鼓励青少年学生和家长共同参加。

三、"体教融合"促进青少年体质健康发展保障机制构建

青少年是中国特色社会主义的接班人，肩负实现中国梦的重任，其体质的健康为实现中国梦奠定坚实基础。

2020年4月27日，习近平总书记主持召开中央全面深化改革委员会第十三次会议，会议指出深化体教融合促进青少年健康发展，要树立健康第一位的教育理念，推动青少年文化学习和体育锻炼的协调发展，加强学校体育工作，完善青少年体育赛事体系，帮助学生在体育锻炼中享受乐趣、增强体质、健全人格、锻炼意志，培养德、智、体、美、劳全面发展的社会主义接班人。

2020年9月21日，国家体育总局和教育部颁布了《关于深化体教融合促进青少年健康发展的意见》（下文简称《意见》），从加强学校体育工作、完善青少年体育赛事体系等八大方面提出37项举措，全方位推动深化体教融合，促进青少年全面健康成长。《意见》的颁布在新时代背景下为深入推进具有中国特色的体教融合政策起到里程碑式的作用，通过协调青少年学习与参加体育锻炼时间的措施，从而更加全面地诠释深入"体教融合"中的"树立健康第一"的理念和"增强学生体质"的目标，并为培养德、智、体、美、劳全面发展的社会主义建设者和接班人提供坚实和可靠的政策保障。

"体教融合"是新时代我国体育和教育界深化"体教结合"工作中提出的一个全新的观念。"体教融合"促进青少年体质健康发展绝不仅仅是体育和教育两部门的事，还涉及其他党政部门、学校、社区、家庭等方面。构建"体教融合"促进青少年体质健康发展保障机制的作用渗透在系统保障机制构建的各个环节，通过树立青少年健康第一的教育理念，从青少年体质健康发展的教育思想、目标、资源、措施等多方面深度融合，加快"体教融合"促进青少年体质健康发展目标的实现。因此，在"体教融合"促进青少年体质健康发展的背景下，构建"体教融合"促进青少年体质健康发展保障机制是进一步增强青少年体质健康的重要方略。"体教融合"促进青少年体质健康发展保障机制构建是指以政府制度和政策为主导，以公共财政为支撑，以公益性单位为骨干，以保障全体青少年体质健康权益、满足青少年体质健康需求为目的，向青少年体质健康发展提供公共设施、产品、服务的保障。显而易见，构建"体教融合"促进青少年体质健康发展保障机制是确保"体教融合"促进青少年体质健康发展如何提供、谁来供给和供给的数量与质量的保障机制。其本质是面对新时代"体教融合"促进青少年体质健康发展的需求，在新时代新发展理念的指导下，以保障机制的构建实现"体教融合"促进青少年体质健康发展的最终目标。

构建"四位一体"促进青少年体质健康发展联动保障机制是指在政府制度、政策、目标、供给动力机制，整合"学校、社会、家庭"等组织的共建机制，形成优势互补的协同机制,通过一体化组织保障机制、体育赛事保障机制、体育人力资源保障机制等方面的构建,充分发挥其联动机制优势和协同作用,建立起从单一的学校"体教融合"促进青少年体质健康发展到社会组织、家庭组织等多主体参与的联动保障机制,形成以政府组织为主导,学校组织为纽带,社会组织、家庭组织"四位一体"参与"体教融合"促进青少年体质健康发展的联动保障机制(见图2-5)。

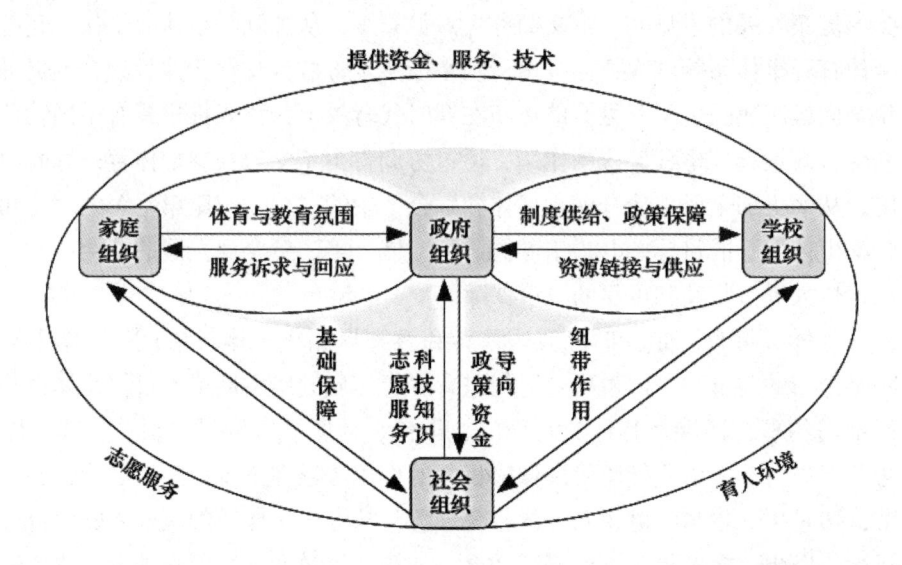

图2-5 构建"四位一体"参与"体教融合"促进青少年体质健康发展联动保障机制的要素

构建"四位一体"的促进青少年体质健康发展的联动保障机制不仅是实现"体教融合"促进青少年体质健康发展的"梁"与"柱",也是实现"体教融合"促进青少年体质健康发展的"基"和"顶",从而使"体教融合"促进青少年体质健康发展保障机制的构建始终保持不竭动力。因此,"在目前青少年缺乏余暇时间、负担重、身心疲惫、缺乏教师指导等制约因素的影响下",要想实现"体教融合"促进青少年体质健康发展的目标,建立起有利于满足青少年体质健康发展需求的"体教融合"的保障机制,务实"体教融合"促进青少年体质健康的基石,找准影响"体教融合"促进青少年体质健康发展保障机制构建的主要因素,根据实际情况开展有针对性的加强"体教融合"促进青少年体质健康发展保障机制构建的研究,以全面贯彻推进体育强国、全民健身和健康中国国家建设战略需求为发展目标"落地"的强有力政策为"抓手",构建出由

"政府、学校、社会、家庭"组织形成的促进青少年体质健康发展的联动保障机制，是今后进一步推进"体教融合"促进青少年体质健康发展保障机制构建的一个创新点。

构建"四位一体"促进青少年体质健康发展联动保障机制是一个长期建设的系统工程，不仅涉及"政府、学校、社会、家庭"等多个方面，还涉及不同青少年的多个特殊群体。因此，如何做好构建"四位一体"促进（包括不同青少年多个特殊群体）体质健康发展联动保障机制构建是优化青少年成长环境和增强青少年体质健康的重要举措。

落实《意见》需要做到：体育部门和教育部门整合已有体校、体育传统特色学校资源，联合建设高校高水平运动队，并将其纳入竞技体育后备人才培养序列，与省队、国家队有机衔接；对开展的运动项目按照"一校一品""一校多品"的学校体育模式进行统筹布局；加强体校、体育传统特色学校、高校高水平运动队教练员的教育培训和资格认证，转换体育教师和教练员身份，在培养学生运动员的同时，培养"教师教练员"和"教练员教师"；将体校、体育传统特色学校、高校高水平运动队中的"今日之星"培养成"明日领袖"，推动青少年文化学习和体育锻炼协调发展，引导学生弘扬奥林匹克精神和中华体育精神，在文化学习和运动训练的双重任务中，自强不息，心无旁骛，学好文韬武略，报效祖国和人民。

落实《意见》还需要做到：政府依托社会力量，构建适合我国特点的党政部门、学校、运动队、社会组织、企事业单位、家庭和个人多元参与治理、多元投入的体教融合促进青少年体质健康发展的青少年体育治理体系，通过青少年体育工作部际联席会议制度，研究、解决存在的问题，提供更好的公共体育服务；体育部门和教育部门建立与社会力量的内生联动机制，鼓励青少年体育俱乐部发展，建立与学校体育有机衔接的社会体育俱乐部竞赛、训练和培训体系，支持社会体育组织为学校体育活动提供指导，普及体育运动技能；通过民生工程（基础类）、提升工程（完善类）、配增工程（特色类）完善城镇老旧小区改造和新小区建设，加强运动场地设施的建设和使用，将开展青少年体育纳入健康社区建设评价体系，为"师、生、家、校、社"五位一体推动体教融合、促进青少年体质健康发展提供更好的环境支撑。

第四节 青少年体质健康教育模式的应用

提升青少年体质健康水平是开展中小学教学的主要目的之一。通过全面提升青少年体质健康水平，可改善学生体质，促使其健康成长，有利于青少年在日后的生活及学习中不断提升自身能力与水平。

一、北京市政府重视学生健康问题，分阶段推进对学生开展校外体育活动的指导

（一）2011年至2015年

青少年体质健康问题作为全民健身的重要组成部分，北京市政府于2011年制订了《北京市全民健身实施计划（2011—2015年）》，计划到2015年，在校学生达到《国家学生体质健康标准》合格率为90%以上，优秀率为20%，耐力、力量、速度等体能素质明显提高。提出通过强化政府公共服务职能，大力推进全民健身公共服务体系建设；加快建设公共体育健身设施，提高体育设施利用率；加强社会体育指导员队伍建设，提高服务能力和指导水平等措施予以保障。

2011年，北京市体育局、北京市发展和改革委员会印发了《北京市"十二五"时期体育发展改革规划》的通知，文件在保障措施中强调要强化政府体育公共服务职能，推进体育公共服务建设；整合首都体育科研优势资源，加强体育信息化网络平台建设。

2012年，北京市体育局订定了《北京市全民健身实施计划（2011—2015年）》任务分解方案，为了完成经常参加体育锻炼人数达到世界发达国家水平并长期保持这一目标，该文件明确了北京市各级政府关于编制《北京市社区体育实用手册》，研究创新全民健身网络服务平台和内容，开展"阳光体育"保证学生在校期间每天1小时体育锻炼活动，创建青少年体育俱乐部和办好体育传统项目学校，积极开展课余训练，建立和完善学校、社区、家庭相结合的青少年体育网络和联动机制等任务的牵头单位和协办单位，切实把每项任务都落实到各个监管单位。

（二）2016年至2020年

北京市政府颁布的《北京市全民健身实施计划（2016-2020年）》对"十三五"时期全民健身事业发展进行了系统规划与部署，明确了9大目标任务和10项主要保障，体现了本市全民健身事业发展的延续性、规范性、融合性和创新性，突出了落实全民健身和健康中国两大国家战略，突出了推动京津冀协同发展和助力北京2022年冬奥会，彰显了北京市全民健身工作的特色和亮点，是指导新周期全民健身事业发展的总体规划和行动纲领。《北京市全民健身实施计划（2016-2020年）》将青少年作为实施全民健身实施计划的重点人群，大力普及青少年体育活动。倡导科学、文明、健康的生活方式，培养青少年体育兴趣、爱好和终身体育锻炼的习惯，切实提高青少年身体素质。贯彻实施青少年体育活动促进计划和义务教育阶段学生课外活动计划，保障学生在校期间每天体育活动时间不少于1小时，每人掌握1项以上体育运动技能。建立健全学生体育竞赛体制，深入推进校园足球等"三大球"联赛发展。把学生体质健康水平纳入工作考核体系，加强学校体育工作绩效评估和行政问责。

"十三五"时期，北京市全民健身工作以满足健身需求、提升健身意识、增强市民体质、提高健康水平、建设健康北京为目标，以筹办北京2022年冬奥会和冬残奥会为契机，以推进全民健身公共服务体系建设为基础，不断完善政府主导、部门协同、全社会共同参与的全民健身事业发展格局。

2016—2020年，是北京全民健身波澜壮阔发展进程中，改革创新、锐意进取、砥砺前行、成绩卓著的五年。五年来，市民健身意识和科学健身素养不断增强，经常参加体育锻炼的人数从"十二五"末期的650万增长为1 080.6万（见图2-6），占全市常住总人口的50.18%（见图2-7）；全民健身赛事活动蓬勃开展，"十三五"时期全市累计组织开展全民健身活动101 528项次，参与人次4 816万人次；群众冰雪运动广泛普及，参加冰雪运动人数达到780万；全民健身场地设施更加完善，全市体育场地数量达到3.57万个，人均体育场地面积从"十二五"末的2.25平方米增长至2.45平方米；体育健身组织活力显著增强，每万人体育社会组织数量从3.9个增加到5.8个；公益社会体育指导员数量从"十二五"末的5万人增加到6.1万人，每千人拥有公益社会体育指导员达到2.8%。；职业社会体育指导员从"十二五"末的7 277人上升到23 402人。此外，全市健身休闲运动产业快速发展，京津冀全民健身交流合作进一步深化，大众体育国际交流不断拓展，北京市全民健身整体水平位居全国前列，与首都经济社会发展水平、人口状况、市民健身需求相匹配的全民健身公共服务体系也日趋完善。

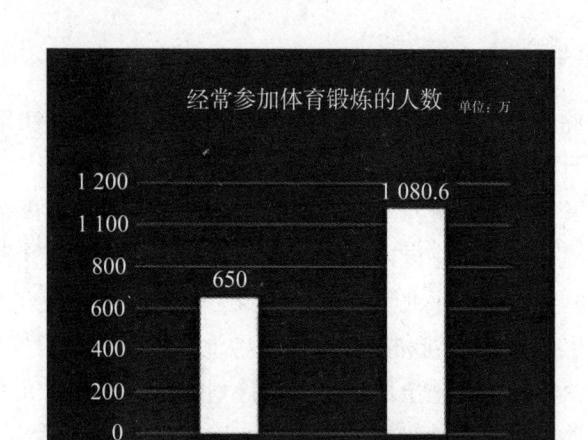

图2-6 经常参加体育锻炼的人数

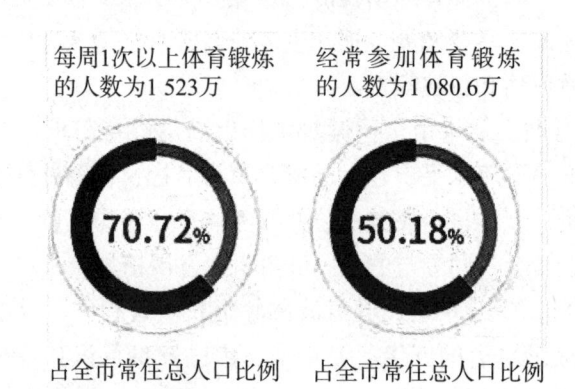

图2-7 经常参加体育锻炼人数及其占全市常住总人口比例

北京市以参加全运会等大型综合性赛事群众项目为载体，增强群众的参与度和获得感。数据显示，北京市有987名运动员参加了2017年第十三届天津全运会19个群众比赛项目的全部预赛，共获得12枚金牌、16枚银牌、6枚铜牌，金牌榜、奖牌榜均位列全国第二；全市117个俱乐部的1 317名运动员参加了2019年第二届全国青年运动会俱乐部组40个大项、46个分项、356个小项的比赛，取得40枚金牌、39枚银牌、59枚铜牌，金牌和奖牌总数位居全国前列。此外，第十五届市运会增设了14个大项24个小项、首届市冬会设置5大项10个分项的群众比赛项目，在全市掀起"我要上市运""我要上冬运"的全民健身热潮，累计1.1万名运动员参赛，带动了6.4万人参与。

疫情期间，居家健身成了北京市民参与体育健身活动的主要方式，拓宽了大众参与全民健身新维度。市、区体育部门充分发挥各级各类体育社团、基层体育团队、社会体育指导员等专业人才优势，加大线上健身项目的研发推广，在各类媒体持续推出系列居家健身小视频、图文资料等1 500余条。此外，北京市还举办了"第十二届北京市体育大会系列线上活动""北京记录线上体能王挑战赛"等各级各类线上体育赛事活动。市民体质状况持续改善，市民体质测试达标率由"十二五"末期的89.2%增长到93.02%。学生《国家学生体质健康标准》达标率为97.65%，优秀率为26.91%。

（三）2021年至2025年

2021年10月，为贯彻落实《全民健身条例》《全民健身计划（2021—2025）》《北京市全民健身条例》，北京市体育局起草了《北京市全民健身实施计划（2021—2025年）（征求意见稿）》，向社会公开征求意见。《北京市全民健身实施计划（2021—2025年）（征求意见稿）》提出："促进重点人群健身活动开展。实施青少年体育活动促进计划，推动青少年'健康包'工程，开展青少年体质促进趣味运动会、儿童滑步车公开赛等赛事活动，针对青少年近视、肥胖等问题进行体育干预。"

从北京市政府对未来青少年体质健康问题的重视程度来看，已经把青少年体育发展摆到了重要位置，并将发展青少年体育网络平台的建设作为一项任务来抓。

二、上海市青少年体质健康促进模式

（一）学校、家庭、社区联动

2010年上海学生体质报告公布：肥胖率和近视率均上升，力量素质全面下降。主要表现在：上海市学生在力量素质和女生的力量耐力素质方面明显偏弱，耐力素质偏差；学生视力不良检出率仍然较高；与其他省市相比较，上海市学生体质健康平均分在全国排名27名，为72.03分。在休息和节假日的空闲时间，学生最喜欢做的几件事是：上网聊天、打游戏、听音乐学唱歌和看电视，而外出参加体育活动的青少年不足三成。大部分学生尤其是小学生戴上了眼镜，学校也因此变成了真正的"眼镜王国"。高血压、糖尿病等一些原本在成年人或老年人身上发生的疾病逐渐出现低龄化趋势。为进一步提高青少年儿童体质健康水平，扭转青少年儿童体质下降的趋势，2011年7月4日，上海市委、市政府在上海展览中心召开了上海市学生健康促进大会。会上提出了《学生健康促进工程实施方案》，该实施方案列出了"八大行动计划"。八大行动计划包括学校体育和健康教育课程体系建设行动计划；学校阳光体育与体教结合推进行动计划；学校卫生与医教结合推进行动计划；学生体质健康监测及干预行动计划；学校生命教育及心理健康教育促进行动计划；学校体育、卫生师资队伍建设行动计划；学生健康促进基础设施及保障机制建设行动计划；学生健康促进与社会联动行动计划。由以上可以看出，上海市政府及有关部门高度重视学校、家庭和社区的联动建设。

学校、家庭、社区联动模式实施的意义，主要表现在以下方面。

1.理论意义

学校、家庭和社区联动是青少年体质健康促进工程的一部分，因此，构建青少年体质健康促进的学校、家庭和社区联动模式，对完善上海市青少年体质健康促进工程具有重要的作用。

构建青少年体质健康干预的学校、家庭和社区联动模式，能够为学校领导、教师、家长和社区成员及管理者提供有效的理论指导，以帮助其更好地对青少年的体育锻炼进行监督和指导。

2.实践意义

在学校、家庭、社区体育一体化意义的研究中，无论是国内还是国外，都将学校、家庭、社区体育一体化发展的目的放在促进青少年体质健康上，这不仅有利于青少年体质健康的发展，还有利于青少年终身体育意识的培养，其主要体现在以下几点。

（1）使学校体育资源和社区体育资源有效互补

社区中的体育资源具有一定局限性，使得社区体育活动开展相对困难，适合青少年的活动更少，而学校体育资源较为丰富，该联动模式的建立可以使得学校和社区共享体育资源，相互补充、相互促进。学校要定期向社区开放，满足不同人群的体育活动需求，学校要向社区参与体育锻炼的群体进行专业指导，尤其是青少年。同时还要向父母进行健康知识方面的培训，共同促进青少年健康成长。

（2）促进学校、社区体育工作有利开展

青少年体质健康发展的学校、家庭、社区联动模式的构建，能够有效地促使学校的体育教师参与社区的体育建设并提供专业指导，例如，社区内的各类体育活动，制定相应的规章制度，提供安全保障措施等。同时，学校可以向家长开放，公开体育课，让家长对其子女的体育活动进行监督和管理，家长也有相应的权利和义务对教师的进行评价，从而更有效地促进学校体育工作的发展，提高学生的健康水平。

（3）能够有效发挥家长监督作用

家长是孩子最初的"老师"。法国著名的教育家福禄贝尔曾指出，"国家的命运，与其掌握在统治者手中，倒不如说掌握在父母手中"，这句话明确指出了父母在子女教育过程中发挥的重要作用和地位。父母的监管对子女的影响是很重要的，但是大部分青少年放学回到家后很少参与体育活动。家庭、学校和社区联动模式的建立能够有效地对家长进行健康指导，从而指导和帮助子女参与各项体育活动，培养子女参与体育锻炼的习惯。

（4）能够提高青少年儿童日常体育活动水平

学校、家庭和社区三者联动模式的构建，能够为青少年提供参与体育活动的机会和条件，保证青少年不仅能够在学校进行"每天1小时体育锻炼"，而且还能保证他们在课外进行体育活动的水平，为家长提供有效的指导和帮助，从而提高青少年的体质健康水平。

（二）进一步加强中小学生体质健康管理

《上海市教育委员会关于进一步加强中小学生体质健康管理工作的通知》（以下简称《通知》）指出，中小学校要通过体育与健康课程、大课间、课外体育锻炼、体育竞赛、班团队活动及家校协同联动等多种形式加强教育引导，让家长和中小学生科学认识体质健康的影响因素，了解运动在增强体质、促进身心健康、预防肥胖与近视、锤炼意志、健全人格等方面的重要作用，提高学生体育与健康的素养，增强体质健康管理的意识和能力。做好体育素养评价宣传培训工作，将体育意识、知识、行为、技能及体质健康等测评融入日常安排。

为提升体育锻炼效果，《通知》还对各学校做了以下规定。

1. 开齐开足体育与健康课程

中小学校要严格落实国家和上海市规定的体育与健康课程要求，自2021学年秋季学期开始，小学阶段学校每天开设1节体育课，鼓励初中、高中逐步增加课时，保证学生有充足的课内体育锻炼时间，不得以任何理由挤占体育与健康课和校园体育活动。

2.保证体育活动时间

全面落实大课间体育活动制度，中小学校每天统一安排30分钟的大课间体育活动，每节课间应安排学生走出教室适量活动和放松。合理安排学生校内、校外体育活动时间，着力保障每天校内、校外各1小时。大力推广家庭体育锻炼活动，加强对锻炼内容、锻炼强度和时长等的指导，不提倡安排大强度练习。要对体育家庭作业加强指导，提供优质锻炼资源，及时和家长保持沟通。

3.提高体育教学质量

中小学校要聚焦"教会、勤练、常赛"，逐步完善"健康知识+基本运动技能+专项运动技能"学校体育教学模式，让每位学生掌握至少2项运动技能。要通过创建体育社团、校运动队及俱乐部等形式，鼓励学生利用课余和节假日等时间参加训练。要组织开展"全员运动会""全员体育竞赛"等活动，开展校内竞赛、校际联赛及选拔性竞赛。体育教研部门要定期集中备课和集体研学，适时评价体育课教学质量。教师指导要贯穿课程的整个过程。

（三）建设全国青少年校园足球改革试验区，全面推进校园足球改革发展

2020年12月13日，《上海市青少年校园足球发展报告蓝皮书》（以下简称《蓝皮书》）发布仪式在上海大学乐乎楼举行。为贯彻落实全国教育大会精神和习近平总书记关于"开展足球运动，增强人民体质，培养爱国主义、集体主义精神和顽强拼搏的意志品质，提高中国足球的竞技水平"等重要指示精神，上海市以全国青少年校园足球改革试验区建设为契机，全面推进校园足球改革发展，在普及推广、课程建设、赛事举办等方面进行了积极探索并取得了一定成效，在全国范围内产生了较好的影响。

《蓝皮书》从学术理论的角度对近年来上海市青少年校园足球发展成效及特色亮点进行了总结和诠释。在进一步阐述校园足球工作的价值意义、回顾上海市校园足球发展历程的基础上，《蓝皮书》对上海市近年来在推进校园足球改革发展过程中采取的关键措施和形成的工作经验进行了全面系统总结，主要包括校园足球顶层设计与制度建设、校园足球普及与推广、校园足球精英训练营建设、校园足球"满天星"训练营创建发展、校园足球"四横四纵"立体化竞赛体系建立完善、校园足球竞赛人才队伍建设、校园足球联盟建设运行及校园足球文化建设8个部分。

《蓝皮书》对上海市青少年校园足球发展经验所进行的及时总结，不仅为"十四五"期间创新机制、提质增效，进一步做好校园足球工作提供了重要参考和依据，同时，也为加强与全国各省市的交流合作创造了更加有利的环境条件。

第五节　青少年体质健康教育的重要意义

一、青少年的体质健康关乎个人健康成长和幸福生活

人人都追求健康，最终是为了幸福。习近平总书记指出，人民身体健康是全面建成小康社会的重要内涵，是每一个人成长和实现幸福生活的重要基础。习近平总书记2013年4月2日参加首都义务植树活动时强调：身体是人生一切奋斗成功的本钱，少年儿童要注意加强体育锻炼，家庭、学校、社会都要为少年儿童增强体魄创造条件，让他们像小树那样健康成长，长大后成为建设祖国的栋梁之材。

（一）体质健康是人生幸福的源泉

健康是生命之基，是人生幸福的源泉。健康不能代替一切，但是没有健康就没有一切。要创造人生辉煌，享受生活乐趣，就必须珍惜健康，学会健康生活，让健康成为幸福人生的源泉。

人生是否幸福，或许有很多的衡量标准，而健康永远被列在第一位。失去了健康，没有了健全的体魄与饱满的精神，生命就会黯然失色，生趣索然。

（二）健康是个人幸福的前提

拥有健康身心的人，更容易保持乐观，而乐观正是培养积极生活态度所不可或缺的条件。一热爱生活的人往往懂得健康之道，把维护健康看作生命的崇高责任。一个不爱惜自己生命的人又怎么能体验幸福的滋味呢？只有充沛的生命力，才可以抵抗各种疾病，渡过各种难关，迎接一个又一个的挑战。

健康的身体是人生最为宝贵的财富，没有健康，一切都无从谈起。而拥有了健康，就可以去创造一切、拥有一切，也只有健康，才是人生最为宝贵的财富。

（三）健康是青少年学业成功的保障

身体健康与心理健康两者是相辅相成、互相影响的，且又制约着人际关系的和谐与否，尤其是信心和勇气两种心理状态，直接关系到青少年学业的成败。一个身体不健康的人，常常会思想消极、悲观、缺乏信心和勇气，难以产生创造性的思维。"本固枝荣，根深叶茂。"要成就一番事业，就必须要有健康做支撑。人生不是一帆风顺的，具有健康的体魄才能经受得起各种挑战和挫折，成就一番事业。

纵观不少"状元"，其实很多都是"全面发展"的典型。家长们应当走出把体育和学习对立的认知误区，主动让孩子多"动"起来。例如，南京理工大学实验小学五年级学生曹××平时热爱踢足球，和队友们一起拿过市足球比赛的冠军。他们每天要训练一小时，周末有时还要集训，但这根本不影响他的学习。曹××的学习成绩是班上前几名，和他一起踢足球的小伙伴们，成绩也都不错。

（四）健康是家庭幸福之源

现代生活节奏快、压力大，很多家庭忽视了对家人健康的关注。其实，我们需要将健康列为家庭的一个重点来维护，无论贫困或富裕，健康才是幸福的基础。

健康是一种自由，是一种财富，更是一种幸福。对于所有幸福美满的家庭，它们都拥有共同的财富，那就是健康。健康是每个家庭幸福的源泉。

调动学生和家长锻炼的积极性很重要，各级政府相关单位和各个学校可以按照"政府主导、社会参与、学校愿意、学生主动"的模式，多举办一些赛事，让孩子们在各级各类比赛中得到锻炼和成长。一方面，要进一步开放已经建设好的高水平运动场馆，让孩子们可以尽情参与自己所喜欢的运动项目；另一方面，要充分发挥体育社会组织的作用。现在很多家长因为害怕孩子受伤，不敢让他们参加体育运动，这恰恰折射出现在优秀教练人才的缺乏。提升体育锻炼的科学性，需要我们输出更多优秀的教练人才，在这个层面上，体育社会组织可以发挥更大的作用。

二、青少年的体质健康关乎我国人才培养的质量

教育是国之大计、党之大计。党的十八大以来，习近平总书记对教育工作作出了一系列重要论述，多次强调人才培养工作的重要性。新时代人才培养工作，

要围绕培养什么人、怎样培养人、为谁培养人这一根本问题，坚持立德树人根本任务，培养德、智、体、美、劳全面发展的社会主义建设者和接班人。扎实做好新时代人才培养工作，我们要以习近平总书记关于教育工作的重要论述为指导，把握新时代人才培养的内涵，明确新时代人才培养的主体，抓好新时代人才培养的关键。

德、智、体、美、劳全面发展，体育向来是教育体系中不可或缺的一环。中华人民共和国成立以来，我国的体育教育事业取得了长足进步，成绩斐然。值得一提的是，2007年，全国"亿万青少年学生阳光体育运动"启动，"每天锻炼一小时，健康工作五十年，幸福生活一辈子"广泛传播。党的十八大以来，习近平总书记牵挂少年儿童的身心健康，叮嘱少年儿童要注意加强体育锻炼，家庭、学校、社会都要为少年儿童增强体魄创造条件，让他们像小树那样健康成长，长大后成为建设祖国的栋梁之材。

"少年强中国强，体育强中国强。"习近平总书记强调："要树立健康第一的教育理念，开齐开足体育课，帮助学生在体育锻炼中享受乐趣、增强体质、健全人格、锤炼意志。"

事实上，许多孩子成为"小眼镜""小胖墩"的一个重要原因就在于缺乏体育锻炼。一些地方的校园体育，往往"说起来重要，做起来次要，忙起来不要"，存在课程课时不足、活动组织滞后、场地设施短缺、师资力量薄弱等问题。体育与教育，在一定程度上尚未真正有机融合。

体育之于成长的价值，在于让孩子学会如何在规则约束下赢，也学会如何正确得体地面对输，更在于通过掌握技能、养成习惯、提高意识的体育终身教育，全面发展体质、才智和意志并将之融合为一体，加深对生活的理解和对生命的热爱。在体育与教育之间搭建通道，助力孩子完成成长这场长跑，还需学校、家庭和社会共同携手、务实努力，既夯实硬件的"基石"，也填平认知的"洼地"。帮助孩子提高参与体育运动，接受体育终身教育的意识和能力，有益于他们更好地健康成长。

现代奥林匹克将体育视为生活哲学，历代教育工作者将体育视为人格培育。读书之于心灵，运动之于身体，以及教育对于人的影响，往往伴随终生。面向未来，希望孩子们都能拥有更多运动场地，都能拥有强健体魄。

青少年是祖国的未来、民族的希望，社会各界应站在对国家和民族前途命运负责的高度予以重视，采取强有力的措施，让学生做到心明、眼亮、身体棒。

三、青少年的体质健康关乎中华民族伟大复兴中国梦的实现

2010年召开的第13届群众体育大会宣言中指出：当今社会正面临着因运动水平的降低而带来的威胁，这在青年人中尤为突出。这些警示有助于人们更好地认识人类自身的生存和发展，有助于把大众健康提升到一个更高的水平。

美国、英国、法国、瑞典、日本等发达国家高度重视国民尤其是青少年的身体健康问题。政府针对青少年体质下降的问题提出发展目标，高度重视从小学到大学的体育课。青少年体育活动作为现代生活方式之一，已经渗透到家庭的日常生活中。

我国要从体育大国迈向体育强国，不仅要有竞技体育的辉煌，更要有群众体育的蓬勃发展做基础。保障全民尤其是青少年的体质健康是关系国家和民族长盛不衰的战略问题，社会各界必须进一步动员力量，为青少年健康成长保驾护航。

开展青少年体育运动，增强青少年体质，关乎国家的前途和命运，关乎民族的兴衰和复兴，是全民健身运动的重中之重。

第三章 青少年体质健康提升的社会路径

社会因素是指社会上各种事物，包括社会制度、社会群体、社会交往、道德规范、国家法律、社会舆论、风俗习惯等。它们的存在和作用是强有力的，影响人们态度的形成和改变。社会因素对青少年的健康成长起着决定作用。社会因素主要包括政治经济、文化教育、社会关系、社会舆论、社会传媒等，其中社会传媒主要指的是图书、电视和互联网等。

青少年体质健康不仅事关个体成长与幸福，更关乎社会可持续发展与国家竞争力的增强。伴随社会经济水平的迅速提高，我国青少年营养状况均得到明显改善，身高等生理指标显著上升。但与此同时，青少年各年龄段的身体机能和运动素质却在逐渐下降。事实上，青少年健康水平下降并不是中国所独有的现象，而是世界很多国家共同面临的问题。

面对青少年健康水平普遍下降的问题，学者们进行了积极而广泛的探索。一个基本的共识是社会环境因素而非基因在起作用，特别是生活方式的改变，如身体活动减少、屏幕使用时间增加、课业负担过重等，被视为当前影响青少年健康的重要社会风险因素。

第一节 我国青少年体质健康标准的发展变化

一、新中国成立以来我国学生体质健康标准的演变与发展

我国学生体质健康评价制度始于20世纪50年代初期。当时，受到国家经济落后、学校卫生条件差及营养不足等因素的影响，学生的体质健康状况亟待提高。针对这种状况，在学习苏联的基础上，结合我国当时的具体情况，国务院于1954

年正式公布实施《准备劳动与卫国体育制度》，1964年，改名为《青少年体育锻炼标准》。其目的在于鼓励人民积极参加体育锻炼，促进体育运动的广泛开展，提高运动技术水平，使人民身强体壮、意志坚强，更好地为社会主义建设和保卫祖国服务。1966年"文化大革命"开始后，该标准中断了试行。1974年，国家体委重新制定了锻炼标准的试行条例，在重点试行的基础上进行修改，1975年改称《国家体育锻炼标准》（以下简称《标准》），在全国普遍推行。其目的是鼓励和推动人民群众特别是青少年、儿童积极参加体育锻炼，以增强体质，提高运动技术水平，培养共产主义道德，更好地为社会主义建设和保卫祖国服务。

1975年推行《标准》以后，从1979年开始，结合实践经验不断对其进行修改订正。1982年8月27日发布新的《国家体育锻炼标准》；1989年12月9日国务院批准发布《国家体育锻炼标准施行办法》；1990年1月6日国家体委发布《国家体育锻炼标准施行办法》；2003年国家体育总局联合八个部委对《标准》进行了第三次修订，颁布了《普通人群体育锻炼标准》，它与同时期出台的《学生体质健康标准》互为补充；2013年12月16日，国家体育总局、教育部、全国总工会印发修订后的《国家体育锻炼标准施行办法》（以下简称《锻炼标准》），标志着我国群众体育进入了新标准航道。

相比之下，时隔十年的再次修订，两套标准合二为一，并首次扩展至老年人群。而且新修订的《锻炼标准》是在青少年和普通人群锻炼标准的基础上进行补充和完善的，实现了6—69岁人群的全覆盖，在项目设置上删繁就简，在保持测验项目一致性的同时，兼顾各年龄组的身体特点。

2002年学生体质健康监测结果显示，学生形态发育水平不断提高，营养状况继续改善，握力水平有所提高，几种常见疾病（低血红蛋白、龋齿）的患病率持续下降；存在的问题有：学生速度、爆发力、力量等素质继续下降，反映肺脏功能的肺活量测试仍呈下降趋势，超重及肥胖学生明显增多，已经成为城市学生体质状况的重要问题。为了解决上述问题，适应社会发展以及人们对健康的迫切需要和对生活质量的不断追求，2002年7月由教育部、国家体育总局共同组织、研制了《学生体质健康标准（试行方案）》，作为《锻炼标准》在学校的具体实施方案，它完成了由身体运动素质测试向身体健康测试转变的转变。《学生体质健康标准（试行方案）》从2002年7月开始试行，2004年9月，在全国各级各类学校开始全面正式实施。《学生体质健康标准（试行方案）》解读说明，《学生体质健康标准（试行方案）》的评价是激励学生积极参与体育锻炼的教育手段，它不是以选拔和鉴别学生体质健康的好坏为目的，而是通过评价，反馈给学生、教师和家长，使学生知道自身还存在哪些不足，应该怎样努力才能达到目标。

2005年全国学生体质与健康调研结果表明，学生形态发育水平继续提高，营养状况不断改善，低血红蛋白等常见病检出率持续下降，握力水平有所提高；存在的问题有：肺活量水平仍呈下降趋势，肥胖检出率继续上升，视力不良检出率仍然居高不下。为了改善学生体质健康水平，2007年教育部、国家体育总局根据新的形式对《学生体质健康标准（试行方案）》进行了修改和完善，这就是现行的《国家学生体质健康标准》。《国家学生体质健康标准》的目的在于激励学生积极参加体育锻炼，使身体的正常生长发育以及身体形态和机能得到全面协调发展，提高身体素质和运动能力，较好地掌握一两项运动技能。它不是以鉴别学生体质健康的优劣和选拔运动员为目的，而是通过评价，反馈给学生、教师和家长，使学生知道自身还存在哪些不足，应该怎样才能达到目标的。

与《学生体质健康标准（试行方案）》相比，《国家学生体质健康标准》在评价指标、评分量表和评价等级的制定上进行了完善；最为突出的是：教育部研制和开发的国家学生体质健康数据库，不仅革新了测试数据上报的方法，而且极大地提高了测试数据的使用效益，表现在其具有丰富的民族统计的功能。我国有55个少数民族，多数分布在边远及自然环境较为恶劣的地区。他们有着不同的遗传背景、饮食及风俗习惯。因此，新的数据库为不同民族之间体质与健康情况的横向及纵向的比较研究提供了保障。同时，数据库还将为综合不同行政区域的地理环境、气候、经济、教育、卫生等信息，深入发掘影响体质与健康的因素及影响的规律，丰富干预措施和手段，有针对性地提高全民体质健康提供翔实、可信的资料。

二、我国学生体质健康标准的测试内容与特点

（一）《国家体育锻炼标准施行办法》测试内容与特点

1.测试内容

主要包括50 m或100 m往返跑，800 m（女）或1000 m（男）跑，跳远、跳高或立定跳远，掷实心球或推铅球和引体向上（男），1分钟仰卧起坐（女）等。

2.特点

国家重点对锻炼项目与评价方法进行了重大修改，取消了地方性体育锻炼项目，测验项目少而精，统一化和规格化，用评分法代替了达标法，这是我国体育锻炼标准一次重大的变革。评分法能比较客观地综合评价一个人的身体素质和运动能力的实际水平，同时单项基础分的设定有效地促进了青少年儿童身体的全面协调发展。

（二）《国家学生体质健康标准》测试内容与特点

1.测试内容

主要包括身高、体重，台阶试验或耐久跑（男1000 m、女800 m），肺活量、体重指数，50 m跑或立定跳远，坐位体前屈或握力体重指数，1分钟屈腿仰卧起坐（女）等。

2.特点

①突出"健康第一"的指导思想；②增强了标准的适应性；③实现教考分离；④反馈意义明确；⑤评价更加合理；⑥增强了学生强身健体的责任感；⑦加快了学生体质健康状况监测工作科学化、现代化的步伐。

第二节 国外促进青少年体质健康的经验与启示

"他山之石，可以攻玉。"对国外青少年体质健康促进政策的发展概况以及获得的优秀经验进行梳理和分析，可以帮助我们进一步认识体质健康促进政策的内在规律，为更好地服务于我国青少年的健康成长提供借鉴与启示。

一、青少年体质健康促进理论

（一）健康促进理论溯源

健康促进理念主要是倡导健康生活的观念。20世纪20年代，温斯洛首次提出了"健康促进"的概念，将健康促进理解为开展健康教育和制定健康政策，主张通过开展个人卫生教育和健全社会机构职责来应对各种危险因素，以此维持和增进健康的生活水准。相关数据表明，导致疾病发生或造成死亡的原因主要是因为人们不健康的生活方式，所以我们应该提高健康促进意识，增强以健康为中心的意识，而不是以疾病为中心。1986年，奥唐纳将"健康促进"阐释为"帮助人们改变其生活习惯以达到理想健康状态的一门科学与艺术，理想的健康状态应是实现身体、情感、社会适应、精神和智力的平衡"。21世纪，随着第五届全球国际健康大会的召开，人们开始十分关注健康促进的差异化、因为贫富差距导致健康促进不平衡以及健康资源分配的不合理等问题，并给出了相关的解决方案。

健康促进的定义较多，但目前国际上比较公认的有两个：一个是《渥太华宪章》中讲到的"健康促进是促使人们提高、维护和改善他们自身健康的过程"；另一个是美国健康教育学家劳伦斯提出的"健康促进是指一切行为和生活条件向有益于健康改变的教育与生态学支持的综合体"。国内学者汪晓赞在综合不同阶段健康促进概念的基础上，认为健康促进是一种融合了自然科学、健康科学和行为科学知识，通过改善包括身体活动、饮食习惯和心理状态等在内的生活方式，寻求与整个环境的和谐统一，以提升生命质量。

（二）青少年体质健康促进的理论基础

由健康促进的概念以及发展历程可见，研究青少年体质健康问题的学科领域众多，有着复杂的理论基础。国内吕和武认为青少年体质健康促进研究的理论基础主要有：社会学习理论（Social Learning）、生命历程理论（Life Course）、行为改变理论（Behavior Change）、社会生态学理论（Social Ecology），如表3-1所示。

表3-1 青少年体质健康促进的理论依据

理论	理论观点	作用维度
社会学习理论（Social Learning）	以源于强化学习理论为基础的社会心理学为基础，探讨认知、行为与环境及交互作用对行为的影响	注意过程：观察者将注意力集中在学习对象上 保持过程：将行为转换成记忆表象和语言编码来指导自身行为 动作再现过程：将记忆动作转换为行为 动机过程：个体行为的内部动力

续表

理论	理论观点	作用维度
生命历程论（Life Course）	一定时空中的生活原理；相互联系的生活原理；生活的时间性原理；个人能动性原理	多层级分析：个人、家庭、社区、学校、社会 多重时间分析：不同年龄段的行为习惯以及未来成人期持续性影响作用 多生活领域分析：膳食营养、健康环境、身心差异等
行为改变理论（Behavior Change）	个体行为改变的跨理论模型。认为行为的改变包括个体的学习、态度和行为的变化，关注个体决策能力，而非生物学的影响力	意向前期：没有意图改变自己的健康行为 意向期：考虑改变自己的健康行为 准备期：为自己的健康做一些小的改变 行动期：积极地行动起来，改变新的健康行为 维持期：能够持续这些健康行为的改变
社会生态学理论（Social Ecology）	人与环境之间交互作用的关系问题	微观系统：个体与家庭、邻里、学校、同学的互动关系 中观系统：各微观系统之间的互动关系 外部系统：影响微观和中观系统的家庭、学校、社区、传媒等 宏观系统：社会大环境（意识形态、价值观、社会文明程度） 时间系统：个体所经历的社会性事件的特别影响，人与环境交互（社会环境、自然环境）

从表3-1可以看出，上述四种理论的观点具有共同的规律。这些规律对形成青少年体质健康促进的概念、假说和立论具有重要的意义，可为健康促进的实践提供理论基础。青少年体质健康促进需要系统的理论指导作为根基，支撑其可持续性的发展与完善，否则将是无本之木、无水之源。因此，青少年体质健康促进必须要经过科学、系统的顶层设计来指引未来长远的发展方向，青少年健康促进始终要强调内部各要素之间有机的关联与衔接，确保理论与实践的统一与和谐。

二、国外青少年体质健康促进的经验

（一）国外青少年身体活动促进开展现状

1.政府领域

青少年体质健康下降与身体活动不足，首先是在经济与社会体育较发达国家引起重视，如19世纪末日本就开始在青少年人群中实施了体质健康测试，美国则在"二战"期间成立专门提高青少年体质的各种组织与机构。但真正对身体活动不足的重视则始于20世纪80年代末，源于美国外科医生的报告。此后，许多国家发布指导人们进行身体活动的指导文件，其中包含青少年群体。例如：美国从1979年发布Healthy People：1980（《健康人民：1980》）后，每10年更新一次；《美国人身体活动指南（2008）》中对6岁以上青少年身体活动做了具体介绍和推荐；2010年，美国发布了《国民身体活动计划》，并定期发布评价报告。

新西兰于2010年发布了《儿童与青少年身体活动指南》，并于2015年更新了成年人《饮食与活动指南》。

这些都说明青少年身体活动促进需要政策领域的支撑，需要从国家战略高度予以重视。这些"指南"的完善、实施效果与实施过程中存在的情况，需要评价，以便后期的改进与提升。也就是说，"指南"的发展是一个需要不断完善的过程。

2.社区领域

大多数对绿色空间与居民身体活动关系的研究数据表明两者正相关。许多研究表明，治安良好、环境优良、绿化覆盖率高化及景观宜人的社区及其周边环境会促进社区居民到户外活动，从而增加日常身体活动量。儿童室外玩耍与社区环境、感知环境之间关系的纵向研究认为，父母对身体活动积极的态度和社区环境与更多的室外玩耍有关，而父母的担心和对屏幕时间的限制则与较少的身体活动有关，尽管相互作用有限，但证明感知到的物质环境的影响可能因父母的责任水平不同而有所差异。

社区人口密度与基础设施的质量/可用性与休闲时间有积极关联。如在上学途中，对车辆速度、交通流量、人行道、十字路口安全、交通指挥等的感知为"没有问题"，则步行上学的概率比感知有问题的高；而父母对上学途中有没逃脱或危险动物、有没有人陪同的担责与较低的步行上学概率有关。因此，一些国家通过改善社区环境来促进青少年身体活动,如美国和加拿大、新西兰等对社区规划、街道设计及社区中青少年身体活动促进进行了研究与应用。

3. 学校领域

许多国家或地区都为学校身体活动促进制定相关的方案或措施,例如,美国许多组织都为提高青少年身体活动开发了一系列相应措施,如《全面的学校身体活动计划:学校指南》,为确保学生在校60分钟的身体活动,为教师和学校管理者提供更多更好的帮助,对美国的中小学体育教育标准进行重新修订。

4. 家庭领域

儿童的健康行为与家庭的健康环境有关。父母的模范作用对儿童的身体活动有积极的影响作用;父母关于增加室外玩耍的制度和习惯优势与增加儿童室外玩耍有关,家庭变量与青少年身体活动有显著的联系。

目前,英国和美国相关部门或机构都制定了用于指导家庭开展青少年身体活动的指南,为家庭如何促进青少年身体活动提供建议。

(二)国外青少年体质健康促进政策的主要经验

1. 注重学校、家庭、社区的协调发展

在青少年体质健康促进中,美、英、澳、加、日五国政府均比较重视学校、家庭和社区三者之间的协调发展。美国学校体育是其青少年体育发展的基石,但同时强调家庭、社区、医院等均有义务共同参与青少年体质健康促进计划的实施。英国青少年体育基金会和"体育英格兰"共同合作,将体育活动融入青少年日常生活,青少年体育基金会以学校体育为宗旨,"体育英格兰"则鼓励青少年积极参加校外体育活动。澳大利亚奥林匹克委员会一直热衷于青少年学校体育,同时担负着发展社区体育,支持与资助高水平运动员的重任。"加拿大体育与健康"这一专业组织为青少年提供高质量的健康教育及体育教育发挥了重要作用,并通过颁布"税务豁免优惠"等激励政策引导家庭支持青少年参与日常体育锻炼。日本学校体育中关于青少年体质健康的发展有着明确的规定和实施计划,但政府同时促使学校与各社区俱乐部联合,以增加青少年参与体育锻炼并获得俱乐部中高水平教练员指导的机会。

2. 发挥青少年体育组织的积极作用

世界各国青少年体育发展体制,按照管理方式可分为政府主导型、社会主导型以及两者交叉的结合型三种类型。美、英、澳、加、日五国青少年体育体制主要属于社会型体制与结合型体制两种类型,其中,美国的青少年体育体制是典型的社会型体制,英国、澳大利亚、加拿大和日本的青少年体育体制属于结合型体制。但无论是社会型体制或是结合型体制,五国均建立了专门的青少年体育组织并承担发展青少年体育的具体职责与工作。如美国的"奥林匹克委员会"、英国的"青少年体育基金会"、澳大利亚的"体育基金"、加拿大的"体育与健康协会"、日本的"体育运动振兴中心"等。在青少年体育发展中,上述五国政府主要通过制定政策法规,在宏观层面发挥监督、协调与沟通的主要职能,青少年体育组织则在微观层面承担发展青少年体育的具体工作。这些青少年体育组织发展的共同宗旨是通过体育运动让青少年形成良好的生活方式,引导青少年通过体育锻炼来促进自身的体质健康等。其活动资金主要来自体育彩票、电视转播收益、版权及牌照收益、商业赞助及捐献等。

3.推动青少年行动计划的实践实施

美、英、澳、加、日五国政府在青少年体质健康促进中,均具有"由制定健康公共政策转向从国家层面推动青少年行动计划实践实施"的特点。如美国的"总统挑战杯""社区奥林匹克发展计划""健康公民计划",英国的"青少年体育与运动策略计划""体育专门学院计划""圣士贝利英国学校运动会计划",澳大利亚的"课后活跃社区计划""体育幼苗计划""澳大利亚青少年奥林匹克节",加拿大的"加拿大终身体育""参与运动计划",日本的"体育振兴基本计划"等。表明上述五国政府都非常重视本国青少年的体质健康发展,除了颁布一系列支持和鼓励青少年体质健康发展的公共政策外,还从国家层面积极推动这一系列青少年体质健康行动计划的实践实施。青少年行动计划的主要宗旨是增加青少年接受高质量的体育教育和参与体育锻炼的机会,从小培养青少年对体育的兴趣和热情,鼓励青少年养成积极健康的生活方式,营造学校、家庭、社区共同关注青少年体质健康的良好氛围,以达到帮助青少年健康成长的目的。

4.建立激励政策引导青少年体育锻炼

美、英、澳、加、日五国政府均出台了一系列激励政策,引导更多的家庭支持与鼓励青少年参与体育锻炼。如美国政府推行的"动起来计划",赋予父母作为监护人的更大权力,积极宣传父母的行为对孩子健康成长的影响,大力倡导父母注意养成健康的生活方式。英国政府为鼓励更多青少年参与体育锻炼,则通过制定政策使体育成为一种社会福利,让经常参与体育锻炼的家庭受益。澳大利亚联邦政府为鼓励广大学生参加校内外的体育活动,在年度预算中单独拨出1亿多澳元专门用于开展"运动学校"计划,并颁布法律法规明确保障政府体育政策的实施,如"家长为孩子报名参加体育俱乐部就可减免个人所得税"等。加拿大政府为鼓励青少年参与体育,制定了"对子女开展适当运动给予家庭税务豁免"政策。日本政府则出台了推进青少年体育运动日常化的激励政策,如出台政策鼓励学生报名参加社区体育俱乐部,以开拓学生体育活动空间;加强青少年学生体质健康测试工作,并将测试结果通告学生家长及学生本人,促进家长和学生重视体育锻炼等。

三、国外青少年体质健康促进政策的主要启示

(一)政策主要关注方向

政府在青少年体质健康促进工作中主要起指导、评价、监督、协调、保障作用,但是"体质健康教育是一种养成教育,这种教育是通过对学生进行有效的教化和学生长期健身实践来影响其产生体质健康教育内化,使学生养成自主锻炼习惯。因此,政府在学生体质健康教育过程中只能在宏观上起到作用,它不可能具体地实施教化的过程"。

我国对体育运动促进健康的功效早有认识,因而也一直重视体育对青少年体质健康的促进作用。国家高度重视青少年的体质健康问题,从20世纪60年代的《劳卫制》,到教育部、国家体育总局《关于进一步加强学校体育工作,切实提高学生健康素质的意见》、2007年的7号文件《中共中央 国务院关于加强青少年体育增强青少年体质的意见》,以及2016年4月21日国务院办公厅发布的《关于强化学校体育促进学生身心健康全面发展的意见》,所有这些相关法律、政策、文件或通知对各地加强青少年体育增强青少年体质都起到了一定的引领作用。但这些出台的政策、法规或文件中针对青少年体育活动的要求或规范主要是集中在教育领域的学校体育方面,将促进青少年体质健康的主要方向集中到学校领域,而要求从家庭或社区层面为青少年体育活动做出努力却不多。根据国外各种健康促进模型和相关研究可知,学校只是整个社会生态若干微观系统中能够对青少年体质健康促进发挥较大作用的微观系统之一,家庭应当与学校共同承担起教养青少年体质健康的责任,同时社区和政府要提供必要的社会文化环境与物质条件。

（二）社区在促进体质健康方面存在的不足

长期以来，青少年体质健康状况薄弱是困扰我国教育和社会发展的问题之一。在实践操作层面，社区体育其实是学校体育的一种延伸，社区是人们日常工作之余生活的主要场所，尤其对老年人与少年儿童而言，社区及其周边环境的体力活动支持性大小对其日常体力活动量有着显著的作用。社区体育是我国体育事业的重要组成部分，有助于学生终身体育意识、兴趣和习惯的培养。但总体来说，由于"社区体育"一词在我国使用的较晚，且目前我国的社区体育自治尚处在起步阶段，理论支撑不足，社区居民自发性的个体参与社区体育管理的范围有限，社区体育在组织管理与场地、器材需求方面，存在着社区体育场地器材短缺、政府对社区体育重视不足、社会体育辅导科技含量低、管理机制不健全、缺乏效果评定和激励机制、经费不足、开展活动项目单一、社区青少年体育活动开展状况不乐观以及社区体育宣传不到位等问题，而青少年参与社区体育活动方面，则存在青少年参与社区体育的比例普遍较低的现象。

（三）学校在促进体质健康方面存在的不足

学校一直是我国青少年体质健康教育的主要责任体，这从国家有关文件中的相关规定即可知，其中学校体育中的体育课程承担着主要任务。例如，1999年《中共中央国务院关于深化教育改革全面推进素质教育的决定》中明确指出，"健康体魄是青少年为祖国和人民服务的基本前提，是中华民族旺盛生命力的体现。学校教育要树立'健康第一'的指导思想，切实加强体育工作，使学生掌握基本的运动技能，养成坚持锻炼身体的良好习惯"。到当前的"体育"课更名为"体育与健康"课程，便可说明这点。在实际操作过程中，由于受到思想观念和"高考指挥棒""唯分数论"以及场地、设施和师资力量等的影响，存在"在全国'应试教育'的大背景下，学生的体育锻炼缺乏硬性要求与刚性规定，学生的体育锻炼热情普遍不高，学生参加体育活动的主动性普遍较差"，"现行教育体制不完善、学生体质教育缺失、学校体育执行不力"。"全面素质教育方针与应试教育体制矛盾仍在，学校体育教育内在文化驱动力不足，体育教学理念过于偏重学生的学习兴趣，项目设置不合理，体育课程课内、课外的衔接不足等都是学校体育未能改善青少年体育健康状况的原因所在"，学校的体质健康教育没有能够发挥应有的作用。

（四）家庭在促进体质健康方面存在的不足

家庭健康观念跟不上，"重文轻武"的社会晋升意识和社会经济压力，现代家庭结构与生活方式的变化等，导致家长很少有时间与精力陪同孩子去健身，忽略了青少年体质健康教育。很多家长不重视孩子的体质、体能的发展，甚至认为不生病就是健康，造成部分学生在参与体育锻炼、提高体质健康水平上缺乏正确的认识。学生体质每况愈下，家庭因素不容忽视。家庭开展青少年体育活动的目的主要是应付考试。以国内青少年体育健康活动开展较好的上海市为例，虽然家长支持孩子参加体育活动的比例尚可，但家长带领孩子参加体育活动的比例不高，说明家长带领孩子进行体育活动的普及度还有待提高。美国社会学家布劳曾经指出，"一个人的家庭对他的爱好有着深刻的影响，因为他的爱好取决于他所处的环境教育，而他所处的环境又在很大程度上取决于他的家庭"。英国某学院科学系主任匹卡·奥加博士在《体育锻炼和家庭健康》一文中提到，"体育锻炼是重要的健康行动，能最大限度地提高家庭成员的健康水平。体育锻炼能使人们的生理状况得到最多样、最有挑战性的调整，在对锻炼的反应中，几乎所有的生理功能和相关的机体组织都得到了激发，也产生多方面的适应，包括血管、呼吸系统、神经肌肉、脂肪组织以及认知功能等。这些适应对许多疾病有预防和治疗作用"。

但是到目前为止，学者们对不同家庭采取什么措施来加强青少年体育锻炼的研究鲜见，相关组织发布指导家庭体育活动的资料甚少。

（五）协同促进体质健康存在的不足

在不同领域协同方面，"学校—家庭—社区"体育一体化，不仅有利于学生放学后回到家庭或进入社区仍可接受体育教育、进行体育锻炼，有助于学生养成终身体育锻炼的习惯，而且有利于体育资源共享，使学校设施向社区开放、社区设施向学校开放，使大中小学的体育教师能充分发挥其专业能力，使学校体育、家庭体育、社区体育三者有机地结合，达到优势互补。从2000年沈建华等学者提出"家庭、学校和社区"体育三位一体理念后，迅速产生共鸣。虽然这种三结合教育更多的是应用于思想道德教育，但在促进体育与健康教育方面也进行了有益的探索与尝试。2009年国务院公布的《全民健身条例》中明确规定"公办学校应当积极创造条件向公众开放体育设施，国家鼓励民办学校向公众开放体育设施"。2010年第三次全国学校体育场馆向公众开放工作会议中又制定了未来5年学校体育场馆对外开放的计划和目标，提出高校体育场馆资源在为高校开展体育教学、训练、课余竞赛和课外体育活动提供物质保障外，还应承担为居民提供体育锻炼场所的功能，发挥其社会效益，高校体育场馆有义务向学生和社区居民免费或低于市场价格开放。截至2019年，全国小学、初中、高中体育运动场馆面积达标学校比率分别为90.22%、93.54%、93.54%，体育器械配备达标比率分别为94.2%、95.9%、93.8%，达标比率均较往年有所增长。全国建设足球场地6万块，其中修缮改造校园足球场地4万块。截至2020年年底已超额完成工作任务。

总体来说，学校体育是当前推动青少年体育健身事业发展的重要积极因素，体育健身环境中的社区体育环境仍是短板，家庭体育健康基本上处于真空状态。尽管《中共中央国务院关于加强青少年体育增强青少年体质的意见》分别在"认真落实加强各项措施"和"加强全社会支持青少年体育工作的合力"两个方面对如何增强青少年体质健康做出了规定，其中包括"加强家庭和社区的青少年体育活动，形成学校、家庭和社区的合为"，但在实践操作过程中，似乎很少能够看到这种"合为"。在推广、组织青少年健身活动中显然没有形成《全民健身计划（2021—2025年）》所要求的"推动完善政府主导、社会协同、公众参与、法治保障的全民健身工作机制"。

总之，我国青少年体质健康促进中存在着某种情况下容易形成"上热下冷"的局面。各地方政府对于响应国家关于加强青少年体质健康政策的重视程度和执行力度参差不齐，越到基层推动力就越不足。青少年体质健康工作可持续性难度较大，许多调研数据显示：一方面，许多学生不愿意主动参加运动量特别大的运动项目；另一方面，体育课中出现的休克和猝死的教学事故，多是在跑动中发生的，学校和教师也不愿多开设运动量较大的类似课程，这"两项"制约因素目前仍是最严重制约体育课运动量的重要原因。青少年体质健康工作推动面太窄，青少年体质健康工作目前主要面向学校，由学校来完成，但与此同时，社会力量和各方资源需要大力参与，目前动员和参与度还远没有达到最大限度。

第三节　促进青少年体质健康的社会因素

从青少年体质健康全面成长的角度考虑，有效的社会教育应当承担起三个方面的功能。第一，引导青少年形成正确的思想意识和社会认知。一是理解国家体制，理解国家和社会是在怎样的体制下取得了今天的繁荣和发展，坚定跟党走中国特色社会主义道路的信心和决心。二是树立积极、健康、向上的生活态度，正确认识纷繁复杂的社会变革过程中出现的各种现象，树立社会责任和应有的进取心。三是培养正直、善良、诚实、有爱心等最基本的道德品质。第二，引导青少年学习社会规范和必要的社会化技能。社会要维系正常运转，必定有一些内在的规范，其中包括情感、道德、法律三个层面的约束。在情感层面，要引导青少年爱祖国、爱人民、爱中华民族；在道德层面，要教育青少年明确道德底线，对生命有基本的尊重；在法律层面，要一点一滴地培养对制度的尊重、对规则的敬畏，引导青少年形成法治意识。同时还要培养青少年在社会上与人沟通、交流、合作的能力，具备基本的社会化技能。第三，发展青少年的个性爱好。通过专业化的培训手段，帮助青少年提高审美意识、艺术专长、运动技能和其他特殊技能，进而提升综合素质，塑造健全人格，实现全面发展。当前，各级共青团组织的首要任务就是组织青少年深入学习宣传贯彻党的十九大精神，广泛开展"世界观、人生观、价值观""热爱祖国、热爱人民、热爱中华民族"主题教育活动，引导广大青少年切实增强实现中华民族伟大复兴"中国梦"的历史使命感和奋斗精神，自觉把个人奋斗与国家民族的共同理想紧密相连。

一、学校体育的发展如火如荼

2020年，中共中央办公厅、国务院办公厅印发了《关于全面加强和改进新时代学校体育工作的意见》。这是继《关于深化体教融合 促进青少年健康发展的意见》之后，国家指导学校体育工作的又一份重磅文件。

伴随着我国教育、体育的跨越式发展，学校体育事业取得了辉煌成就。特别是党的十八大以来，学校体育发展步伐明显加快，工作力度不断加大，政策体系不断健全，条件保障愈加坚实，改革成效不断凸显，学生体质健康水平明显提升。党和国家高度重视、政府部门统筹协调、各类学校落实政策、社会各方广泛参与的良好局面基本形成，学校体育走出了一条具有中国特色的发展之路。从1999年提出学校教育要树立"健康第一"指导思想，到2011年"保证中小学生每天一小时校园体育活动"写进政府工作报告；从2012年《关于进一步加强学校体育工作的若干意见》发布，到《关于强化学校体育促进学生身心健康全面发展的意见》下发，再到2019年《体育强国建设纲要》等一系列政策文件和重要指示，无不体现出党和国家对学生身心健康的关心和对学校体育的重视。可以说，对学校体育的重视达到了前所未有的高度。

而今，制约学校体育发展的体育教师缺乏和场地设施不足等问题得到有效缓解，普通小学（含教学点）体育运动场（馆）面积、体育器械配备达标率也大幅度提升，为学校体育的开展提供了有力的保障。

近年来，学校体育有了阳光体育活动的尝试和兴趣选修课的试验，但是青少年体质健康效果改善状况却"背道而驰"。学校体育对青少年体育参与热情的鼓舞和体质增强作用的发挥，需要在家校结合的良好氛围中取得实效性的进展。

在课程内容设计上，要根据青少年所处的年龄阶段和身体水平制定适宜参与的体育活动形式。学校体育课堂内容不应千篇一律地局限于传授一项专业体育运动的技术要点和进行实战操练，而是首先培养不同年龄段学生的肢体协调性和四肢控制能力。在课程核心方面，要把传递团结、协作、勇敢、坚持、感恩的价值观作为第一要义贯穿其中。无论是简简单单的叠罗汉还是花样百出的跳绳运动，只要能从趣味性的设计和反复的协作配合中获得运动的快乐，感受到传达的真谛，就会对青少年的体质与身心健康发展有好的作用。此外，学校体育的目标从来不是攀登运动技术高峰，而是在简单接触中培养对体育和运动项目的热爱，有基础性和奠基性的作用。因此，学校体育参与的目标是实现体育参与的人群范围和内容范围的扩大化，使每一个处在校园环境的学生个体都能获得平等的参与权利，而不是在技战术水平的高标准限制下望而生畏，被排斥在课堂之外。

2021年10月以来，铜陵市各个学校组织开展了丰富多彩的校园体育艺术节活动，孩子们"摩拳擦掌"，追求"更高、更快、更强、更团结"，活跃有趣的氛围也吸引不少老师加入其中。铜陵市教育主管部门出真招、求实效，多措并举推进"五项管理"，行之有效地落实"双减"政策，打出以"减"促"增"组合拳，在切实减轻学生课业负担和校外培训负担的同时，着力提升学生的身体素质，促进青少年学生体质健康全面发展。

二、家庭体育时代即将到来

在一再呼吁的"课业减负"和"作业时间缩减"的共同推动下，青少年似乎有了更多的课余活动时间。但是，升学压力下的课外补习仍然占据大部分时间，而受互联网时代带来的休闲娱乐大众化的影响，手机、电脑、电子游戏又分去了几乎所有的剩余赋闲时间。在青少年的自觉与自律水平下，如果家庭缺少良好方向的引导和以身作则的示范与榜样，难免对青少年体质健康水平的提高和近视率下降有反向抑制的作用。

同时，家长的体育参与兴趣与习惯往往对子女有极大的影响。以校园足球为例，足球球迷相对集中于已经参加工作的中青年男性，他们往往拥有更稳定的工作和经济来源，消费能力也相对更强。从年龄段的划分来看，足球球迷群体中有部分组建了家庭并孕育了子女。从性别和家庭角色分工上看，父亲往往对子女的体育运动参与有更大的话语权，以体育为喜好且体育参与频次和项目广泛的父母往往能更好地影响到子女的体育兴趣培养，并且在体育运动的选择和体育技能的指导上有更好的天然禀赋。在潜移默化的家庭影响之中，学业至上的教育指向得到稀释，体育锻炼得到重视。加上成人繁重工作压力带来的身体健康水平下降的预警以及学生学习压力下的作息不规律和心理忧思，使得家庭对于身体健康状况改善的需求产生并更加迫切。因此，要维持住家庭的体育运动需求并将其转化为积极的体育运动参与。

新冠肺炎疫情期间，沈阳市和平区南京一校长白岛一分校精心策划了"线上家庭运动会"，比赛项目是平板支撑和靠墙静蹲，简单易行，但都需要家长的参与。在"备战"的日子里，三年级的陈同学每天督促妈妈贾月练习，与自己搭档参加家庭运动会。妈妈认为："充满趣味性和挑战性的家庭运动会，激发了孩子的运动兴趣和竞争意识，家长从运动中给予孩子更高质量的陪伴。"

沈阳市大东区辽沈街第一小学体育老师孙某，在录制"体育云课"时穿插了多种亲子游戏，不仅适合孩子与爸爸妈妈一起玩，同样也适合姥姥姥爷、爷爷奶奶参与。孙老师说："素质练习配合游戏增进孩子与家长共同健康。"

毕业于沈阳体院的南某，在参与创作"创享运动家"微信公众号的过程中，鼓励10岁的儿子王某参与视频录制。出镜示范空中踩车、原地金刚跳等身体素质运动，王某动作灵活，协调性强，生活中的他是个爱玩好动的"运动小达人"。

在多年从事体育教育工作的南某看来，孩子运动量的积累、运动能力的形成，大多取决于家庭的影响、父母的引导。南某将"留给孩子充分玩的时间"的理念，借助微信公众号广泛宣传。"无论是疫情期间，还是日常生活中，家长都应当鼓励孩子多玩多运动。运动提升大脑功能，对于孩子的思维培养、学习效率都有积极作用。除了游泳等运动之外，我平时常带儿子外出踏青，鼓励他利用天然资源创造性地去玩。"

近期有专家预测，新冠肺炎疫情过后，居家锻炼有望成为大众常态，"家庭体育时代"即将到来。所谓"家庭体育"是以家庭成员为活动主体，以体育参与和体育观赏为活动内容，以健身娱乐、学习发展为主要活动目的，充分体现家庭合作与情感体验的群体体育运动。

三、社会传播的责任

经济发展引起了三次产业比重调整和文化产业的兴起与火热，一系列音乐、影视、综艺、游戏直播、电子竞技等编织成的娱乐产业体系成为日常生活的重要组成部分。微信、微博、视频软件等在线端口的打造更是为广泛覆盖的用户体育收视打通了更为便捷的信息获取端口和随时观看的渠道。青少年群体已经是手机用户群体的重要组成部分。在媒体流量的繁衍之下和娱乐圈生命周期的堆叠换代之中，体育粉丝经济也开始成为体育消费与娱乐消费的主流之一。偶像效应持续发酵，并且改变方方面面。受益于新型网络技术，手机端、平板端、电脑端成为继电视以后更为便捷的选择。传统的几大热门卫视互联网搜索上线以及在线视频网站的独立自制更加吸引青少年群体观看。

因此，在如此广域、迅捷、高速的社会传播之中，要摒弃有悖于社会正向价值观的错误观念和思想，要积极弘扬社会主流价值和健康正能量。这不仅需要学校、家庭的教育和学生个人的自律和明辨是非的能力，而且需要全社会勇担责任，使一言一行经得起检验、符合规范，共同熔铸成社会的价值引领与精神取向。

2021年，铜陵市加强顶层设计，出台了《铜陵市中小学生体质健康管理实施方案》，强化学校、各级教育主管部门在加强中小学生体质健康管理中承担的主体责任。组织体育赛事，创新举办铜陵市首届中小学生体质健康测试大比武，经过校级、县（区）级选拔后，来自151所学校的1 667名中小学生在市级赛场上同场"比武"。

铜陵市还多层次多形式地组织开展青少年阳光体育活动，全面落实大课间体育活动制度，常态化开展校内外、县（区）内外体育竞赛活动，定期开展田径运动会、篮球、足球、乒乓球等青少年体育赛事活动。拓宽"快乐三点半"等课后服务项目，鼓励学生积极参加阳光体育活动和校外全民健身运动，保障学生每天校内、校外各1个小时的体育活动时间。通过创建儿童青少年近视防控示范学校，组建铜陵市综合防控儿童青少年近视专家宣讲团，建立中小学生视力状况监测机制，综合治理儿童青少年近视防控工作。

下一步，该市还将优化初中学业水平考试中体育考试方案，引导青少年学生加强体育锻炼，促进身心健康。通过一系列举措实施，点燃了青少年学生健体强基的热情，引导全市各校的青少年学生以及广大家长树立"健康为上"的理念，促进青少年学生文化学习和身心健康协调发展。

第四节　促进青少年体质健康的社会治理路径

目前，青少年体质健康促进的研究已成为全球关注的问题，各国积极展开实践性探索，体质健康促进的内涵也不断地在实践中得以发展、充实和完善。青少年的体质健康无疑是健康中国战略中最重要且最具有前瞻性的环节。要达成促进青少年体质健康的愿景，不仅需要"健康中国2030"规划纲要的高屋建瓴，还需要支持促进青少年体质健康的理论与实践的研究。近年来，我国政府和研究人员在促进青少年体质健康发展方面投入了大量精力，受到发达国家先进经验的影响，青少年健康促进研究也逐渐受到我国学者们的关注。

青少年体质健康促进是一项一直处于进行时的系统工程。其内容非常庞杂，分散在教育、社会、文化、政策等不同领域。这些特点决定了青少年体质健康促进将是一个缓慢的推进过程。欲实现青少年体质健康的根本转变，既要求主体自身的转变，也要求体制和机制等客体的发展。国外成熟的模式为我国应对青少年体质健康问题提供了很好的借鉴。我们可以效仿国外的干预模式来创建适合我国国情的环境和政策，以支持青少年体质健康发展，使青少年主动做出体力活动的选择，然后利用环境和政策来激励和教育青少年坚持从事体力活动，进而达到促进我国青少年体质健康的目的。

一、青少年体质健康促进实践框架

目前，世界范围内大力推广和成效显著的实践框架有生态学模式、格林模式、多层次社区健康路径模式、干预规划图、健康社区等。众多干预青少年体质健康促进的模式各具特色，又一脉相承。其理论体系处于动态发展的过程中，也具有与时俱进的特点。通过对比分析五种模式的异同点（见表3-2）深入挖掘各模式内部的结构关系，可以清楚地了解当今干预青少年体质健康促进模式的整体设计、核心维度、作用水平及策略，为我国青少年体质健康促进的路径选择厘清思路。

表3-2　青少年体质健康促进模式概览

干预模式	核心维度	作用水平及策略
生态学模式	行为影响因素的多维性	个体水平；人际水平；社会环境水平；个体水平的策略；社区水平的策略；生态环境策略；运用健康行为干预和政策影响来创造支持性环境；效果评估
格林模式	复杂、多维、受众多因素影响	前置因素；强化因素；促成因素；政策和组织；健康促进项目；流行病学；教育和生态策略；管理政策、规章制度组织和干预；遗传；行为和生活方式；实施与评价
多层次社区健康路径模式	生态角度规划多层次目标和分目标	行为环境；风险因素；疾病伤害预防因素选择干预目标；学校锻炼和饮食的健康教育；社区和公园管理的政策；过程、影响和结局评估
干预规划图	循证规划设计	循证数据；通径图；矩阵；需求评估；确定干预变化目标；理论干预；实践干预；干预策略与规划图的行为变化相匹配；采纳、实施与评估
健康社区	社区大范围人群健康价值观、需求	健康社区；健康价值观；社区所有者强调个人和组织的职责分工；整合社区需求、资源、优势；制定时间规划；实施行动策略与评估

二、青少年体质健康促进的"家、校、社"联动策略

青少年是祖国的未来，关乎着祖国未来的强盛与发展，其体质健康情况与整个国民体质状况息息相关。因此，解决青少年体质健康问题刻不容缓。而找准症结所在，从而根据家庭、学校以及社会等方面存在的影响因素构建起家庭、学校与社会的联动促进模式，对问题的解决无疑有一定的现实意义。

"家、校、社"联动模式即通过家庭、学校以及社会的协调配合，形成以学校为基础与依托，以家庭为核心，以社会为导向的三方合力，共同培养青少年的体育锻炼习惯，促进青少年积极参加体育锻炼，从而提高其身体素质水平的一种形式。目前，家庭、学校的两方合作在体育学界早有提及，但现实中少有具体实践，且家校合作在促进学生体质健康方面存在处境的边缘化、实施的被动化、参与的消极化等困境。与家、校合作相比，"家、校、社"联动增加了社会维度，社会不是简单的社区，而是包括了社区、企事业单位、体育公司、体育组织等在内的社会力量。通过增加社会维度，一方面更容易调动家庭维度的积极性；另一方面能够引入社会力量为学校与家庭提供资源，对青少年体质健康问题的解决有着重要现实意义。

首先,在"家、校、社"联动模式中,家校合作是基础。校园是青少年学生的主要生活和学习环境之一,并且学校教育中的学校体育教育本身肩负着发展青少年体质、增进青少年健康的责任。因此,学校必然是实现"家、校、社"联动模式的先决条件,是促进青少年体育锻炼的环境基础。在学校维度,要保证学校体育的功能得以发挥作用,即保证学生能够参与足够多的体育活动,包括体育课、课外体育活动与课余体育训练等。积极宣传推广体育锻炼的益处,开展观念教育,让学生认识到体育锻炼的重要性,体育课以兴趣培养为主而非单纯枯燥的体力活动。由教育部等国家有关部门牵头,制定《家长教育法》和家校合作促进学生体质健康的配套政策,以制度的形式让家长承担并履行子女体质健康促进的责任与义务,形成以学校为基础的家校合作结构。父母是孩子最好的老师,学校教育再好也不如父母的言传身教。家长并非学校教育的补充和协助,二者处于平等地位,甚至有时候家庭教育相比学校教育更为重要。在家庭与学校的关系之中,两者要及时沟通与协作,学校方面力求发挥体育教育的功能,家庭方面则监督与引导青少年。一方面改善其家庭生活的环境,营造家庭体育的氛围,从而带动其主动参与体育活动;另一方面积极向学校提出相关建议,促进学校因势利导地培养每一个学生。

其次,与家、校之间的联系相比,家庭与社会之间的关系更为贴近生活。因此,父母应多带领孩子参与社会体育活动,如社区体育比赛、社会上的体育运动项目培训班等,调动孩子参与体育活动的积极性,使其避免接触不良社会诱惑。社会方面,社会体育群体与组织可以专门组织各类亲子体育活动和青少年体育赛事等。不同社区、家庭之间也可以组织相关体育活动,进行以家庭为单位的体育赛事与联谊活动,将体育锻炼与体育活动融入生活中,成为日常生活不可或缺的重要组成部分。此外,在场地资源方面,社会应建设、开放更多体育场馆,以满足更多家庭的体育需求。

最后,学校与社会相互协调配合是联动模式的重要手段。学校在发挥自身体育教育功能的同时可以与社会力量积极合作,接受社会力量的资助与赞助,积极组织学生参与社会性群体体育活动。社会上的企业、事业单位等有条件的开放自身体育场地为学生提供场地条件。同时,社会上的体育组织与学校合作积极举办各类青少年体育赛事,学校鼓励学生参与赛事,为其提供时间保障和训练条件等。

总之,"家、校、社"联动的青少年体质健康促进模式应以学校为基础,以家庭为引导,以社会为补充,必须三者合力,协调合作才能更好地解决青少年体质健康水平下降的症结问题,从而促进青少年体质健康发展。

三、青少年健康行为的具体培养路径

体育与健康课程作为我国基础教育课程的重要组成部分，在培养学生体育核心素养、养成健康行为的过程中起着决定性作用。我们可以从加强学生体育锻炼意识与习惯，促进学生健康知识的掌握和运用，提高学生情绪调控和环境适应能力以及健康行为培养的外部环境方面入手，通过突出体育课在健康行为培养中的基础地位，提供充足的运动场地和体育设施，保障阳光体育运动，开拓校外自主锻炼；体育教育与健康教育相融合，发挥体育教师的主导作用，创设健康行为培养的良好氛围；优化师生关系，定期开展体育活动；积极开展体育竞赛；家校合作，共同培养，提出具有可行性的培养路径。

（一）体育锻炼意识与习惯培养方面

1.突出体育课在健康行为培养中的基础性地位

体育课是开展体育教学活动的基本组织单位，也是实现学校体育目标、完成教学任务的基本组织形式与途径。体育课质量的高低是影响学生体质健康状况与全面发展的关键因素，而且对培养学生健康行为具有重要作用。

一直以来，增强学生体质是人们对体育课的定位及看法。事实上，仅仅依靠体育课来完成促进学生体质的任务是难以实现的，体育在改善体质健康方面通常作为一种干预手段存在，却并非解决该问题的唯一方式。从体育课的组织来看，体育课通过教材的合理选择、负荷强度与密度的合理安排，让学生在完成教学内容的同时，使身体得到相应的锻炼。从学校体育的目的来看，体育课是在传授学生体育知识与技能的同时，激发学生的学习兴趣，强化学生参与体育锻炼的意向与动机，培养其终身体育意识，促进持续性、规律性、科学性体育行为的产生。

一节体育课质量的高低，除教学任务完成状况、课堂组织状况、体育课参与状况等外在指标的完成度之外，更重要的在于学生体育意识的培养状况、学生自我健康的认知状况、学生锻炼行为动机意向的实现状况、学生锻炼习惯的养成状况、学生健全人格的培养状况等内在指标的完成情况。"新课标"下新教学观的提出对教学活动的组织与实施也提出了新的要求，就体育课而言，新教学观更加重视教学过程中内在指标的完成状况，其完成状况是学生持续性、规律性及科学性体育行为的产生和维持的前提条件，也是改善学生体质健康状况的重要保障，因此，必须重视和明确体育课在学生健康行为培养中的基础性地位。

2.提供充足的运动场地和体育设施

常言道,"工欲善其事,必先利其器","巧妇难为无米之炊",可见要想实现目的必须满足其必要的前提条件。对于体育课的开展来说,"能工、巧妇"已有,若是缺少作为工具和前提的体育场地设施,就会在很大程度上制约体育课程培养学生健康行为的功效和进度。体育相较于其他学科本身就具有特殊性,而拥有良好的运动环境和充足的体育设施,可以使学生达到更好的体育锻炼效果,也可以在很大程度上减少体育课开展过程中意外状况的发生,同时,良好的运动环境和充足的体育设施可以提高教师对教材开发的积极性和创造性,对丰富教学内容、完善学生健康行为的培养体系具有保驾护航的作用。学生体育锻炼效果,一定程度上依赖于体育课程资源和校本体育课程资源的开发。

物质资源对于体育来说,主要包括场地、器材,标准的场地、多样的器材,是教学活动和学生日常锻炼的前提与保证。就场地和器材设施建设来看,在经济水平较高的地区由于政策支持和资金投入力度较大,完善度较高。与之相比,一些经济水平较落后以及西北部地区的资金投入和工作开展并不到位,许多学校还没有标准的操场以及一些固定运动的场地。另外,场地器材老化问题,已经成为全国各级各类学校体育课开展所要面对的主要问题,器材设施的安全性能直接关系到课程开展的安全性。因此,一方面,全国各地区相关部门应适当加大对学校体育场地器材的投入以及维护;另一方面,学校应探索课程开展新模式,增强校际间交流,寻求兄弟院校的帮助,考虑与社会组织合作,实现优质教育资源共享。

除了保障充足的物质资源外,良好的校园体育文化、体育教师先进的教学能力和专业素养也为学校体育课程的实施提供了保障。体育课堂教学是培养体育锻炼意识和习惯的主要场所,但课外体育活动、课余体育等资源也十分重要。科技的进步使得信息技术拥有高效的信息资源,以此为基础也为体育课程的实施提供了技术支持,还有许多地区具有自身的民族特色或自身的独特风格,其所拥有的独特体育文化和传统体育资源对体育课程的实施以及对学生健康行为的培养提供了有利条件。

3.保障阳光体育运动

阳光体育运动是让学生积极参与体育锻炼,配合课堂教学,与课外体育活动相结合,保证学生每天有一小时的体育活动时间。要明确仅仅依靠体育课堂是无法完成体育教学目标的,需要依靠阳光体育运动对教学目标的完成进行补充。只有阳光体育运动保质保量开展，才可以更好地保障学生体育锻炼的时间，提高学生参与体育锻炼的积极性。而在高中阶段，由于高考压力的存在，阳光体育运动的开展并没有得到很好的保证，所以学校要重视阳光体育，将其制度化并严格执行，才能最大限度弥补课堂教学内容的不足。因此，学生在进行体育锻炼时，首先要扎实学好课堂内容；其次要积极参与课外体育活动，争取在闲暇时间参与锻炼，课外阳光体育活动的开展可为课堂教学的完善提供有效信息，同时也可以为学校体育发展提供助力。

阳光体育运动是在"达标争优，强健体魄"的总目标引领下，依托学校体育，吸引广大青少年学生走向操场，走进大自然，走到阳光下，提高体育锻炼的参与度，在改善体质健康状况的同时，养成良好的锻炼习惯，逐步树立学生的终身体育意识，培养健全人格，同时还可以有效扩大我国体育人口数量，保障体育人口的质量。

4.开拓校外自主锻炼

对学生健康行为的培养要遵循体育课的特殊性原则，学生可以在校外进行体育活动来弥补体育课堂教学中难以实现的目的。当学生可以在校外进行自主的体育锻炼时，就表明学生对体育锻炼产生了较高的兴趣，因此就会使得校外自主锻炼成为常态，从而培养学生的体育锻炼意识和习惯，促使学生健康行为的养成。尽管校外体育锻炼能够在一定程度上弥补体育课堂教学的不足，但是，由于学生在自主锻炼过程中会碰到许多问题，且没有老师帮助，难以自主解决，因此少有学生能够养成校外自主锻炼的习惯。所以如何通过开拓学生校外自主锻炼这一途径来培养学生的体育锻炼意识与习惯面临着严峻的考验。

首先，想要通过课外自主锻炼形成体育锻炼意识和习惯的良好培养效果，要注意学校、家庭、社区的协调发展，如美国的"健康公民计划""总统挑战计划"，英国的"青少年运动与策略计划"，澳大利亚的"课后活跃社区计划""体育幼苗计划"等，都是在促进学生体育发展的同时，强调家庭、社区、医院以及社会组织都应承担相应责任，做好引导、保障和及时的信息反馈与整理，以此形成完善系统的培养体系，协同发展共同实现对学生健康行为的培养。其次，学生在进行自主锻炼的同时，对自身要求不断提高，会不断寻求更多的锻炼场所，增加校外自主锻炼的可行性。

（二）健康知识的掌握及运用培养方面

1.体育教育与健康教育相融合

体育教育和健康教育是学校培养学生健康行为的主要手段，二者各有优劣势，体育教育偏向运动技能的学习，健康教育偏向知识的学习。通过体育教育与健康教育相融合，来确保知识的学习与技能的学习相结合，既在锻炼中增强学生体质，又在增强体质的同时获得健康知识，为日后养成健康生活方式打下坚实基础。

要想实现二者的融合，首先，要树立"健康第一"的指导思想，树立体育与健康课程教育新观念，从根本上转变观念才能实现两者的有机融合。其次，学校体育教育与健康教育相融合并非简单的概念观念融合，还包括课程实践的融合，因此，与之相对的组织管理工作也是保证学校体育教育与健康教育融合工作顺利进行的必要条件。还要整合教育资源，调动教师和管理人员的积极性，健全各项规章制度，使体育教育与健康教育相融合，做到真正制度化、规范化。最后，要制定体育教育与健康教育相融合的完整体系，主要从目标、内容、课程和评价四个方面构建体系。对于目标体系的构建，要让学生树立正确的体育观念，培养健康意识，既要传授体育锻炼技能，又要传授健康知识，在保证学生身心健康的同时，还要提高学生有关健康的自我认知与评价，进而帮助其形成良好的健康行为和生活方式。对于内容体系的构建，在选择上要符合学生身心的发展规律，多育并重，着重传授身体锻炼的方法手段、锻炼效果的评价指标、健康生活的基本知识、运动损伤的防护处理、运动对人体的生理效果等教学内容。对于课程体系的构建关键在于体育课程与健康教育课程的结合，结合并不是简单的相加，而是以培养学生的健康行为为目标，将体育课、健康教育课、卫生课等内容相融合，使它们相互联系，彼此渗透，成为新的课程，并且增加课程的总体弹性；在评价体系的构建上坚持评价的多元化，建立以学生体质评价和健康行为评价为主体的评价体系，遵循主观评价与客观评价相结合、过程评价与结果评价相结合、横向评价与纵向评价相结合等评价原则，坚持评价的全面性、发展性、多元性，既评价学生健康意识的建立，又评价学生健康知识的掌握和运用，以体现多层次评价学生的健康行为素养。

2.发挥体育教师主导作用

体育教师作为体育健康课程的主导者，是实现教材向教学实践转化的直接实施者，因此，体育教师的素质直接关系到学生健康行为的培养效果。体育教师不但要掌握各种运动技能，还要具备科学的健康知识、教育方法等。体育教师要凭借自身的专业能力和职业素养，为促进学生健康行为的养成提供助力。

第一，体育教师必须从思想上转变，重视体育教学。根据学校体育的实施情况，选择符合学生要求及身心发展规律的教学内容，明确教学任务，及时备课，防止出现教学失误。要制订相应的教学工作计划，在教学中传授体育知识，锻炼身体素质，使学生意识到体育教育对于学习健康知识的重要性。

第二，体育教师要积极转变教学理念。了解最新的教育理念，学习最新的教育方法，打破传统教育思维模式，结合实际教学情况，利用新的理念和方法，不断创新，以达到优化体育课堂教学的目的。比如教师可以从身边常见的不健康行为，如吸烟、饮酒等为切入点，引导学生进行反思，自身是否存在不健康的行为，这些不健康行为又对自身产生什么样的影响等。然后采用分组合作、相互交流的教学方式，让学生分享自己的生活习惯，讨论如何改变不良习惯，进一步唤醒学生的健康意识。

第三，学生经过不断的学习和体育锻炼后，身体素质在得到相应提高的同时，还获得了积极的情感体验，参与体育锻炼的动机与意向也会随之增强。因此，为促进学生树立健康意识，形成良好的健康行为和生活方式，体育教师要善于总结创新，不断丰富体育课堂内涵，做一名促进学生健康行为的合格体育教师。

3.创设健康行为培养的良好氛围

对学生进行健康行为培养的过程不是一蹴而就的，它受到多种因素的影响，这就要求在教育过程中既要旗帜鲜明又要润物无声，也就是要实现显性教育与隐性教育的统一，良好的氛围可以有效提高学生健康行为养成的积极性，因此，学校要为此创造良好的条件，通过多种渠道对学生施加积极影响。

比如，健康知识的传授不仅可以在体育课中进行，也可以融入班会、课余生活、校外锻炼等显性的学习和生活的各个方面。再比如，可以在体育馆、大礼堂、教学楼道、走廊等地方张贴健康知识的图片，在校园报、黑板报中添加丰富的锻炼方法和科学的健康知识等，不断更新，通过隐性的方式来使学生耳濡目染，潜移默化地使学生掌握和运用健康知识，不断养成健康行为素养。各级各类学校应根据自身的实际条件组织开展相关的知识竞赛、亲子活动、健康知识讲座等，也可依托大型体育赛事，顺势而为地开展专题讲座，普及体育文化知识和新兴体育项目，激发学生对体育的探索兴趣，还可以将优秀的课程或专题讲座的内容录制为视频资料，供学生和教师学习观摩，以此实现优质教育资源的校际传播与资源共享。

"体医"融合是发展趋势，学校应把握机会，充分利用周边的医疗卫生资源，与医疗部门建立良好的合作机制，定期在校内开展医疗卫生讲座，邀请医生定期来学校"会诊"，弥补体育教学活动的不足。还可定期组织教师队伍关于医疗卫生知识的培训，提高教师的业务能力，争取在对学生科学锻炼给予有效指导的基础上为其健康生活方式的形成提供宝贵意见，所以应该将"体医"融合落实到教学活动开展过程中。

（三）情绪调控培养方面

1.优化师生关系，发挥情绪主动调控作用

体育课是一门以实践为主的学科，而良好的师生关系有利于协同教学活动，实现教学目标，促进学生形成积极的情绪。如何才能建立良好的师生关系呢？

第一，体育教师要尊重学生的情感，积极的情感可以激发学生的学习热情，推动学生自觉实现体育教学目标；而消极的情感则会抑制学生的学习热情，进而影响教育目标的实现。第二，体育教师要尊重学生差异，善于发现学生优点，教师要客观面对学生之间存在差异的事实，性格上、运动天赋上都存在差异，这就要求教师要发现学生的优点，培优补差，最大限度地挖掘学生潜能，因材施教，设置不同的目标，防止学生出现习得性无助感。第三，体育课之外，教师也应当走近学生，广泛接触学生，理解学生、关心学生的生活、学习和情绪，让学生感到教师平易近人。第四，要充分利用体育课的特点来优化师生关系，体育课是在室外进行的学科，不仅要讲更要练，体育教师应当以身作则，主动参与到学生的锻炼、游戏中来，缩短师生之间的距离，创造良好的学习氛围，使学生产生积极的情绪。第五，体育教师要发挥情绪的主动调控作用，促进学生健康行为的养成。在体育教学中，情绪调控大多发生在某种情绪出现之后，比如对体操动作产生的恐惧、紧张情绪。大多数体育教师都是在情绪出现之后才对这种情绪进行被动处理，弥补消极情绪产生的负面作用。体育教师应从健康行为的核心素养角度出发，在体育教学中提前预估学生可能产生的不良情绪，主动进行预防和调控，在备课中花时间考虑可能出现的情绪和调控的方法，摸清这些情绪的变化特征，引导学生将这些情绪调控的方法迁移到生活和学习中，为培养学生的健康行为打下基础。

2.定期开展体育活动

学生面临着学业竞争和身心发展的压力，经常会产生不良情绪，体育活动可以有效转移注意力，分散对忧虑和挫折等情绪的注意，从消极的体验中摆脱出来。体育活动可以合理的发泄情绪，学生在日常生活和学习中，难免会产生不良情绪，如不进行适当的发泄，就会对身心产生不良影响，体育活动是释放消极情绪的最佳方式之一，通过适当的运动场所以适当的运动方式进行适当的体育运动可以释放不良情绪，降低不愉快的指数，保持心理平衡。另外，体育活动还可以提高学生的自我效能感，诱发积极的思维和情感，对抑郁、焦虑等消极情感的消除有积极作用。

因此，学校应定期开展体育活动，帮助学生调节情绪，积极应对学习和生活。可以成立体育运动兴趣小组，通过体育课堂和课外体育锻炼活动，鼓励学生积极参与到兴趣小组和体育活动中，通过体育活动提高学生情绪调控能力，并逐步养成良好的健康行为。如举办校园球类比赛，篮球赛中的漂亮跳投、足球的精准射门等精彩表现都可以提高学生身体的活动能力，促进学生对自己的积极感知，体验运动的快感，及时消除自身的不良情绪，让体育运动成为学生情绪宣泄的一个途径。同时，还能改掉学生以往懒于运动的惰性思想，使其养成坚持运动的好习惯，从而实现培养学生健康行为的目的。

（四）环境适应培养方面

学生对环境适应的能力的高低，会直接影响学生的身心发展水平。通过体育竞赛来培养学生的环境适应能力是提高学生健康行为的有效途径。体育竞赛的特殊性在于它的不确定性，学生在赛场上会面对各种各样意想不到的情况，这就需要学生在短时间内做出正确、合理的即时反应和行为决策。体育竞赛从来都不是一个人的单打独斗，而是一个团队的协调配合，因此要想在比赛中取得优胜，不仅要求学生拥有良好的全局意识、合作意识，还要求学生要有良好的集体意识。是竞赛就会有规则和输赢，体育竞赛还可以培养学生的规则意识，增强学生的抗压能力和自我调节能力，这对学生环境适应能力的培养显得尤为重要。

开展体育竞赛，需要学校领导更加重视，依据相关政策和文件，将体育竞赛纳入体育教学活动中。制订合理的教学目标和教学计划，开展具有本校特色的体育竞赛活动，在执行过程中做好监督，真正实现对学生环境适应的培养。想要开展符合要求的体育竞赛，就要多听取学生意见，了解学生的兴趣爱好，从而丰富体育竞赛项目。体育竞赛具有快速明确的反馈信息，更容易刺激学生追求胜利，也具有培养学生不怕失败、接受失败、更加努力达成目标的作用。学生通过自己选择的运动项目来展现自己的才能，可以较大程度地提高学生的运动参与积极性及环境适应能力。

在开展体育竞赛的同时，要做好组织管理工作，保障学生的安全。根据学生对不同运动项目的兴趣，可以开设校本课程，成立兴趣班。另外，各个地区的学校可以联合起来开展体育竞赛，提高学生的运动热情，培养学生在面对不同环境、不同运动层次时的心理适应能力。最后，开展体育竞赛可以丰富校园文化，创设良好的体育活动氛围。在组织开展体育竞赛活动时，应尽量使每一位学生参与其中，使其感受体育活动的乐趣。

（五）家校合作，共同培养

在信息发达的现代社会，作为为社会培养健康人才的重要场所，学校单方面的力量无疑是薄弱的，单靠学校的力量无法塑造一个完美的教育空间。从社会生态学的角度来看，健康人才的培养是一项复杂的工程，家长应担负起协同培养健康人才的责任，家长应致力于发现学生的体育兴趣爱好，在尊重与保护的基础上，通过共同的运动体验与学生进行积极的沟通，以此增强学生参与体育的内部动机。同时注重与学校保持信息畅通，为学校体育课程的开发及教学活动的开展提供意见，强化学生参与体育锻炼的制度动机，双管齐下，形成教育的合力，协同推进学生健康行为培养工作的落实。

家庭培养具有早期的启蒙性、强烈的感染性、特殊的权威性以及天然的连续性等优势，但也存在着不足。家庭培养在一定程度上取决于父母的意志，且父母大多没有进行过正规的培训，缺乏教育素养。因为家庭培养受限于场地设施，所以家庭培养具有随意性和封闭性的缺点。学校培养具有法定性和规范性、指导性和示范性、计划性和系统性，但学校培养具有阶段性、每个阶段教育任务不一样，教育方式不一样，因此学校教育缺乏连续性。另外，一名体育教师要面对几个班的数百名学生，很难全面了解每一个学生，无法像每个家长了解自己的孩子那样。由此看来，家庭培养和学校培养各有优劣势，而二者结合，则可以扩大优势，减少劣势，更加有利于培养学生的健康行为。

学生的锻炼行为是一种社会行为，需要与社会产生交往与联系，受到社会多层次因素的交互影响。课外自主锻炼是学校体育的延伸，对学生健康行为的养成具有重要作用，但由于脱离学校课程的氛围，对学生自主性、能动性要求更高，学生参与体育锻炼的动机就会降低，为保证学生的体育参与，家庭教育的辅助和补充功能必须得到发挥，因此需加大家校合作的力度，将学校主导、教师指导与家庭引导相结合，形成合力，共同促进学生的体育参与和锻炼行为的维持。家校合作要调整视野，尽管家长与教师都是以培养学生的健康行为为出发点，但双方所站立场不同。家长希望老师对自己孩子多一些关注和用心，老师希望家长多一些理解和耐心；家长更加偏向于"功利性"，教师更加偏向于"科学性"，这就造成了视野上的分歧，因此，实现家校合作要求家庭和学校必须学会调整视野，换位思考，互相配合，充分利用信息时代的网络平台，多进行沟通和交流互动，随时随地关注学生的健康行为状况，形成理解和行动相一致，发挥双方潜能，最大限度地调动家庭和学校的力量，形成强有力的家校合作，共同培养学生的健康行为。

四、青少年体质健康促进智慧化干预

近年来，我国对于青少年体质健康问题越来越重视，采取了多种方式方法对青少年体质健康进行干预，但事实证明，结构单一的传统体质干预路径不足以解决当前青少年体质严重下降的问题，也不足以适应现代信息的突飞猛进、生活条件的提高、生活方式的改变。目前国际上有多种针对健康生活方式与预防医学的"数据即服务"的平台，如"Retrofit"和"Omada"。这两个成功的商业平台，前者针对群体减重，后者针对个体减重，都具有结合行为改变和运动生理学家、膳食营养专家广泛介入的特点。针对我国青少年群体的平台构建也应当"箭在弦上"，这两种平台可提供参考。从青少年心理学的角度来看，青少年的自我意识和独立意向显著增强，他们的主观需求逐渐清晰，表现为青少年在生活经验和知识积累中开始对个性、喜好、情绪、能力等进行关注评价，借此调节外在言行。现代电子技术设备正符合青少年求新、求变的心理需求。众所周知，现代科技给青少年的日常生活带来刺激和娱乐享受的同时也带了很多弊病。利用智慧化干预平台推动青少年体格锻炼、进行健康运动是充分利用了高新科技的优势，同时化弊为利。

我们应以信息为依托，以现代电子技术为媒介，将对青少年体质健康起干预作用的体系协同起来，采取多种技术、计划、战略思想，对青少年体质健康活动处理、分析、调节与控制的过程进行归纳，筛选出一套合理的智慧化干预路径，以期为进一步的实践提供理论依据和参考。

（一）智慧化干预路径的服务方式

1.单项传递服务路径

单项传递服务是指一种单向性服务输出的功能，只能从始端终止于末端，而不能逆向传递信息的一种简单服务，最基本的功能是能够针对所监测的项目数据实时反映当前信息动态，提供基本的可计量信息，例如步数等。以常见的"一代""二代"运动手环为例，其本质为加速度计步器，手环可以定位当前的运动步数，通过数字的形式来反映运动情况；再如当前社会所推崇的所谓智慧体质检测设备，只要将双手、双脚接触电极，就可扫描得出人体健康现状。这类单项传递服务能够实时反映人体基础运动信息和健康信息并实时反馈数据，但其中没有多少智慧化的干预信息成分，人们在得知自己的信息后还要进行本体的二次信息处理，通过自身经验或知识计算得出干预信息，或者由专业人员的再次解释，干预自身健康行为。单项传递服务作为当前的主流服务，由于其价格低廉的显著特点，在青少年群体中有着较为广泛的运用，但是在目前智慧化干预推崇的初级阶段，这类服务仍不是最先进的技术服务，更不是智慧化科学化的信息服务。因此单项传递服务仅仅作为一项基础的推送信息服务。

2.双向反馈传递服务路径

双向反馈传递服务是基于智慧的一大突破，它改变了以往的单方向性信息传递，进而加入的是反馈的能力。源头上，青少年处于意识发育懵懂期，对健身健康概念极其匮乏，对健康的关注度较低，对自身健康水平程度不够关注，因此，单向性的传递服务不能够从本质上解决青少年体质健康问题，也就不能够整体提高青少年的体质健康。健康意识的匮乏导致青少年缺少对自身健康的管理能力，健康这种概念甚至与其相关的事物渐渐淡出青少年视野。因此，如何提高青少年的被管理与自我管理能力，为青少年用最合理的方式分析出最简单有效的处方，正是双向反馈传递服务的重要功能，但这种双向反馈服务是现有智慧化干预过程所需要的重要策略。在信息采集过程中，信息是随时变化波动的，而这种波动需要实时反馈，因此这种反馈性传递服务作为路径的一大突破，使得智慧化干预方式得以丰富。双向反馈服务达到了双线路的传输信息反馈数据的能力，这种传输服务，能够将收集到的信息以数据或公式的形式作为最终结果，以此达到干预效果。双向反馈传递服务在单项传递的基础上，可存储标准的身体运动最佳数据信息，以此作为信息比对。通过复合传感器的数据采集和反馈设备，如智能眼镜、智能运动鞋、智能手环等，实时监控和显示运动中如心率与运动强度等的变化。

将人体安静心率和最大心率的正常区间、范围、多种评价量表作为系统内容输入终端设备，用来作为运动数据前后的比较，并预先提供基本的个体和表征信息，如年龄、性别、身高、体重、腰围、基础心率、体脂、血压等。同样参照上述标准信息的录入来进行数据反馈，如运动强度标准心率与运动实时心率共同显示，这样运动数据会在产生的过程中逐渐比对结果，即短时间内提供最合理的处方信息，青少年就会轻而易举地得到当前信息，进而得出适合自己的最佳运动强度和运动时间。通过双向反馈传递服务功能，青少年的体质健康水平就会因对自身健康的管理而提高，达到智慧化干预的效果。

3.逐层循环递进服务

针对双向传递反馈干预的局限性，进一步将人体内的隐性信息显性化，显性信息比例化，突出智能化的服务本质。通过对宏观数据的集中收集，又能用于改进数学模型和预测标准，提供更为精确的信息回馈，从而达成循环上升的良性循环。针对青少年自身运动的生理、心理惰性，充分考量被服务对象自身需求和身体状态，主动提供全时段运动规划、作息饮食计划，运动时段、运动类型的综合比较参考以及监督，包括健身活动的几种基本类型，如爆发力练习、无氧运动、有氧运动、燃脂运动、热身等。通过参数可以对健身得出实时人工智能化建议，以此达到干预的目的。通过逐层循环递进服务可得出各运动的心率区间，并推算出摄氧量数据，通过信息链上传，利用云计算和强大的计算处理终端，对当前结合个体特质和需求的运动强度做出评价，最后做出如真实体能教练或专业医生一样的反馈性建议。这一类体系化的心率监控，已被认为有助于对大样本量数据源下个体心率变异做出预警。逐层循环递进服务是未来智慧化干预的首选路径方式，是对现有双向反馈服务的补充和完善。比如通过心率估量运动健身的强度范围，结合体脂百分比提供最佳饮食方案，结合体温监测代谢以及心理压力的范围，简化从复杂检测指标到具体方案的中间环节，兼顾了青少年认知水平，分析结果更加贴切且容易理解。同时，通过该服务模型的实施，也利于对个体持续跟进，达到长期跟踪长期干预的目的。

（二）智慧化干预平台干预目标的层级化结构类型

1.第一层级：健身信息反馈层级

平台为青少年提供本体健身信息，向健康者提供本体简单的运动实时数据，在得知自己的信息后进行本体的二次信息处理，通过自身经验或知识计算得出干预信息，或者由专业人员的再次解释，干预自身健康行为。这是一项单项传递服务，属于智慧化干预的最初层级。

2.第二层级：智慧化健身干预层级

与第一层级平台相比，第二层级平台开始具有了真正意义上的智慧化干预的实质。平台收集到青少年个体基本信息及个体运动健身信息后，通过与平台中运动处方数据库运算比对，根据青少年个体健身现状，向其提供符合青少年个体的最佳健身指导方案，干预青少年体质健康促进。

3.第三层级：智慧化健康与健身干预层级

第三层级比第二层级又提高了平台的智慧化程度，平台增加了个体身体健康的评价体系。数据平台的全面铺开是智慧化干预的现实需求，除了客户端基本即时信息的获取，针对个体的体质健康数据也更为重要。例如，需要应用固定大型设备的医疗体检报告、日常活动大数据、运动健康精准数据的采集等；需要多种体系间的协作和配合，作为第三方提供的数据来完善个人账户的资料完整性，以便大数据分析计算和有效反馈。平台在收集存储青少年个体基本信息的基础上，还要收集存储个体健康信息，结合个体体质健康检测的状况，通过比对运动处方数据库和健康指标数据库，形成指导个体健身和医疗保健的综合干预方案，通过智慧化干预路径推送实施干预。这个层级的干预方案不但要考虑到青少年的健身个案，还要根据青少年的健康情况推送医疗保健处方和符合个体健康水平的运动处方。

4.第四层级：智慧化营养膳食与健康促进干预层级

在第三级平台基础上，四级平台的智慧化程度更上一层，它增加了对个体营养膳食的干预内容。因为影响人体健康的因素很多，除了遗传性因素外，运动、营养与膳食是影响人体质最重要的三个方面，因此，我们在第四级平台中增加营养膳食数据库。第四级平台在接受个体体质、营养膳食检测信息后，通过比对营养膳食处方数据库和健康指标数据库，根据青少年体质健康现状与营养膳食现状，形成膳食营养与运动处方，通过智慧化干预路径推送营养、膳食与健身干预方案。

5.第五层级：智慧化体质健康促进综合层级

第五层级是智慧化干预的高级层级，即在第五级数据库中又增加了知识数据库（含健康、健身等指导内容），平台接受青少年个体基本数据、健康现状数

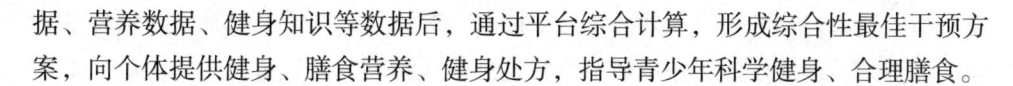

据、营养数据、健身知识等数据后,通过平台综合计算,形成综合性最佳干预方案,向个体提供健身、膳食营养、健身处方,指导青少年科学健身、合理膳食。

(三)根据现有硬件水平促进智慧化平台构建的现实举措和方式

1.数据采集的层级

(1)运动健身层面

智慧化路径的运动干预层面包括健身器材跑步机、阻力自行车、肌肉力量练习器材、羽毛球传感器、跳绳传感器等,配套用于信息反馈的平板电脑、手机等,功能性产品能够及时进行信息的交互,在可穿戴设备之外更加突出体育专业化、精密化,是智慧化干预的核心。例如,可以通过软件将运动信息从网络上传云端,再利用软件得出训练方案,通过年龄、体重、身高信息的上传作为参照,使青少年随时了解自身训练情况,进行有目的、有计划、有意识的调整。但受制于场地局限(一般在专门的健身场所)、学习时间限制(课业负担重、升学压力等)、健康健身意识薄弱、对功能性产品的概念理解偏差等,加之政府教育部门的健身投资力度较弱,使得功能性产品无论在青少年人群中还是普通人群中的推广与前进略显乏力,导致了功能性设备在青少年群体中使用灵活性较差,限制了青少年体质健康水平的提高。积极推广功能性产品的使用率不仅能够从本质上提高青少年的体质健康水平,还会为智慧化干预带来可观的经济收益,其作用面也不止于青少年人群,放大至整个社会公共健康也具有促进作用。在此类设备推广过程中可以适当引入"共享经济"的概念,突出资源的共享和形成适当的奖励机制,有利于其普及和推广。为了进一步提高功能性产品的最大效益,可将各产品进行吸收整合,提高信息搜集处理的集成,即使难以开发集综合性功能于一体的设备,也可将各设备通过软件数据处理技术联结到一起以及传感设备小型化,达成单器械设备多数据、多器械数据合并上传的效果,将设备功能类型最大化。

(2)日常体力活动监控层面

可穿戴设备如运动手环等,是青少年私人化、个性化设备的优先选择,其普及化是智慧化干预路径的基本信息采集层面,是智慧化服务的根本。统计数据显示:在山东省的16个地级市中,市场上的可穿戴设备及配套移动应用,不论在青少年人群,还是不同阶层、不同区域、不同地域都占据了很大比重,所以此类电子信息产品对于干预的过程存在主动优势。从青少年心理方面分析认为青少年人群对可穿戴设备的敏感度高、需求度高,对可穿戴设备的依赖性较强。从主观条件分析，认为可观的青少年群体市场能即时、随时、随地、大范围内收集与反馈运动信息，从而便于我们搜集数据进行整理。从客观条件分析，认为在青少年群体中具有购买设备成本较低、可便携、易普及程度高以及对青少年的生活、学习影响较小，并且操作简便。因此，这样的一种设备能够在青少年群体中大范围进行信息的搜集，为云端数据处理提供大数据，并能针对个体做到信息实时反馈。但目前可穿戴设备的信息反馈、存储，以及调节控制的作用有一定局限性。由于设计和技术本身的局限、资金技术投入的相对不足、可穿戴设备的市场营销策略以及其他方面等多方原因，可穿戴设备远未达到其他智能设备的普及程度。因此，第一，加强系统化协同配合，多方协作，加大资金投入，开发、推广、利用智慧化干预软件，有效解决设备用方与供给方之间的利益矛盾，提高可穿戴设备的利用效能。第二，突破传统局限，将可穿戴设备成功转移到青少年群体集中使用的场所（如校园体育课、课间操）才能成功将其功能最大化。并由学校统一测评、收集、处理，从学校着手开展智慧化干预，为智慧化干预的第一步做出覆盖性量化。

（3）第三方数据收集层面

第三方数据的收集无须明确被服务对象的主动参与，但必须对个人信息的被使用情况知情。宏观数据的采集有助于为青少年人群建立公共档案空间，开发健康信息收集软件以及完善的信息搜集处理系统。利用这一类产品对青少年进行健康信息收集、处理，通过软件利用网络上传云端，经由大数据处理平台得出较为完善的处方，包括运动处方、膳食处方，也可以是思想意识的干预，因此这类设备对青少年体质健康信息数据的收集也起到了不可忽视的作用。一些红外、摄像遥测传感器和全球卫星定位系统可以全方位数字化、可视化地追踪、跟踪、记录青少年的日常活动和体质健康信息，将这些技术应用于体质健康促进与可穿戴设备和运动设备数据结合无疑扩展了信息的覆盖面，另外也反映出科技是多方面交互而产生的碰撞，从而获取信息，加强技术整合、突出政策引导才能发挥最大效应值。比如，医务监督数据可以提升信息的科学性，使反馈信息更加精确化且具有依据性，通过同步体检和临床，整合医疗检测资源。在政策指导下的青少年体质测试中，结合大量运动科学专业传感器进行，如肌电传感器、足压力垫、呼吸检测仪、代谢仓等，此类器械广泛应用于临床医学、运动医学，通过医疗健康政策的完善，将医学体检报告、临床诊断、体质检测报告通过个人健康账户上传云分析，并与其他体质监测报告合并，加强分析的系统性和干预的针对性。由于这类设备开发的局限性，很难对此类设备进行系统的升级，并加入信息搜集存储处

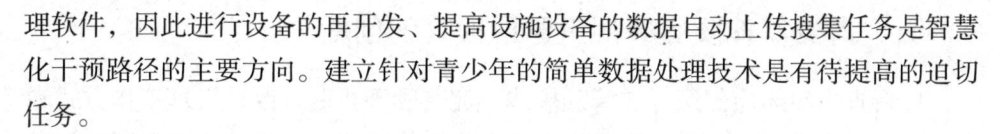

理软件,因此进行设备的再开发、提高设施设备的数据自动上传搜集任务是智慧化干预路径的主要方向。建立针对青少年的简单数据处理技术是有待提高的迫切任务。

2.大数据平台的构建

通过各层级收集的海量数据需要一个高度集成、智能的整合平台进行分析处理,大数据平台的构建依托本世纪信息技术的发展,已经可以服务于个体健康管理。基于大数据分析的原理,智慧化干预路径的大数据可按照以下步骤构建集成平台:①不同来源的健康数据应当形成有针对性的个体档案,构成元数据;②所有元数据被一个工作站集中储存;③数据通过模型被详细分类;④对数据并行处理,基于相对数据迁移得到针对个体的分析结果并汇总;⑤对大数据信息进行深度发掘矫正标准体系,大数据通过智能化分析引擎制定数学模型,通过结合数学模型将个体数据转换为个性化运动处方、疾病风险评估、膳食营养建议等,并及时反馈给个体;⑥将大数据形成报告,应用于政府决策、流行病学分析等科研领域。通过大数据平台处理的信息资源,避免了通过划定正常范围来预估干预方案,达成了智能化干预的精准化目的。同时,尽可能全面地获取信息源是大数据平台信息校准的另一个重要方面,除了针对个体的信息收集,现有一些开放的数据库资源也应予以采纳。信息采集软件(信息的收集、攫取)可以通过技术部门的支持,研发集果原始数据的收集、动态数据、人体健康的基本信息等备录入信息于一体的软件,软件包含数据的分析处理、信息的分类以及信息的市场推广、项目推广等。智慧化干预是一个庞大的系统,不仅对于设备设施的维护维修,对于网络的维护,包括网络设备的管理(如计算机、服务器)、操作系统维护(系统打补丁、系统升级)、网络安全(病毒防范、数据库的安全等)也显得尤为重要。因此可靠的软件支撑是智慧化干预过程中必不可少的硬性条件。

近年来,我国政府对青少年体质及健康教育工作高度重视,青少年体质健康水平虽暂缓了下降趋势,但总体形势仍不乐观,现有智慧化的健康服务在一定程度上存在现实矛盾。基于智慧化教育理念,对国内外较新的智慧化干预路径进行梳理,提出循环递进服务框架下基于互联网和移动终端的信息共享平台及配套的大数据库建设是目前可行的最优方案,通过现有商业模式的募集和统一管理,有助于青少年智慧化干预的国家或政府行为的实现,进而对促进青少年体质健康构建智慧化干预模式的政策制定、软硬件投入等方面具有理论和实践价值。

五、青少年体质健康促进管理模式的创新

创新青少年体质健康促进管理模式、完善管理机制、改进管理工作方式和方法，是提高青少年健康促进工作效率和有效解决青少年体质下降问题的重要途径。

（一）青少年体质健康促进的管理理念

在青少年的体质健康促进过程中，各利益相关者应该保持统一的思想认识，坚持一贯的行动理念，各项管理工作最终落脚点必须是青少年，只有以青少年体质健康为本，处处考虑他们的体质健康，才能实现青少年体质健康促进。在体质健康促进过程中，要形成以政府为主导，学校为核心，社区、家庭和媒体共同支持的多方参与格局，紧紧围绕培养青少年良好的健康生活方式、增强青少年体质、提高青少年健康水平这一根本目标，通过一系列的科学有效的体质健康促进项目的实施，改善青少年体质健康的社会生态环境，培养青少年健康意识，提高青少年健康技能。

（二）青少年体质健康促进的管理组织系统

1.青少年体质健康促进的管理主体与客体

管理的主体是管理活动的出发者、执行者，对于青少年体质健康促进来说，管理主体主要包括两类人：一类是各级教育部门分管体育行政机构的负责人、学校校长，他们是督促完成青少年体质健康促进工作目标的核心领导人员；另一类是青少年体质健康促进组织中具体执行诸如计划、组织、协调、控制活动的人，包括下级体育教育行政部门负责人、学校体育教育负责人、体育教师、班主任以及相关领域专家团体等。

管理的客体是管理活动作用的对象。青少年体质健康水平受到多系统、多层次因素交互作用的影响，这些因素包括由青少年直接接触的环境因素构成的微观系统和与青少年间接接触的中观系统以及由文化、意识形态、制度系统等构成的宏观系统。因此，管理的客体呈现多样性，包括以下几类：①各级行政部门一般人员、学校教师、青少年、家长、社区及媒体等；②组织中的其他资源，如体育场地设施、器材、社区体育设施、经费、信息等资源；③组织向外扩张时作用于相关的人、财、物、信息等。

2.青少年体质健康促进的管理项目

青少年体质健康影响因素的复杂性决定了管理项目的多样性。管理的目标是使影响青少年体质健康相关的各个因素系统向有利的方向发展。建立健全青少年体质健康管理组织体系、政策制度体系、监测与评价体系是完成管理目标的基本保障；学校是青少年体质健康促进的主战场，因此，在项目设计上要紧紧围绕青少年体育环境、学校体育教学、课间和课外体育锻炼、营养膳食与卫生等内容展开，建立学校体育与健康促进项目；家庭对青少年健康促进工作具有重要支持作用，家长、家庭体育环境等也是重点干预对象；社区、道路、交通等建筑环境是青少年在学校与家庭之间活动的场所，应当着力改善这些外部环境，为青少年的运动参与提供充分的保障，并逐渐使社区成为学校、家庭之间的纽带。总之，青少年体质健康促进管理项目内容主要包括政策资金保障，学校、家庭、社区环境改善，青少年健康素养提升，学校体育活动推进，青少年健康服务能力提升以及青少年心理与社会适应能力增强等内容。通过这些项目的实施，达到青少年体质健康促进工作的管理目的。

3.青少年体质健康促进的管理组织架构

管理主体与客体的多样性，决定了体质健康促进工作的系统复杂性。单一的组织结构形式显然不能满足体质健康促进管理工作多样化与专业化的需要。在组织策略上，选择混合的矩阵制组织结构比较有利于工作的开展。一方面，纵向上表现为树形的直线型组织结构，制度化、工作高度专业化以及权威式的领导保障各项工作顺利进行；另一方面，横向上管理工作的项目化，集中了相关领域的专家团队，有利于有效实现项目的设计、开发和实施（见图3-1）。

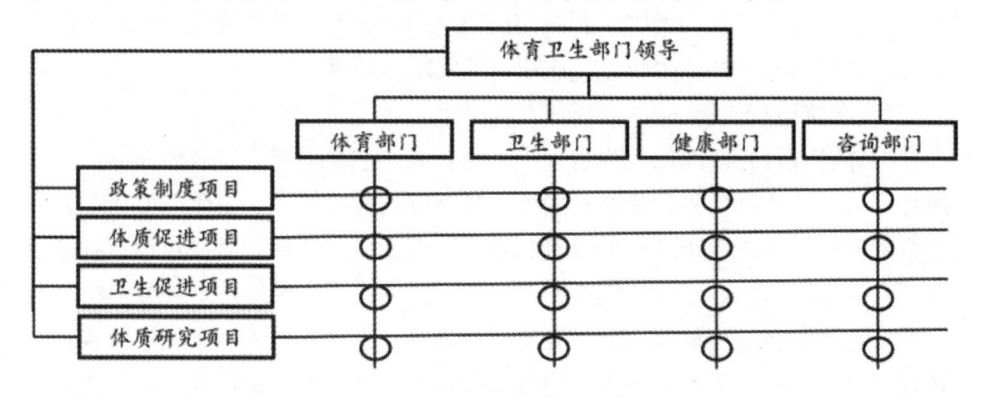

图3-1　青少年体质健康促进管理矩阵制组织结构框架

直线型组织结构是我国学校体育管理的基本组织结构，各级单位从上到下实行垂直领导，下属部门接受一个上级的指令，各级主管部门负责人对所属单位的一切问题负责。此种结构形式结构简单、责任分明、命令比较统一。比如，我国从国家到地方都设有相应的体育卫生管理行政部门，各级部门领导形成直线指挥系统。各级部门领导、下级各职能部门负责人以及各体质健康促进项目负责人具有管理的决策权、命令权和执行权。纵向各部门分别负责体育、卫生和健康的管理工作，通过联合下级行政部门、学校以及社会专家团体发挥体质健康促进管理的职能。

各横向项目由相关领域的专家领衔，参与者由各下一级行政部门领导、学校相关负责人以及社会各界相关专家组成。横向项目团队开展项目研究，并配合纵向行政部门指导实施健康促进项目。纵向职能部门和横向项目系统相互联系、紧密协作和配合，及时沟通情况，协同开展青少年体质健康促进管理工作，从而形成直线型组织与专家领衔的项目管理相结合的矩阵型管理组织结构。

4.青少年体质健康促进的管理系统运行机制

（1）系统中各要素及职责

青少年体质健康促进的管理系统中的纵向元素包括各级地方体育行政部门及下设的职能部门，以及所管辖的学校。横向元素包括体质健康促进各种项目管理的负责人及团队，一般由行政部门聘请相关领域的专家组成。纵向各部门负责战略规划、计划、组织和实施青少年体质健康促进项目，包括体育、卫生与健康，并逐级监督、指导、评价各项管理工作。横向项目管理按照行政部门的统一规划，进行体质健康管理项目的设计、开发与实施。每个项目的总体设计往往涉及体育、卫生与健康，从而增强了各纵向部门之间的相互联系与配合，在每个结点上，要求各部门进行协调配合，完成项目的实施与管理。

（2）系统运行机制

我国体育教育行政部门分为省、市、县三级，它受同级人民政府领导，并受上级体育教育行政部门领导或业务指导。各级部门设立体育、卫生与健康、艺术教育职能机构，并受上级部门的直接领导，从而形成"树形"直线组织，各结点元素负责计划、组织、实施相应的职能工作，管理的直接对象是下级各学校。

学校的体育与健康教育不仅要开展体育教学，而且要融入卫生健康教育，充分体现"健康第一"的指导思想，但直线型各组织部门的工作往往是独立的，限制了体育教育和卫生健康教育的统一，造成了学校体育教育与卫生健康教育相互脱节和隔离；而横向项目管理组织设计弥补了纵向直线组织的缺陷，实现了各部门的相互联系和协作。纵向行政部门直接领导并提出学生体质健康促进的总体规划，横向项目管理部门负责促进项目详细设计。在实施过程中，各级行政部门相互配合和协作，发挥直线领导的职能，并在横向项目管理团队的协助下，顺利开展各项工作。

第五节 促进青少年体质健康的社会治理原则

青少年体质健康问题，是影响中华民族伟大复兴的关键，加强"四个治理"，是把制度优势更好地转化为国家治理效能的根本方法，也是推动促进工作的重要影响因素（见图3-2）。

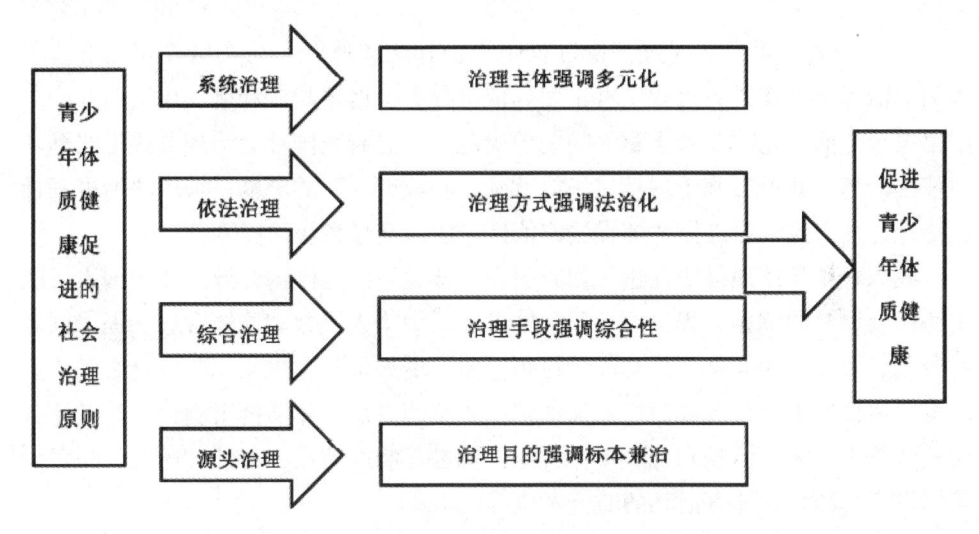

图3-2 青少年体质健康促进的社会治理原则

一、系统治理的基本原则

加强系统治理，在促进工作过程中加强党的领导，发挥政府主导作用，鼓励支持社会多元力量协同参与，实现政府、社会与青少年良性互动，构建青少年体质健康促进共建共享的新治理格局。具体而言，社会治理不是"让政府走开"，而是要明确各治理主体的分工，政府主导的作用不能淡化，要通过行政主导权力，积极开展公共事务决策；社会组织要从边缘化迈向中心化，积极参与并成为政府与青少年间的桥梁纽带；青少年要充分发挥参与性、主动性和积极性，实现有效的自治活动。

现阶段，青少年体质健康促进工作是"教育部—教育厅—教育局"的垂直行政推动模式。"上行下效"的推动模式，在一定程度上保障了促进工作的有序开展，但单纯依靠行政力量推动，社会组织与青少年的参与作用无法得到体现，尤其是市场调节机制很难有效发挥作用。虽然早在2005年，首家全国性体质健康促进机构——新时代青少年体质健康促进中心正式成立，策划并推动了阳光体育运动，但青少年体质健康状况依旧不容乐观，专业组织数量依旧偏少，辐射能力不强。因此，亟须打破行政一元治理模式，鼓励发展社会团体、基金会、民办非企业单位和更多草根型组织，进一步激发社会活力，突破促进工作的瓶颈。

二、依法治理的基本原则

加强依法治理，在促进工作过程中维护好法律尊严，切实培养相关责任主体的法治思维，在治理过程中真正做到依法办事、遇事找法和解决用法。《中共中央关于全面深化改革若干重大问题的决定》标志着我国社会治理方式正式踏入"依法治理"轨道。基于现实"一放就乱、一收就死"的弊端，须以法治推动社会治理过程，这就更加需要加强法律依据、法律支撑和法律保障。

我国青少年体质健康促进工作必须在法律允许的范围内开展。《中国人民政治协商会议共同纲领》提出倡导国民体育；《中华人民共和国体育法》提出国家对青年、少年、儿童体育活动给予特别保障，增进青年、少年、儿童身心健康。教育、体育和卫生行政部门应加强学生体质监测。加强体质健康测试、学校体育课程、青少年体育活动和青少年体育工作标准等制度建设；另外，还要加强青少年体育工作和学校体育活动的监督考核等。

三、综合治理的基本原则

加强综合治理，改变传统促进工作中单一化的行政治理方式，转而形成多种方式综合运用，切实做到强制和自律相结合，社会调节和自我调节相结合。我国综合治理最早可以追溯到20世纪60年代初期的"枫桥经验"，当地基层干部积极发动群众解决社会矛盾。综合治理从治理对象来看，主要针对复杂多变的社会问题；从治理主体来看，重视多元力量和资源的整合；从治理手段来看，强调多元方法的综合运用；从思维方式来看，强调辩证统一地分析问题。

青少年体质健康促进的社会治理不单是教育技术问题，单纯依靠学校体育很难达到促进目的。首先，社会应该改变过去"重文化，轻体育"的价值观念，体质不强，何谈栋梁？要将青少年体育运动能力纳入人才培养指标体系。其次，要加强"学校—社区—家庭"的协调联动机制建设：学校作为实施主体发挥关键作用；社区也应充分完善体育基础设施，保障青少年体育锻炼权利；而家庭结构、文化修养和活动形式都会对青少年行为产生深远的影响。最后，要积极培育社会组织，发挥其协调、整合功能，大力开展青少年公共体育服务、青少年体育竞赛活动等一系列相关内容，以购买公共服务的形式交由社会组织承担。

四、源头治理的基本原则

加强源头治理，在促进工作相关政策决策的制定、实施上做到问需于青少年，顺应青少年期盼，努力保障每一项政策决策既符合当下实际，又能符合青少年的内在需求。《中共中央关于全面深化改革若干重大问题的决定》明确提出：坚持源头治理，标本兼治，重在治本。传统的社会管理方式在面对社会问题时往往"重结果、轻源头"，缺乏问题导向。源头治理应以改善青少年体质健康为重点，以综合化治理为方式，以标本兼治为目标，重视治理的标本关系与治理次序。

源头治理是有效治理的前提与基础。提升青少年体质健康水平，关口还需前移。从目前学校的促进措施来看，依旧停留在"治标"阶段。部分学校出台了早锻炼打卡制度，但大部分学生在记录考勤后并没有进行锻炼而是直接离开。由于打卡器材设施的制约，很多学校内适合锻炼的地方没有打卡机器，造成了"打卡不锻炼，锻炼不打卡"的奇特现象。实践证明，这种"治标"式的早锻炼打卡制度无法从根本上达到促进目的。要真正做到源头治理，整个政策环境、社会环境和教育环境要发挥协同作用，充分认识到体育运动的重要性，治理理念由"标"转"本"，由"浅"入"深"，才能达到促进青少年体质健康的目的。

第四章 "互联网+"背景下促进青少年体质健康的策略探索

第一节 "互联网+"概述

互联网信息传输凭借其独有的速度高、成本低、范围广的优势,已渗透当代社会经济生活的各个领域,为人们日常工作、学习和生活提供了极大便利,对全球信息化和经济社会的繁荣发展起到了积极的推动作用。

互联网的特点可以总结为四个字——多、快、好、省。"多"就是指用户多,信息量多和服务器多,在这个庞大的消费群体作用下,有着巨大的利润市场。"快"是指获取信息和传递信息的速度快,这无疑给信息交流和商贸活动提供了快速的通道。"好"是指在互联网上我们可以根据需要,选择个性的东西,不需要因为别的因素而耽搁。"省"是指省时、省力、省财、省物、省心、省神。

互联网使人们感觉到生活空间的便利,主要体现在以下六点。①实时交互性:你可以随时通过网络和你的网友、你的朋友进行及时的互动。②资源共享:让大家去用同一个资源,最大限度地节省成本,提高效率。③超越时空:从字面上看很好理解,就是不受时间和空间的限制。我们在网上聊天,在网上看新闻等是不受时间空间的限制的。④个性化:任何一个有个性的人,有新奇创意的人都可以在互联网上得到很好的生存和发展,也就是说,每一个人可以在网上发表你自己独到的创意。⑤人性化:互联网之所以这么快的普及,是因为它很多方面都是按人性化标准来进行的。⑥公平性:人们在互联网上发布和接受信息是平等的,互联网上不分地段,不讲身份,机会平等。

2015年3月,李克强总理确定"互联网+"行动计划,"互联网+"的概念开始真正为众人所熟知。

一、"互联网+"的概念

《国务院关于积极推进"互联网+"行动的指导意见》中指出，"互联网+"代表一种新的经济形态，即充分发挥互联网在生产要素配置中的优化和集成作用，将互联网的创新成果深度融合于经济社会各领域之中，提升实体经济的创新力和生产力，形成更广泛的以互联网为基础设施和实现工具的经济发展新形态。

马化腾在《关于以"互联网+"为驱动，推进我国经济社会发展的建议》中指出，"互联网+"是以互联网平台为基础，利用信息通信技术与各行业的跨界融合，推动产业转型升级，并不断创造出新产品、新业务与新模式，构建连接一切的新生态。

李彦宏在答记者问时表示，"互联网+计划，我的理解是互联网和其他传统产业的一种结合的模式。随着中国互联网网民人数的增加，使得互联网在其他的产业当中能够产生越来越大的影响力。过去一两年互联网和很多产业一旦结合的话，就会变成一个化腐朽为神奇的东西"。

综上所述，"互联网+"是指在创新2.0（信息时代、知识社会的创新形态）推动下由互联网发展的新业态，也是在知识社会创新2.0推动下由互联网形态演进、催生的经济社会发展新形态。

简单地说，"互联网+"就是"互联网+传统行业"。随着科学技术的发展，利用信息和互联网平台，使得互联网与传统行业进行融合，利用互联网具备的优势特点，创造新的发展机会。"互联网+"通过其自身的优势，对传统行业进行优化升级转型，使得传统行业能够适应当下的新发展，从而最终推动社会不断地向前发展。

"互联网+"是互联网思维的进一步实践成果，推动经济形态不断地发生演变，从而带动社会经济实体的生命力，为改革、创新、发展提供广阔的网络平台。通俗地说，"互联网+"就是"互联网+各个传统行业"，但这并不是简单的两者相加，而是利用信息通信技术以及互联网平台，让互联网与传统行业进行深度融合，创造新的发展生态。它代表一种新的社会形态，即充分发挥互联网在社会资源配置中的优化和集成作用，将互联网的创新成果深度融合于经济、社会各领域之中，提升全社会的创新力和生产力，形成更广泛的以互联网为基础设施和实现工具的经济发展新形态。2015年7月4日，国务院印发《国务院关于积极推进"互联网+"行动的指导意见》。

2020年5月22日，国务院总理李克强在发布的2020年国务院政府工作报告中提出：电商网购、在线服务等新业态在抗疫中发挥了重要作用，要继续出台支持政策，全面推进"互联网+"，打造数字经济新优势。

二、"互联网+"的核心是互联网思维

（一）互联网思维是相对于"工业化思维"而言的

一种技术从工具属性、应用层面到社会生活，往往需要经历很长的过程。珍妮纺纱机从一项新技术到改变纺织行业，再到后来被定义为工业革命的肇始，影响东、西方经济格局，其跨度至少需要几十年，互联网也是如此。但因为这种影响是滞后的，所以，我们难免会处于身份的尴尬之中：旧制度和新时代在我们身上会形成观念的错位。越是以前成功的企业，转型越是艰难，这就是"创新者的窘境"。一个技术领先的企业在面临突破性技术时，会因为对原有生态系统的过度适应而面临失败。现在很多传统行业的企业，面临的就是这种状况。

（二）互联网思维是一种商业民主化的思维

工业化时代的标准思维模式是大规模生产、大规模销售和大规模传播。但是互联网时代，这三个基础被解构了。工业化时代稀缺的是资源和产品，资源和生产能力被当作企业的竞争力。但现在不是了。现在的产品更多的是以信息的方式呈现的，渠道垄断很难实现。最重要一点的是，媒介垄断被打破了，消费者同时成为媒介信息和内容的生产者和传播者，那些希望通过买通媒体单向度、广播式制造热门商品诱导消费行为的模式不起作用了。这三个基础被解构以后，生产者和消费者的权利发生了转变，消费者主权形成。

（三）互联网思维是一种用户至上的思维

以前的企业也会讲"用户至上、产品为王"，但这种口号要么是自我标榜，要么真的是出于企业主的道德自律。但是在当前的数字时代，在消费者主权的时代，"用户至上"是商家不得不对待的行为，商家必须维护好用户。

三、"互联网+"的六大特征

（一）跨界融合

"互联网+"是跨界、是变革、是开放、是重塑融合。敢于跨界了，创新的

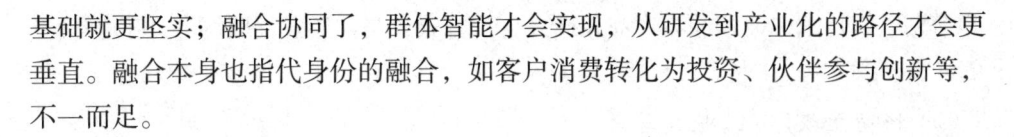

基础就更坚实；融合协同了，群体智能才会实现，从研发到产业化的路径才会更垂直。融合本身也指代身份的融合，如客户消费转化为投资、伙伴参与创新等，不一而足。

（二）创新驱动

我们所处的时代，有人称为信息经济、数据经济，甚至有人说创客经济。这说明现今的时代处于动态变化中，同时也说明这些因素在这个特定阶段越发表现出其重要性和主导性。中国粗放的资源驱动型增长方式早就难以为继，必须转移到创新驱动发展这条正确的道路上来。这正是互联网的特质，用所谓的互联网思维来求变、自我革命，也更能发挥创新的力量和优势。

（三）重塑结构

信息革命、经济全球化、互联网已打破了原有的社会结构、经济结构、地缘结构、文化结构，权力、议事规则、话语权不断发生变化，"互联网+社会治理"、虚拟社会治理将会带来很大的改变。

（四）尊重人性

人性的光辉是推动科技进步、经济增长、社会进步、文化繁荣的最根本的力量，互联网的力量之强大也来源于对人性的最大限度的尊重，对人的体验的敬畏，对人的创造性发挥的重视。比如卷入式营销、分享经济等。

（五）开放生态

关于"互联网+"，其中一个重要的方向就是要把过去制约创新的环节化解掉，把孤岛式创新连接起来，让研发由人性决定市场驱动，让努力的创业创新者有机会实现自身价值。

（六）连接一切

连接是有层次的，可连接性是有差异的，连接的价值是相差很大的，但是连接一切是"互联网+"的目标。

四、"互联网+"的实际应用

（一）互联网+工业

"互联网+工业"即传统制造企业采用移动互联网、云计算、大数据、物联网等信息通信技术，改造原有产品及研发生产方式，与"工业互联网""工业4.0"的内涵一致。

1.移动互联网+工业

借助移动互联网技术，传统制造厂商可以在汽车、家电、配饰等工业产品上增加网络软硬件模块，实现用户远程操控、数据自动采集分析等功能，极大地改善了工业产品的使用体验。

2.云计算+工业

基于云计算技术，一些互联网企业打造了统一的智能产品软件服务平台，为不同厂商生产的智能硬件设备提供统一的软件服务和技术支持，优化用户的使用体验，并实现各产品的互联互通，产生协同价值。

3.物联网+工业

运用物联网技术，工业企业可以将机器等生产设施接入互联网，构建网络化物理设备系统（CPS），进而使各生产设备自动交换信息、触发动作和实施控制。物联网技术有助于加快生产制造实时数据信息的感知、传送和分析，加快生产资源的优化配置。

4.网络众包+工业

在互联网的帮助下，企业通过自建或借助现有的"众包"平台，可以发布研发创意需求，广泛收集客户和外部人员的想法与智慧，大大扩展创意来源。工业和信息化部信息中心搭建了"创客中国"创新创业服务平台，链接创客的创新能力与工业企业的创新需求，为企业开展网络众包提供了可靠的第三方平台。

（二）互联网+智慧城市

1.智慧城市的定义

智慧城市即运用信息和通信技术手段感测、分析、整合城市运行核心系统的各项关键信息，从而对包括民生、环保、公共安全、城市服务、工商业活动在内的各种需求做出智能响应。其实质是利用先进的信息技术，实现城市智慧式管理和运行，进而为城市中的人创造更美好的生活，促进城市的和谐和可持续成长。

2."互联网+"时代的智慧城市的特征

"互联网+"时代的智慧城市在互联网技术和思维创新的双重驱动下，呈现出如下三大特征。

一是基于"互联网+"的新技术，包括移动互联网、物联网、大数据、云计算等搭建融合、开放、互动的城市公共服务平台，支撑城市运行管理及各部门的高效协同。

二是引入"互联网+"的开放、融合和尊重人性的理念，促进城市管理机构和运行管理模式的重构，促进城市生活更智慧、便捷、宜居、人性化；推进社会生态公平公开，形成新的智慧城市生态。

三是基于"互联网+"的创新思维，以技术的进步和思维的创新为动力，利用信息通信技术与各行业的跨界融合，推动产业转型升级，创造出新产品、新业务与新模式，推动社会经济发展。

上海市浦东新区经信委副主任张爱平认为，创新2.0时代智慧城市的基本特征是"互联网+"，其逻辑枢纽是"政务云+"，突破急需"云调度+"，这也是创新2.0语境下智慧城市的生态演替趋势。北京大学移动政务实验室博士宋刚对此表示认同，并认为"互联网+"概括了信息通信技术高度融合发展背景下的新一代信息技术与知识社会创新2.0的互动与演进，也是对当前创新2.0研究十大热点和趋势的一个概括。"互联网+"作为智慧城市的本质特征将面向知识社会的用户创新、开放创新、大众创新、协同创新，推动形成有利于创新涌现的创新生态。"互联网+"的"+"，不仅仅是技术上的"+"，也是思维、理念、模式上的"+"，其中以人为本推动管理与服务模式创新及大众创业是其中的重要内容。

（三）互联网+通信

互联网通信技术是以计算机作为通信的基本载体，以网络为通道，经过互联网进行通信的一种网络技术。不论是声音、图片还是影像，都可以在互联网上传输，实现资源的共享。互联网通信技术打破了传统的地域和空间的限制，使得信息可以快速地传到目的地。

"互联网+"通信有了即时通信，几乎人人都在用即时通信App进行语音、文字，甚至视频交流。

（四）互联网+教育

1. "互联网+教育"概述

"互联网+教育"是以互联网为创新教育的组织模式、服务模式和学习模式，以此来构建新型的教育生态体系。因此，从这种意义上说，"互联网+教育"的本质仍然体现的是教育的本质，因为人们的认知基石没有变，认知获取的自由度体现的只是前端技术的发展，而其本质与内核仍然是教育本身，互联网介入教育只是一种必然的发展趋势，实践中的"互联网+教育"也绝不会等同于教育网络化，因为从互联网介入教育到教育网络化是互联网在教育中逐渐强化的过程，而我国目前还处于这个过程的初始阶段，目前的国情体系与教育实际决定了我们必须改变依附性发展思路，绝对不能将发达国家的做法不加分析地照搬照用，不能凡事都以发达国家作为参照系，要克服将西方当作普遍主义以及西方中心主义的倾向。

"互联网+教育"的发展始于2018年7月。教育部批复同意宁夏组织开展"互联网+教育"示范试点建设。为有序推进示范区建设，宁夏配套制订了2018—2022年的建设规划和建设实施方案。

2018年11月22日，首个获批的"互联网+教育"示范区——宁夏回族自治区正式启动建设工作，将在5年建设期内多措并举实现在教育资源共享、创新素养教育、教师队伍建设、学校党建思政和现代教育治理五个方面引领示范，形成一批可复制、可推广的"互联网+教育"模式。

2020年2月5日开始，宁夏将通过宁夏教育电视台"空中课堂"为学前幼儿开设亲子游戏、优秀动画片、儿童剧、启蒙教育等节目，指导家长科学育儿，开展室内游戏活动。

"互联网+教育"的结合形式大致可分为两种：第一种是从大数据和流程再造的视角出发，重点在于突出互联网的大数据支撑，网络在线教育平台中的教师讲解、教学评估、师生互动等一系列教学过程都是以大数据作为支撑的；第二种是对传统的班级授课制教育进行数字信息化改造，或者说是在教育领域的数字信息化，更多的是学科间壁垒日趋消解的深度交融，触及教育的结构性重塑，呈现出跨界创新、开放生态、灵活个性、尊重人性、终身学习的特征。"互联网+教育"这一理念是随着互联网的飞速发展应运而生的，是伴随科学技术和生产力的快速发展而产生的一种新型教育模式。"互联网+教育"不仅是教育资源的信息化和技术化，还是一种新型虚拟的教育环境，在这种虚拟环境下，教育资源可以更广泛地传播，教师与学生也改变了传统的授受关系，而且朝着民主平等、教学相长的方向发展。"互联网+"时代的教育规则立足于传统教育但又超越了传统教育。

2."互联网+教育"的重要意义

第一,"互联网+教育"为教育公平助力。信息技术与教育教学深度融合,让很多乡村学校享受到优质教育资源,学生的学习效果明显提升,城乡教育"鸿沟"进一步缩小。通过智能互联实现教育资源共享,利用大数据分析推动教学效率提升……信息技术正在改变传统的教学模式,为实现教育公平创造了更加便利的条件。

教育公平不仅在于打破地域教学资源限制,更在于帮助每个学生找到适合自身的学习方法,实行因材施教。教师通过大数据可以将每个学生的知识薄弱点进行分析,准确发现问题,进行有效讲解,提升教学质量。

第二,"互联网+教育"让"育"的分量更重。教育信息化,并非简单做技术的"加法"。人们期待技术带来更多"溢出效应",通过创新让"育"的分量更重,推动实现从教书到育人的转变。教师可以利用信息技术对学生的兴趣进行个性化的培养。传统的培养方式只能实现定性分析,无法定量研究,而引入人工智能、大数据等技术后,可利用精确的数据分析,为教育决策提供参考。

信息技术能帮助学生提升自我管理意识,让学习成为一种能力。学校和教师应致力于构建政府、企业、学校、科研机构合作机制,开展新型教学模式理论和实践研究,利用信息技术开展启发式、探究式、讨论式、参与式教学,培养学生的学习能力。

第二节 "互联网+"对青少年体质健康的影响

当前,我国教育信息化战略和"互联网+"行动快速推进,对教育行业带来了深刻影响。互联网在我国的发展具有显著的中国特色,不仅表现为互联网规模急剧增长、新兴技术不断涌现、互联网产业空前繁荣,还改变了传统行业的运行模式,催生了一系列新业态。从我国互联网浪潮中总结出具有中国特色的互联网思维,对我国教育信息化战略和"互联网+教育"的全面推进具有重要的引领意义。

"互联网+"以信息驱动的方式将各行各业推进到新的发展模式,提升到新的发展高度,教育行业也获得了更大的改革和发展空间,学校教育的发展迅速跟进,为学校体育的改革创造了更多的机会和更好的平台。"互联网+"对学校体育教材、体育教学模式、体育生活方式等有着重要的推进作用。

2016年中共中央发布的《"健康中国2030"规划纲要》明确指出"健康中国"已经成为国家发展战略。青少年作为中国可持续发展的源泉,如何运用"互联网+"技术为促进青少年体质健康服务,指导现代体育教学改革,并广泛应用于学校体育教育的各个领域,是体育教育工作者需要关心的新问题,这已成为现代体育研究的新课题。

一、"互联网+"创新青少年体质健康促进形式

"互联网+"不是简单地把互联网与各个传统行业相结合,而是利用互联网平台以及信息通信技术,把互联网与传统行业深度融合,创造出一种新的行业发展生态,强调"连接一切"是"互联网+"的主要特征。把不同层次、不同内容的人和事物连接在一起,消除信息孤岛,形成了新的生态模式,产生新的社会价值是"互联网+"的目的。

随着"互联网+"技术的发展,其与传统教育模式正进行着线上线下的配合,这也是新时代教育改革所呈现的新的特征。"互联网+"极大地丰富了教学模式及学生学习形式的改变,实现了教育资源共享,加强了学生与教师的交流,教育互动的特点由此凸显出来,"互联网+"已经在教学改革中被合理地应用开展起来。体育教育是"大教育"中重要的组成部分之一,必然伴随教育改革的深入而不断发展。提高青少年体质健康水平是体育教育的原目的,理所当然与"互联网+"产生必要的关联,体育工作者应致力于研究如何用"互联网+"新的生态模式去指导青少年体质健康水平的提升,并产生新的、固有的、巨大的社会价值。

二、在体育教学中运用互联网工具进行辅助教学

(一)在体育教学中运用互联网工具教学时应注意的问题

1.学生自制能力差易受干扰

学生自我控制能力差,在网上进行学习时容易被其他网页内容所吸引,注意力不能够很好专注于学习内容。互联网工具使用不当会影响学习,学生有时上网聊天耽误学习,而且无法避免玩游戏,有时容易沉迷于网络虚拟环境,影响学生

现实生活中的社交能力，家长和老师要及时进行正确引导。有些学生在遇到困难时太依赖互联网，不动脑筋直接从网上获取答案，过度依赖互联网会影响学生独立思维能力和自主创新能力的发展。

据调查结果得知：71.43%的学生是因为使用和观看电子设备而导致眼睛视力下降的。手机、电脑等电子设备均有辐射，尤其手机信号越差，辐射越强。手机在学生中越来越普及，不可避免会受到辐射的危害。另外，利用电脑进行网上学习，学生自己不能很好地控制上网时间，就会造成久坐现象。久坐危害健康，有可能导致肥胖、颈椎病、消化不良及记忆力下降等问题发生。在信息化教学模式中使用电子产品是不可避免的，只要合理安排使用时间和频率，就可以避免对身体的危害。在学习中家长和老师要对学生进行监督和督促，学生自身要提高自我控制能力。

2.网络信息庞杂，体育教学资源分散

目前网上体育教学资源较分散，没有系统的资料库和正式的学习网站，更没有区域性或全国性的体育资源共享网络，缺少体育学科教学软件、体育资源库和素材库等。老师和学生很难在网上找到合适的资源，尤其是初学者。青少年还未形成稳定的世界观、人生观和价值观，在获取新知识时难以靠已有的经验来辨别知识的正确性及动作的规范性。

3.对体育学科的重视不够

通过调查数据得知：在学习过程中有将近六成的学生会选择通过网络来解决遇到的问题，而在体育课程学习中遇到困难时只有7.14%的学生会经常利用互联网来进行查询解疑。三成多的家长对体育教学信息化持无所谓态度，平时很少与孩子一起参与体育活动。家长对互联网辅助教学缺乏正确的认识，放大网络的弊端，过于担心学生自制能力太差、沉溺于网络；担心经常使用电子产品会有辐射以及影响学生视力等。五成多教师认为互联网辅助教学在实践中未普及的原因是因为教学设备条件不符合要求，有两成教师在最近两年未参加过在互联网环境下教学的任何形式的学习和培训。以上这些一定程度上反映了家长、教师以及学校对体育学科存在偏见，加之信息技术硬件设施的缺乏，从而导致体育信息化教学运用不够广泛。

（二）在体育教学中运用互联网工具进行辅助教学的成果

1.提升了学生的体育成绩

相关实验数据表明，在女生仰卧起坐、男生200米跑和篮球项目中，实验班学生比对照班学生成绩进步幅度大。体育教师利用网络方便快捷、师生可以随时随地进行沟通交流的优点来督促监督学生课后的学习情况。

2.突破了传统教学中时空的限制

在受阴雨台风天气影响而停课时，学生可以利用网络线上群里的学习资源在家进行练习；在室内上课时观看体育赛事等影像视频普及体育知识，培养体育精神。互联网辅助教学不受时空限制，只要在互联网环境下就能够有机会享受到优质教育资源，从而推动教育公平发展。

3.有利于学生自主探究能力和终身学习能力的培养

采用短小精悍的微课进行教学能够使系统的知识碎片化，从而促使学生更加灵活地学习课程，学生能够主动利用网络自主学习，变被动接受知识为主动获取知识。即使以后走出校园步入社会，在体育学习中遇到问题时也会习惯性地求助于网络，从而有利于培养学生终身学习的意识。

4.重视体育课程实施过程中的过程性评价

教师要求学生在每次完成课后作业时拍摄影像发至线上学习群里作为课后反馈，从而接受家长、同学和老师的监督，以使大家共同进步。增加课后练习的次数，构建更完善的评价体系，注重过程性评价，将学生在体育学习过程中的表现作为评价重点。

5.互联网辅助教学对硬件装备设施要求较高

内陆和沿海地区经济发展水平不同，信息化设施完善程度也不同。欠发达地区的教学设备不能够满足互联网辅助教学开展所需要的网络环境，也没有条件使信息化教学在各学科中大范围运用，硬件设施的完善程度影响着我国教育信息化的发展。

6.助力体育课程改革

把互联网引入体育课堂，创设新的教学模式。通过网络借助实景教学法给学生视觉与知觉上的感知，这不仅能够为学生提供享受优质教育资源的机会，还能够满足知识社会对教育的多元化需求，对教育资源优化配置起到重要的作用。在

"健康中国2030"建设的背景下，学校体育的作用越来越突出，教育信息化就是学校体育未来建设的一大方向，在一定程度上能够推动教育供给侧改革，从而促进整个课程改革的进程。

（三）在体育教学中运用互联网工具教学时的建议

1.加大互联网辅助教学模式在中小学的使用力度

教师在体育课堂上利用互联网工具进行教学，创新教学方法，引导学生自主探究。学生根据自身差异及需求可以借助互联网有选择地采用不同的练习方法，这样能够有效地激发学生的学习兴趣，使学生积极主动地参与体育学习，充分发挥学生的主体性和教师的主导性。

2.加大体育类网站建设，丰富中小学体育教学资源

目前，体育类教学资源比较丰富，但适合中小学体育教学的资源还不是太多。建议针对初中生群体自控能力差的特点专门开发可以进行界面监督、远程可控的学习软件，为教师和学生提供丰富的教学资源保障，当师生学习受时空限制时保证有资源可寻，这样有利于体育教师专业素养的提升和学生身体素质的提高。

3.提高师生的信息技术水平

在"互联网+"时代下，学生获得知识的方式不再限于课堂上教师的灌输，也不再局限于书本知识。互联网辅助教学在体育教学中的应用，给教师和学生提出了更高的要求。建议学校定期开展教师信息技术能力的培训，帮助教师提高信息技术水平。只有师生的信息技术水平同时提高，互联网辅助教学才能顺利开展及普及。

三、"网络打卡"助力青少年体质全面发展

2019年年底，新型冠状病毒肺炎疫情暴发，对我国乃至全球都造成了严重影响。疫情疯狂蔓延的那段时间，我国不得不采取限制人们出行的措施，并暂时关闭各种运动场所，人们的体质健康也因此受到影响，尤其是体质偏差且健身意识薄弱的青少年。这期间互联网媒体得到更广泛运用，随后网络打卡的方式受到人们的广泛关注，比如将网络打卡与跳绳相结合，充分发挥两者的优势，进而促进青少年在疫情期间维持良好的健身行为，同时提高健身意识，以达到体质全面发展的目的。

（一）跳绳网络打卡

跳绳是一项古老的民间传统体育项目，最早起源于中国，传承至今已有数千年的历史，随着时间的推移和历史的发展，跳绳继承了各个民族所独有的特点，它与人们的生活息息相关，与人们的风俗密不可分，是中华民族智慧的结晶。在《中国大百科全书》中记载有对跳绳概念的定义：一人或多人在一根绳中做各种各样跳跃动作的体育运动游戏；"跳绳"一词在我国《现代汉语词典》（第7版）中的释义为：单人或者多人手持绳子，在身体腾空的同时，通过摇动绳子使绳子越过头顶并且通过脚下绕身体一周的体育运动。而在《辞海》中的释义则表述为：在环摆的绳索中做各种跳跃动作的民间传统体育活动。

随着时代的不断变化发展，跳绳作为新兴体育项目中的后起之秀，其发展更是日新月异。当下随着运动技艺的发展，跳绳的花样动作越来越多，在过去单调的传统技艺上，与武术、舞蹈、艺术体操、街舞等技术动作融合，并且融入了各类音乐、灯光等现代化元素，使得跳绳表演更加引人注目，被称为花样跳绳。因此，目前的跳绳可分为：传统跳绳和花样跳绳，既保留了跳绳原有的民间传统风格，又改革创新满足了当代体育发展广及大人民群众的需求。

关于网络打卡，"打卡"一词，起初指的是通过使用考勤卡在磁卡机中自动登录个人信息后，便于记录签到数据的一种考勤方式，其根本指的是上下班的考勤签到，也可以解释为登录信息等。随着我国科技的发展，许多运动打卡类App应运而生，为"打卡"一词又营造出了新的语境，即更偏向于为获得他人的认可的一种分享和记录的行为方式。"打卡"还可以作为动词，在《现代汉语词典》（第7版）中，将"打卡"解释为"将磁卡放在磁卡机上使其读取相关内容"，此处"打卡"被看作一个动作。同时，"打卡"一词也被网友理解为常见的网络考勤或是在规定时间内完成某种任务的过程。现如今，网络社交的发展越来越炙热，打卡的方式更是花样百出，主要有：人脸打卡、指纹打卡、运动类App打卡、校园一卡通打卡以及手机等移动设备打卡等。其中运动类App则是当代科技和体育运动的结合体，以全新的模式给予人们不一样的运动体验。

网络打卡是近年来兴起的一种模式，常见的网络打卡有：习惯打卡（如按时起床）、运动打卡（如健身）、学习打卡（如学习英语知识）等。运动网络打卡是一种"互联网+体育"应用于全民健身的常见模式，通过以网络打卡的App为载体，在计划的时间内，每天按要求完成所规定的任务，最终完成运动锻炼目标。

关于跳绳网络打卡，则是将跳绳和网络打卡结合为一体，青少年在使用跳绳网络打卡时，可以根据自身的跳绳基础选择适合自己的跳绳任务，在完成任务的过程中，需要家长录制视频，并将录制好的视频上传至规定的微信群聊中，待工作人员审核通过后，则记为完成当天的跳绳网络打卡。通过对跳绳专家进行访谈时了解到，跳绳的运动量因人而异，没有固定的标准，每日的打卡任务仅仅是作为一个参考选项，具体的运动量需要根据参与者对跳绳的熟练程度以及自身的身体状态，合理的控制在中等强度即可。通过查阅行为心理学相关文献了解到"21天效应"，所谓的"21天效应"指的是人们在养成一个新的习惯、行为方式以及理念时，一般需要坚持21天。任何新的习惯和意识的形成过程，会受到已有的习惯和意识的影响；新的习惯和意识的形成需要一定的时间，这是形成的过程；在形成新的习惯和意识的过程中，需要反复不断的重复。因此，本次跳绳网络打卡基于"21天效应"，以21天为一个打卡周期，参与者通过在21天内进行跳绳网络打卡，对心理与行为产生影响和作用。

综上所述，可将跳绳网络打卡定义为：通过参与进行传统跳绳或花样跳绳，在网络平台记录打卡数据，从而提升参与跳绳运动的频率和充分发挥跳绳健身效益的方式。

（二）跳绳网络打卡的特点

1. 便捷性

随着科技的飞速发展，人们的生活节奏也在逐渐加快，对方便快捷的事物以及不同行业的服务需求也在不断增加。现如今的体育爱好者，更加倾向于便捷性体育运动，这与固定时间、固定地点进行固定运动项目的传统体育模式打不相同，也正如跳绳网络打卡的便捷性，在一定程度上影响了使用者的参与态度与动机。在受到新型冠状病毒肺炎疫情的影响，人们的出行受到了限制，在这种特殊的情况下，通过使用跳绳网络打卡，即便是出行受到限制，也能够在家里上传当天的跳绳视频到指定的微信群，完成当日的打卡，整体流程简单便捷，而这些并不需要去考虑时间与地点，灵活自由是跳绳网络打卡最大的优势之一。

2. 社交性

跳绳网络打卡不仅仅只是一个上传视频打卡的工具，现如今，"微信"已经遍布全国，是我国使用最广泛的社交软件之一，而跳绳网络打卡多数是基于微信，以上传视频至微信群聊的方式完成，更多的跳绳网路打卡参与者可以借助微信的平台，展示自己跳绳技术的同时，获得更多参与者的称赞与支持，让参与者在督促自己跳绳打卡的同时，交到更多一起坚持打卡的朋友，以满足参与者的体育社交需求。

3.普及性

互联网作为当前最便捷的推广方式，只需要手机、平板电脑等移动电子设备，即可获取所需的相关信息，跳绳网络打卡也正是如此，其推广普及性极强，通过网络为纽带，便可将跳绳相关的视频更好地普及推广，吸引更多人参与到跳绳网络打卡中。

4.激励性

大部分的青少年在参与自己感兴趣的体育运动项目时，更倾向于满足自己的兴趣爱好，但缺乏目的性，这也是因为大部分青少年健身意识薄弱，没有较为规律且固定的运动习惯所造成的，再加上平时学习压力较大，一旦缺失或减少课余时间参与体育运动，就很容易对体育运动失去兴趣，导致体质下降。跳绳网络打卡以设有奖励机制的方式，让参与打卡的青少年明确其目的性，能够更好地督促青少年以打卡的方式参与体育运动，不仅满足了自身的兴趣爱好，还促使其养成了良好的体育健身行为，提高了其健身意识。

（三）跳绳网络打卡对青少年体质健康行为的促进

1.跳绳网络打卡使用前后参与者健身行为的态度变化

跳绳网络打卡可以有效地激发运动兴趣，对青少年参与健身的积极性具有良好的促进作用，并且能够有效改善参与者对待体育健身的态度。

在使用跳绳网络打卡后，自主练习跳绳的青少年人数呈显著性增加，要求练习跳绳的人数也明显增加，与此同时，被迫练习跳绳和无论如何都不肯去练习跳绳的人数明显减少。由此可见，跳绳网络打卡的使用促进了打卡参与者的态度朝积极方向的转变，跳绳网络打卡使用前后态度变化的差异也反映了跳绳网络打卡对青少年健身行为和意识的促进作用。受到新冠肺炎疫情的影响，许多体育项目因受到场地的限制无法进行，使得青少年对待体育健身行为的态度较为消极。而跳绳网络打卡以网络新平台的方式，提高了青少年参与体育健身的积极性，让青少年意识到体育健身对体质健康的重要性。

2.跳绳网络打卡使用前后参与者健身行为的频率变化

在使用跳绳网络打卡之前，青少年每周进行体育健身1到2次的频率最高，每周进行体育健身7次及以上的人群占比相对较少。但是在使用跳绳网络打卡之后,他们参与体育健身的频率发生了显著的变化,每周进行体育健身"7次及以上"这个频率阶段的人数显著增加,且占比达到75.37%。综合以上的数据分析,跳绳网络打卡的使用促进了青少年每周体育健身频率的增加,对青少年的健身行为起到了较为积极的促进作用。

3.跳绳网络打卡使用前后参与者健身行为的强度变化

健身强度的大小是检验健身效果的一项重要指标之一。由于参与者的体质存在差异,因此,在健身强度指标设定划分方面,我们将根据参与者在进行体育健身运动后,全身出汗状况、呼吸频率等主观感受把健身强度划分为五个阶段:极低强度(身体基本无感觉)、低强度(身体发热,未出汗)、中强度(身体微微出汗)、中高强度(身体中等出汗)、高强度(全身大量出汗)。在使用跳绳网络打卡之前,青少年的健身行为强度主要集中在中强度,人数占比相对较高,为30.28%;使用跳绳网络打卡后,健身行为强度为低强度和中强度的人数明显减少,其中中高强度和高强度的人数显著性增加,所占比例分别是29.95%和26.29%。

第三节 "互联网+"促进青少年体质健康的策略

随着科学技术的不断发展,我国的教育理念、教育方式方法、教育模式也在不断地发生变化。以国务院政府工作报告"互联网+"行动计划和《教育信息化"十三五"规划》为指导,贯彻落实国家各项教育方针以及"健康第一"的理念。为推动我国学校体育教育的发展,国家体育总局《体育发展"十三五"规划》提出引导和支持"互联网+体育"发展,全面加强学校体育工作建设。

"互联网+教育"是指利用互联网信息技术手段结合传统的体育教育模式,通过互联网来传递教学资源,包括利用互联网技术对体育教育资源的选择、开发、处理和加工等活动,其目的是促进青少年体质健康的全面发展。

2020年新冠肺炎疫情的出现,使得"互联网+"与体育的融合变得更加有必要,并且随着5G时代的到来,网络速度的提升,为"互联网+"与体育的融合发展提供了条件保障,使得"互联网+"与体育教学的融合成为可能。

一、"智慧体育平台"的构建

(一)"智慧体育平台"简介

智慧体育平台是基于移动互联网、云计算及物联网技术的体育教学管理系统平台,以服务中小学教师、学生及家长为主,是一个以云计算为中心,以用户为中心,以信息化和资源共建共享为手段,以实现教育公平为目的的教育信息化平台。平台涵盖了海量资源系统、教育管理系统、高效教学系统、互动系统等功能子系统,充分满足中小学教育信息化建设各个方面的需求,为学生、家长、教师、教育管理部门及其他教育工作从业人员提供学习、互动、教学、教育管理、教研等领域的信息化服务,真正做到教学模式多样化、教学资源共享化、教育管理数字化、家校互动即时化。

智慧体育平台能够帮助教师提高备课质量与速度,实现体育教学资源的共建共享。能够帮助教师加强体质健康测试数据分析与研究,以便教师指导和改进体育教学方法,实现针对性教学,提高教学质量与效率。能够帮助学生养成体育锻炼习惯,熟练掌握一至两项运动技能,增强学生的体质健康,还能帮助学校健全学校体育运动伤害风险防范机制,智能监测学生运动情况。

(二)"智慧体育平台"在体育教学中的应用情况

1.教师应用"智慧体育平台"的基本情况

从表4-1中可以看出:有54名体育教师使用了"智慧体育平台"进行教学,男教师35名,占比64.8%,女教师19名,占比35.2%,说明该地区体育教师男女比例不平衡。其中使用"智慧体育平台"最多的是31岁到40岁这个年龄阶段的体育教师,占比达到了53.7%。其次是21岁到30岁的体育教师,占比达到了22.2%。41岁到50岁的体育教师使用"智慧体育平台"的比例是16.75%。50岁及以上的体育教师使用"智慧体育平台"相对较少,只有7.4%。由此得出:"智慧体育平台"在中青年教师中的使用率较高,在老年教师中的使用率较低,说明该地区的老年教师在使用"智慧体育平台"时积极性不高。

表4-1 教师应用"智慧体育平台"的基本情况

类别	使用者情况	使用率/%
性别	男	64.8
	女	35.2

续表

类别	使用者情况	使用率/%
年龄阶段	21-30岁	22.2
	3-40岁	53.7
	41-50岁	16.75
	50岁及以上	7.4

从表4-2中可以看出：有7-11节课的体育教师使用"智慧体育平台"的比例是18.5%，有12-14节课的体育教师使用"智慧体育平台"的比例是35.2%，有15-20节课的体育教师使用"智慧体育平台"的比例高达46.3%。国家针对周课时量并没有做定额的统一标准规定，具体要求要按照各地教育局公布的信息为准。通过查阅相关执行标准以及咨询，初中教师的周工作量波动范围在12-16节，体育课则规定为14节，有些学者认为，体育教师的周课时数12-14节是比较合理的。由此可以得出，周课时量越大的体育教师应用"智慧体育平台"的比例就越高。"智慧体育平台"能够给体育教师带来便利，使得工作量较大的体育教师能够按时按量的完成体育教学任务，保证其教学进度的顺利进行，尤其是在课前备课和课后检查两个方面，为提高教学效率做出了巨大的贡献。

表4-2 周课时量与教师应用"智慧体育平台"的情况

类别	节数	使用率/%
课时	7-11	18.5
	12-24	35.2
	15-20	46.3

（1）"智慧体育平台"在体育课前的应用

从表4-3中可以看出：使用"智慧体育平台"观看动作视频的有29人，占比53.7%。使用"智慧体育平台"编写教案的体育教师有38人，占总人数的70.4%。使用"智慧体育平台"制订课时计划的体育教师有41人，占比高达75.9%，使用率居于备课中首位。大部分的体育教师认为"智慧体育平台"对备课是有帮助的，其中有29.6%的体育教师认为非常有帮助。教师可以通过网页进入"智慧体育平台"的界面，只要有互联网的地方教师就可以随时随地进行云备课，教师每节课的教案中，都会自动匹配需要授课的动作视频，通过视频、图文说明、语音讲解的方式呈现。

表4-3 教师利用"智慧体育平台"进行备课的情况分析

类别	人数	所占比例/%
编写教案	38	70.4
制订课时计划	41	75.9
观看动作视频	29	53.7

（2）"智慧体育平台"在体育课中的应用

从表4-4中可以看出：教师利用"智慧体育平台"对学生的运动及心率情况进行监测的比例达到92.6%，其中经常使用的体育教师有8人，占比14.8%，偶尔使用的体育教师有42人，占比高达77.8%。有7.4%的体育教师不会使用"智慧体育平台"对学生的运动及心率进行监测。由此得出：教师在课中使用"智慧体育平台"对学生进行运动监测及心率监测的频率不高，绝大多数的体育教师都只是偶尔使用。

"智慧体育平台"的课堂监测主要是通过可穿戴的运动手环来实现，它和"智慧体育平台"配套使用，可以对学生运动强度、运动密度、心率曲线、心率预警等各项指标进行监控。可以通过对学生心率情况的监测来指导教学，在运动手环上有绿、蓝、橙、红四个标识。当运动手环上出现绿色标识，说明学生的心率低于适宜运动心率，这时需要教师加大运动强度和运动量；当运动手环上出现蓝色及橙色标识时，说明学生的心率已经达到适宜运动心率，需要教师保持当前的运动强度和运动量；当出现红色标识时，说明学生的运动心率已经高于适宜运动心率，这时运动手表会发出报警的声音，提示教师要降低运动强度和运动量。随后教师可以通过后台对课上学生进行大数据分析，从而得到学生的运动情况，另外，教师还可以查看本节课是否有完成教学目标。

表4-4 教师利用"智慧体育平台"监测学生的运动及心率情况分析

类别	人数	所占比例/%
经常会	8	14.8
偶尔会	42	77.8
不会	4	7.4

从表4-5中可以看出：认为"智慧体育平台"能够对学生实现针对性教学的教师占比高达94.4%，认为不能实现针对性教学的占比为5.6%。说明大部分的体育教师还是非常认同"智慧体育平台"在实现针对性教学方面所起到的作用。

课后教师可以通过"智慧体育平台"对学生的学习成绩进行智能统计分析，根据学生的各项指标成绩换算得分，并依据项目、性别、年级等多个角度进行统计对比分析，持续追踪学生的身体发展趋势，快速掌握学生的身体素质和运动素质情况，针对学生个性化差异进行针对性的教学，解决学生"吃不饱"和"消不了"的问题。并且通过智能化统计出来的学生成绩不仅能让学生个人查看，还能供同学、教师、学校领导等查看。

表4-5 教师利用"智慧体育平台"实现针对性教学的情况分析

类别	频率	所占比例/%
实现针对性教学	非常能	29.6
	能	64.8
	不能	5.6

（3）"智慧体育平台"在体育课后的应用

从表4-6中可以看出：教师经常使用"智慧体育平台"给学生推送体育家庭作业的占比是35.2%，偶尔使用的体育教师占比是53.7%，有11.1%的体育教师不会使用该平台给学生推送家庭作业。其中教师偶尔布置家庭作业占的比例最多，说明体育教师通过"智慧体育平台"给学生推送体育家庭作业的频率不高。目前，在教学中体育教学逐渐被人们所关注，认识到学生身体素质的培养并不是一朝一夕就可以完成的，仅仅使用课堂中的几十分钟是远远不够的，教师需要合理安排学生的体育家庭作业，保证学生无论在课堂教学还是家庭教学中，都可以养成良好的体育锻炼习惯，从而促进学生健康成长。在体育教学中开展"体育家庭作业"，在目前来说是一个新的风向标，对学生的体育锻炼习惯将会是一个有力地促进。体育家庭作业的布置不仅能督促学生在课后进行体育锻炼，同时还能引起家长对学生身体健康的关注，并且也会督促学生体育成绩的提高。

教师可以通过"智慧体育平台"给学生布置体育家庭作业，学生通过"智慧体育平台"的微信客户端进行打卡学习体育家庭作业，学习完成后系统便可以直接给出学习情况的反馈。教师可以通过"智慧体育平台"查阅有哪些学生完成了体育家庭作业，完成的情况如何，哪些学生还没有完成体育家庭作业，这些系统上都会有记录。"智慧体育平台"不仅能做到监督学生完成体育家庭作业，还能及时反馈学生的完成情况，使体育家庭作业智能化。

表4-6 教师课后使用"智慧体育平台"推送家庭作业的情况分析

类别	频率	所占比例/%
推送家庭作业	经常	35.2
	偶尔	53.7
	不会	11.1

从表4-7中可以看出：教师经常使用"智慧体育平台"给学生推送课堂教学内容的占比是35.2%，偶尔使用的体育教师占比是61.1%，仅仅只有3.7%的体育教师不会使用该平台给学生推送教学内容，说明"智慧体育平台"可以帮助大部分体育教师给学生推送课堂教学内容。在教学准备环节，教师可通过"智慧体育平台"向学生推送课堂教学内容，学生可以提前对动作进行尝试性学习，让学生对动作建立表象和概念。在教学过程中，教师先对学生的尝试性学习给出评价，然后对动作精讲多练，提高学生的体育课堂参与度和体育教学的效率，从而呈现出更高的体育教学效果。

表4-7 教师课后使用"智慧体育平台"推送教学内容的情况分析

类别	频率	所占比例/%
推送教学内容	经常	35.2
	偶尔	61.1
	不会	3.7

从表4-8中可以看出：使用"智慧体育平台"对学生成绩进行分析的体育教师占比高达88.9%，其中有38.9%体育教师经常使用，有50%的体育教师偶尔使用，说明体育教师还是会选择使用"智慧体育平台"对学生成绩进行分析，只是使用的频率不高。教师可以利用"智慧体育平台"录入学生的体育成绩，录入的成绩数据既可查看也可导出，教师对学生的成绩进行整理与对比分析，并设置好考试项目内容的分数与占比，系统自动计算不同项目内容与分数之间的关系。教师操作方便，解除冗杂数据的束缚，并以雷达图表的简单样式，直观形象地显示出学生的身体素质及运动健康素质，以便学生清晰地了解自己的体质现状。

表4-8 教师课后使用"智慧体育平台"分析学生成绩的情况分析

类别	频率	所占比例/%
分析学生成绩	经常	38.9
	偶尔	50
	不会	11.1

2."智慧体育平台"在体育教学中的应用效果

从表4-9中可以看出：有90.7%的体育教师认为"智慧体育平台"可以做到资源共享，81.5%的体育教师认为在"智慧体育平台"上可以搜索到自己想要的教学资料，100%的体育教师认为"智慧体育平台"可以提高编写教学教案的速度，98.1%的教师认为"智慧体育平台"可以使体育教学工作变得更方便、快捷、高效，96.3%的体育教师认为该平台对体育教学具有重要作用，并且在体育教学工作中具有一定的效果，其中认为效果很好和效果一般的体育教师各占50%。说明"互联网+"这个新兴产业与体育进行融合之后受到了体育教师的青睐，尤其在体育教学资源的共建共享方面。目前，像百度、体育App、微信小程序等网络上的体育教学资源有很多，但通过这些互联网平台去搜索时，总是会花费大量的时间，并且找的资源还不是最符合自己所需求的。

"智慧体育平台"中有海量的中小学体育教学资源，如教案及课时计划等，都是由全国多所高校（成都体育学院、上海体育学院、四川大学、四川师范大学、南京师范大学）专家教授、省市区各级教研员、全国各地中小学优秀一线教师组成的资源团队共同编写完成的，将最专业的内容覆盖体育教育的最终端，将其作为校本教案及课时计划，教师可以在校本教案内增添自己想要的内容，也可以不使用校本教案，自己进行自编教案及课时计划，编写后也可以保存在平台上供其他教师查阅借鉴，这样不但可以实现教学体育教学资源的共建共享，确保信息化建设的可持续性发展，还能提高教师编写教案的速度，为体育教学工作的高效、便捷打下了基础，提高了体育教学现代化教育的整体水平。

表4-9 "智慧体育平台"在教师教学中的应用效果

类别	人数	所占比例/%
教学资源共享	49	90.7
搜索教学资料	44	81.5

续表

类别	人数	所占比例/%
提高编写教案速度	54	100
"智慧体育平台"的重要性	52	96.3
"智慧体育平台"更方便、快捷、高效	53	98.1
"智慧体育平台"实际应用效果	54	100

(三)"智慧体育平台"在体育学习中学生的应用情况

1.学生使用"智慧体育平台"进行学习的情况

从表4-10中可以看出:学生应用"智慧体育平台"进行学习的使用率会随着年级的升高而不断增长,且增长幅度较平稳。其中使用率最低的是初中一年级的学生,占比24.1%。其次是初中二年级的学生,使用率占比33.2%。使用率最高的是初中三年级的学生,占比高达42.7%。初中学生利用"智慧体育平台"进行学习的举动,使得"互联网+"与学校体育进行深度融合变成了可能。

表4-10 初中学生使用"智慧体育平台"的情况分析

年级	使用率/%
初一	24.1
初二	33.2
初三	42.7

"智慧体育平台"就是"互联网+"与体育进行融合的表现,它打破了传统的体育学习方式。例如,在学习空间上就有了很大的改变,传统的体育学习就是在体育课上教师教授学习内容,学生课上学习教师教授的内容。学习空间必须是在校园内指定的地方完成,硬件设施好点的学校有足够的室内学习空间,受天气情况的影响不大,但是硬件实施差的学校可能就没那么幸运了,必定会受天气情况的影响。"智慧体育平台"的诞生,使得学校的在学习空间的限制得到了缓解,学生学习空间的变化为传统的体育学习方式增添了色彩,同时"智慧体育平台"又为学校体育的创新做出了贡献。

从表4-11中可以看出:学生主要在"智慧体育平台"上进行打卡家庭作业、观看动作视频、预习学习内容、学习拓展内容等六个方面。其中打卡家庭作业占65%,观看动作视频占63.2%,查看运动成绩占60.2%,预习学习内容和学习拓展内容都各占46.8%,查看教师评价占41.9%。说明学生使用"智慧体育平台"进行打卡体育家庭作业、观看动作视频及查看运动成绩比在预习学习内容、学习拓展内容、查看教师评价三个方面的比例要高。"智慧体育平台"已成为学生学习体育知识中的一部分，这一部分并不低于文化课程的学习，这就意味着学生淡薄的体育学习意识正在发生改变。

表4-11　学生主要在哪些方面使用"智慧体育平台"

类别	所占比例/%
打卡家庭作业	65
观看动作视频	63.2
预习学习内容	46.8
学习拓展内容	46.8
查看教师评价	41.9%
查看运动成绩	60.2%

2. "智慧体育平台"在体育学习中的应用效果分析

根据调查数据可知，90.2%的学生认为"智慧体育平台"可以提高自主锻炼的兴趣，有9.8%的学生认为"智慧体育平台"不能提高自主锻炼的兴趣，绝大多数学生认为"智慧体育平台"对他们提高自主锻炼的兴趣有很大的帮助。俗话说"兴趣是最好的老师"，有了兴趣对事情的完成将会起到事半功倍之效，"智慧体育平台"中动作视频的示范又为学生进行自主锻炼提供了科学基础，有助于培养学生的自主学习能力，提升运动技能等。"智慧体育平台"还为学生提供了自主选择兴趣班，学生可以通过在线自主选择兴趣班，根据自身兴趣学习各项运动，从而提升运动兴趣。这些都可以使学生养成终身体育意识，促进学生的健康成长，从而达到增强体质的作用。

二、"互联网+"体育素养培养

（一）青少年体育素养培养现状

1.青少年体育知识培养现状

（1）体育功能认识

相关研究数据表明：在对体育功能的调查中，健身和交往功能是学生普遍认可的，占到调查总学生人数的86.83%；其次是交往能力，占到调查总学生人数的60.68%；教育和文化的功能认可的人数不是很多，分别占到调查总学生人数的

41.64%和36.21%。调查数据还表明:学生对于体育健身和交往功能普遍认可,但是对于教育和文化功能认识相对模糊,很多同学在平时的体育运动过程中,参加不同组织或社团,不仅可以锻炼自己的身体,同时也交往到很多志同道合的朋友。教育功能在体育运动中也是非常显著的功能,体育运动规则不仅可以约束学生的体育道德规范,也可以使学生养成遵守体育道德规范的好习惯。

(2)体育锻炼原则

青少年体育锻炼原则有自觉主动原则、循序渐进原则、持之以恒原则、全面锻炼原则、具体针对原则。

相关研究数据表明:很多学生对体育锻炼要遵循自觉主动性原则的认识较好,比例最高,占总调查人数的77.37%;相比自觉主动性原则,学生对其他原则的认识相对较差,学生能够认识到循序渐进原则的只有30.66%,所占比例最低;持之以恒原则为44.65%,相对认识较好。很多学生反映了解其原则,但是认识相对模糊,有些原则的具体操作相对较差。体育锻炼基本原则是学生参加体育锻炼的基本要求,是学生进行锻炼的基础,很多学生对于体育锻炼的原则认识相对较浅,可见学生在体育锻炼中的知识有待加强。

2.青少年学生体育技能培养现状

体育技能是学生参加锻炼的基础。学生应该能够在训练中学习和掌握多种基本运动技能,并能够熟练运用运动技能,熟练掌握2—3种健身方法,同时对运动损伤知识和技能有所了解。关于体育技能,主要从运动扭伤及时处理的方法和学生掌握运动项目的数量来分析。

(1)学生对于运动扭伤及时处理的方法

运动扭伤是体育运动过程中经常出现的伤病,如何及时进行有效处理对于伤病恢复快慢非常关键。相关研究数据表明:学生对于运动扭伤的处理不理想,很多学生不知道如何处理,或者选择了错误处理方式。选择用热毛巾敷的学生人数占到调查的30.96%,大部分人的处理方式是不正确的,而用热毛巾敷、用手按摩、看医生和休息的占到调查人数的81.14%,仅选择了冷水或冷毛巾敷的学生人数仅占到调查人数的18.86%,很少有人处理正确。如何处理扭伤是运动常识。扭伤时冷敷能减轻充血,同时抑制神经的感觉,减低敏感度,达到止痛效果;相反,如果选择热敷或用手按摩,不仅不会对损伤有所恢复,反而会促进血液循环,不利于康复。

（2）学生掌握体育运动项目数量

相关研究数据表明：大部分青少年学生掌握运动项目的数量不是很多，其中没有运动技能的学生很多，占到调查总人数的36.92%，能够掌握1—2项的学生有29.80%，3—4项人数有26.42%，掌握5项以上的学生少之又少，只有6.86%。很多学生反映开始接触体育就没有学习一项体育项目的系统知识，能够掌握1—2项的学生是通过体育课和自学掌握的运动项目，3—4项的学生和5项以上的学生很多都是因为从小热爱体育，参加各种比赛习得的。

3.青少年学生体育行为培养现状

体育行为是人以体育锻炼运动为手段满足身心而进行的专门活动。在体育行为的调查中，主要从学生观看体育比赛的频率、参加体育锻炼的时间、每周参加体育锻炼的次数等方面来了解青少年学生体育行为的培养现状。

（1）学生观看体育比赛的频率

相关研究数据表明：学生观看体育比赛的情况不容乐观，经常观看体育比赛的学生和从未看过体育比赛的基本持平，所占比例分别为23.46%和21.19%，偶尔观看体育比赛的人数最多，所占比例为55.35%。在调查中发现，出现这种现象的原因是很多学生学业重没有时间观看或者对体育比赛的项目不感兴趣，很多学生没有自己喜欢的运动项目，对体育赛事了解很少。

（2）学生参加体育锻炼的时间

相关研究数据表明：学生参加锻炼的时间相对集中于15—60分钟，比重为50.82%，不过仍有很多体质差的学生每次活动时间不到15分钟，占比为26.13%，15分钟以下运动量是很难达到锻炼的效果。长期坚持锻炼的同学每次锻炼的时间控制在60分钟以上，这些同学具备良好的体能，旺盛的精力，能够在体育运动中感受到体育带来的乐趣和幸福感。

（3）学生每周参加体育锻炼的次数

相关研究数据表明：学生每周参加体育锻炼的人数不是很多，57.20%的学生每周参加体育锻炼2次以下，比例相当高；而23.93%的学生每周参加体育锻炼3—4次，每周参加体育锻炼5次以上的学生人数最少，占18.87%。以上数据反映出学生每周参加体育锻炼的次数不理想，学生运动的积极性和主动性有待进一步提升。

4.青少年学生体质水平培养现状

健康体质的人能够拥有健康的生理、心理和良好的社会适应能力，同时可以不断协调自己的运动能力,从容地参加各种体育运动。下面主要是从体质水平的指标(力量、速度、耐力、柔韧性、灵敏性、协调性)分析青少年学生的体质水平。

相关研究数据表明:学生耐力素质、速度最低,所占比例为27.57%、36.21%,力量和灵敏性、柔韧性相对较好,协调性一般,所占比例为38.89%。因此,我国青少年学生的体质水平相对较差,很多研究显示主要是静坐时间过长、运动强度不够造成的。

5.青少年学生体育品德培养现状

体育品德是学生在体育规则和道德约束的范围内,长期参加体育活动或体育竞赛中表现出的稳定的心理状态。学生整体体育能力的提高,对体育道德要求也会相对提升。体育品德的调查主要从学生对于比赛中裁判误判及比赛中对手利用不正当手段取得比赛胜利的态度进行分析。

对比赛中裁判误判做法的调查显示,学生整体的体育道德有待提高。22.02%的学生选择坚决服从裁判;找裁判理论的人数有将近一半,人数最多;还有学生对于裁判误判选择了辱骂裁判。

相关研究数据表明:学生对于参加比赛中对手利用不正当的手段取得比赛的胜利,不同学生有不同的见解。有34.36%的学生可以冷静地和裁判沟通,态度相对较好;但仍有25.93%的学生反映会向对手进行辱骂;对手手段恶劣者,很多学生会对其辱骂,甚至产生打架行为;只有很少的学生会服从裁判判罚。比赛中,遇到对手利用不正当的手段的情况,应该和裁判进行理性沟通,向裁判说明情况,同时解释清楚并且服从裁判的判罚。

(二)青少年体育素养培养存在的问题

1.学生缺乏运动兴趣,体育知识、技能相对匮乏

学生体育素养培养存在的问题分为自身因素和外界因素,学生自身因素是体育素养培养中的内因,也是影响学生提升体育素养的直接动力。影响学生参加体育运动的自身因素较多,难以抓住主要问题,解决突出矛盾,对此对存在问题进行量化分析,本书采用帕累托分析法来确定影响学生参加体育运动的因素,按照学生自身存在的问题进行统计分析,利用Excel进行数据处理,以存在问题作为横坐标、频数为左侧纵坐标、累积百分比为右侧纵坐标,绘制出帕累托图。

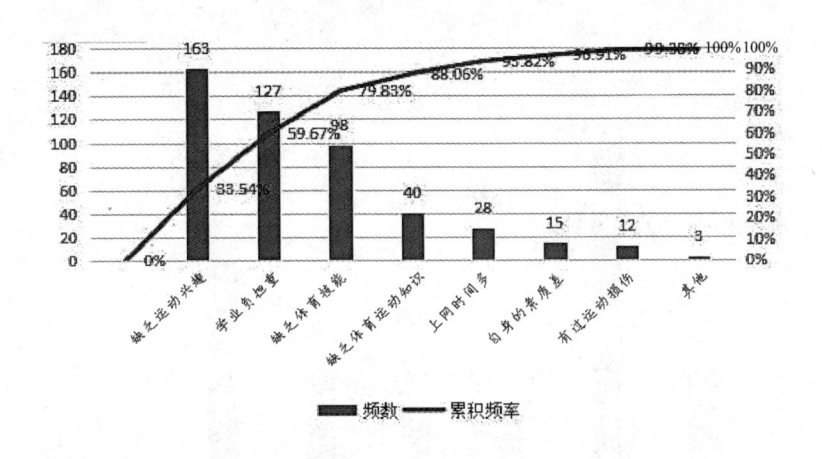

图4-1 影响学生参加体育运动的自身因素

图4-1的数据表明：学生缺乏运动兴趣、学业负担重、缺乏体育技能累积百分数达到79.83%，成为影响学生参加体育锻炼的主要问题，也是提高学生体育素养自身因素中需要解决的重要问题；累积百分数在80%—90%为缺乏体育运动项目知识、上网时间多，是次要问题；而自身素质差、造成运动损伤等其他因素是一般因素问题。影响学生参加体育锻炼自身因素是多元、复杂的，主要是两大类：一是学生自身的主观因素，其中包括学生的体质健康水平、主观能动性、体育知识和技能的掌握等；二是学生自身的客观因素，学习任务重、上网时间多等因素，两者共同影响学生体育素养的形成和发展。

2.培养组织以学校为主，组织间联系不紧密

在学生体育素养的培养中，家庭、学校、社区、大众媒体、社团以及学生等组织形式担当不同角色，发挥不同作用。下面是各组织在体育健康知识和体育技术与技能方面展开调查，得出以下数据（见图4-2）。

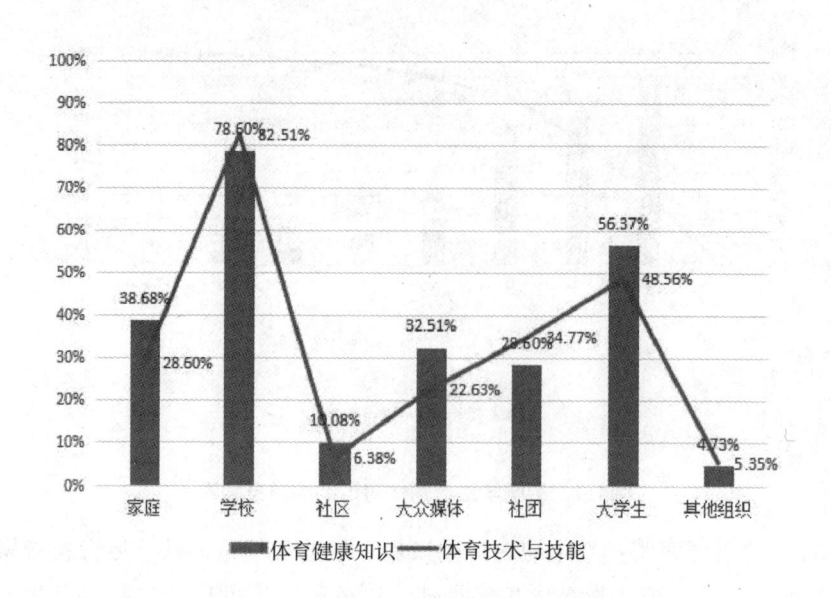

图4-2 学生的体育与健康知识和体育技术与技能的培养形式

图4-2的数据表明：学生的体育健康知识和体育技术与技能源自不同组织，而且各组织所占的比重不同。主要来自学校和学生个体，所占的比重最多。一方面是学校在学生体育健康知识和体育技术与技能方面的培养承担着主导作用，学生大部分的体育健康知识和体育技术与技能都来自学校的学习，占到比重的78.60%，有82.51%的学生认为体育技术与技能是通过教师的教学获得；另一方面是源自学生的自我学习，有56.37%学生认为自己获得体育健康知识积累是基于自己对体育运动的爱好，平时自我学习，阅读体育相关书籍，还有在娱乐休闲的时间观看体育比赛。学生体育技能的获得是教师教学和自己经验的习得，通过平时自己参加体育锻炼，不断练习、巩固形成的。家庭在学生体育健康知识和体育技术与技能的培养中也担当着重要的角色，占到1/3左右。父母养成体育运动的习惯，也会带动孩子参加体育锻炼。社区、社团、大众媒体在学生体育素养培养中相比学校和家庭的作用较小，尤其是社区的作用微乎其微，在体育健康知识和体育技术与技能的培养方面只有10.08%和 6.38%。社团是学校体育教育中重要的组成部分，学生参加社团的活动，学习体育知识，形成体育技能。通过专家访谈和整理专家建议发现，在体育素养培养的各组织中，各组织功能显著，但彼此相互独立，之间缺乏联系，是体育素养培养中的重要问题。

3.培养渠道相对狭窄，网络、新媒体功能逐步显现

青少年学生体育知识和技能的获得来自不同的学习途径，广泛、多元的学习途径对学生体育知识和技能的获得具有重要影响。由于学生在不同的学习途径获得的知识和技能不一样，出现了体育素养整体水平的差距。

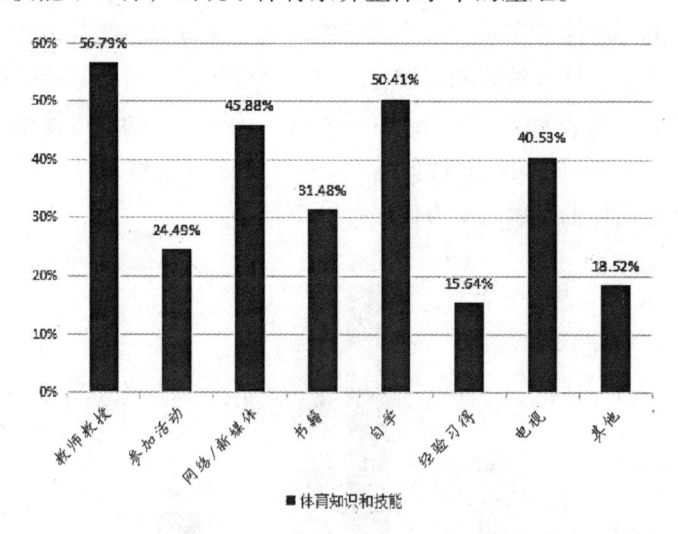

图4-3 学生体育知识和技能学习途径

图4-3数据表明：学生体育锻炼和体育行为大部分时间发生在学校，体育教师的授课是学生体育知识和技能获得主要学习途径，比重为56.79%；其次是自学，学生基于对体育运动兴趣和喜爱，有意识地进行体育运动的学习和技能的掌握，逐渐提高自己的体育能力，阅读体育相关书籍或者参加各种体育活动，在运动中获得对体育运动知识的积累和技能的掌握，占比为50.41%。随着互联网、新媒体的兴起，智能化的不断普及，学生接触互联网和多媒体的机会越来越普遍，互联网、新媒体在体育知识和体育行为的学习中作用越来越大。电视和书籍所占的比例相比其他的学习途径要高，比例分别为40.53%和31.48%。学生可以通过观看精彩的体育赛事或者娱乐性体育电视节目不断地学习体育知识，也可以通过阅读体育类的相关书籍来提高自己的体育素养。学生平时在参加学校、社会组织的活动，在活动中不断养成对体育的兴趣，学习体育相关知识，但素质教育下学生因学业安排的各种补习班，造成了学生整体素质的下降。经验习得比重很小，只有15.64%。学习途径对于学生体育素养的提升至关重要，如何利用当下互联网技术的优势，更新过去陈旧的教学方式和教育方法与体系，对于体育教育和学生体育素养的提升具有重要影响。

4.家庭、学校环境有待提高

俗话说"环境塑造人"。环境对人的影响不容小觑，优质的培养环境对于学生健康成长具有深远的作用。

（1）家庭环境

良好的家庭环境能够影响和改变孩子的一生。父母对体育的态度、体育行为习惯会影响孩子参加体育锻炼的习惯。所以，家庭体育环境会对孩子的健康有着极其深远的影响。家庭的体育环境越好，体育对孩子产生的积极作用就会越大。在家庭培养环境调查中，我们选择了家长体育锻炼习惯和父母陪同观看体育比赛、家庭在体育的年消费额三个方面进行分析。

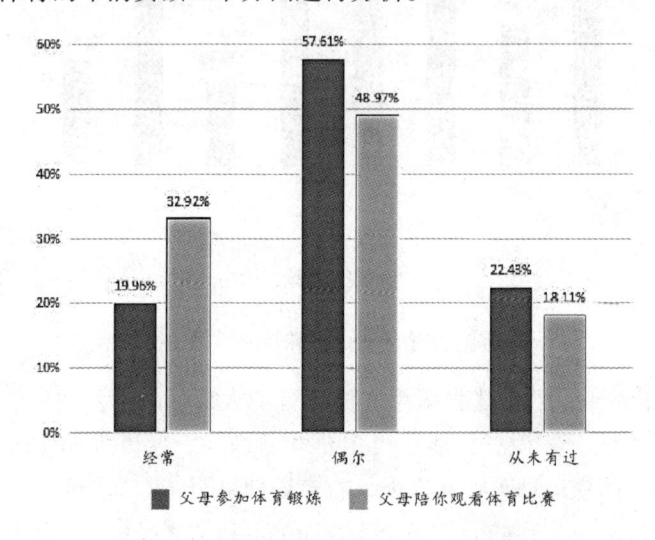

图4-4 父母陪同观看比赛和参加体育锻炼的调查

图4-4的数据表明：通过对学生进行调查，发现有19.96%父母经常参加体育锻炼，但仍有22.43%家长没有时间参加体育锻炼。究其原因，与家长没有养成体育锻炼的习惯有一定关系。一半以上的家长偶尔参加体育锻炼；有32.92%父母经常陪孩子观看体育相关节目，有18.11%的学生反映父母从来没有一起观看过体育比赛。在调查过程中，有48.97%的家长可以陪孩子一起观看体育比赛，比如像奥运会或世锦赛。家庭体育教育是孩子成长的起点，只有建立良好的家庭体育文化氛围，才能促进家庭体育的发展，进而有利于学生的健康成长。

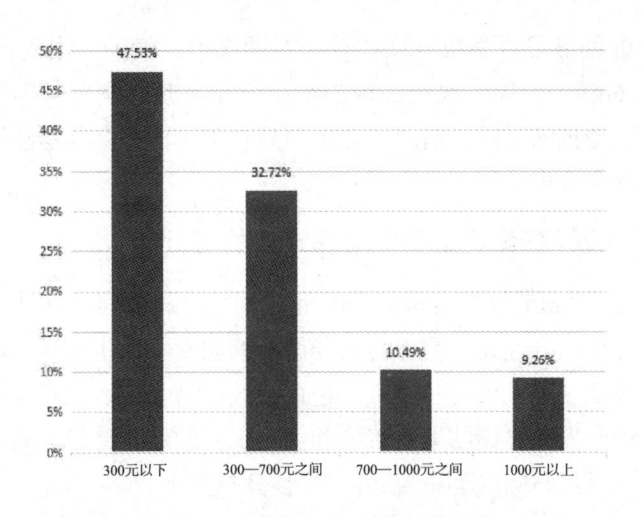

图4-5　家庭在体育方面的年消费额

图4-5的数据表明：体育年消费额方面，不同区间消费额度不一样，300元以下的占47.53%，比例最高，人数最多；其次是300—700元之间的消费，占到总调查人数的32.72%；而在700—1000元和1000元以上只占到总比例的19.75%，比例很低。同时数据也表明，家庭在体育方面的消费不是很多，主要就是买一些简单的器材或者运动鞋。很少有体育方面的消费，有的家庭会参加一些体育活动，或者观看一些体育比赛，人数不是很多，大多都是一些体育爱好者。体育年消费额从侧面可以反映家庭对体育的重视程度。

（2）学校环境

优质的校园体育文化环境是引领学生参加体育锻炼、进行体育锻炼的催化剂，校园体育文化好，学生展现良好的运动面貌。学生求学的大部分时间都是在学校中度过，学校的体育环境对于学生显得尤为重要。关于学校培养环境的调查，主要从学校开展体育健康知识讲座、体育比赛进行调查分析。

相关研究数据表明：27.76%学生认为学校经常开展体育文化的知识讲座，邀请体育明星或体育的专家学者来做报告或论坛，仍有15.30%的学生反映学校没有关于体育知识方面的培养，很多学生反映除了教师上课，学校几乎没有体育知识的讲座。相比于前两者，偶尔开展知识讲座的比较多，每学期或每学年可以有4—5次，学生偶尔通过聆听专家或学者的讲坛来拓展体育文化内涵，这部分人最多，占到总调查人数的56.94%。学校能否经常开展体育健康的知识讲座活动，反映学校的校园体育文化底蕴，同时学生也可以通过知识讲座提高体育知识水平和了解体育文化历史，产生对体育文化的兴趣。

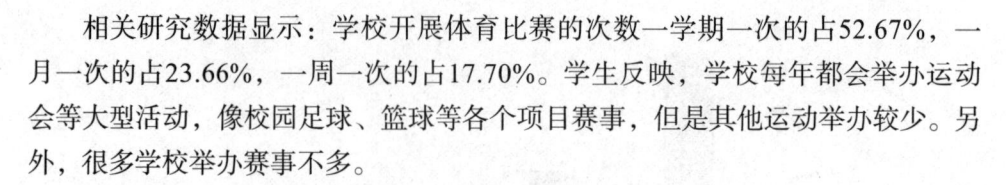

相关研究数据显示：学校开展体育比赛的次数一学期一次的占52.67%，一月一次的占23.66%，一周一次的占17.70%。学生反映，学校每年都会举办运动会等大型活动，像校园足球、篮球等各个项目赛事，但是其他运动举办较少。另外，很多学校举办赛事不多。

（三）"互联网+体育素养"培养策略的可行性

"互联网+体育素养"培养策略是将互联网特性（实时交互性、资源共享、超越时空、个性化、人性化）与体育素养的影响因素（学生自身、培养组织、培养渠道、培养环境、场地设施、师资）进行有效的结合，运用互联网整合培养中存在的不足，进而提供更好的培养策略和优化现有的培养路径。通过文献查找和专家访谈将"互联网+体育素养"培养可行性分析如下。

"互联网+"的超越时空特性，使得学习方式由被动变主动，学生不再拘泥课本中的体育知识，学生可以有目的地通过在线学习方式寻找和搜索感兴趣的知识学习，这样学生由过去的被动式接受转变为现在的主动式寻找学习，充分发挥学生的主观能动性，同时打破了过去传统单一的体育课学习方式，获取知识的成本降低。

"互联网+"的资源共享优势使教学方式发生了改变。传统的教学方式以教师为主，互联网背景下的教学方式要求很多教师利用互联网思维进行教学，像"微课"、翻转课堂等，随着"微课"教学的流行，教师提前录制好教学视频，对重难点进行讲解，方便学生进行学习和复习。

"互联网+"的个性化、人性化、实时交互性优势，使得教师教学能够"因材施教"，学生也可以通过微信或QQ等社交软件约球友、跑友进行体育锻炼，智能化的体育App软件设计更加人性化，学生通过App观看体育赛事，也可以学习相关的健身知识等。

通过对"互联网+体育素养"可行性分析，将"互联网+"的优势融入体育素养的培养中，为体育素养的线上、线下、线上+线下策略提供了理论支持和现实保障。

（四）基于"互联网+"的青少年学生体育素养培养策略

1.专家建议——青少年学生体育素养培养策略

通过访谈不同领域的专家了解如何建立青少年学生体育素养的提升机制、理念、策略，不同专家发表了自己的见解，整理和总结相关建议，从中寻找青少年体育素养培养机制和策略，现将建议整理如下。

第一，重视学校体育，发挥学生主观能动性。青少年是祖国的未来、民族的希望，提高学生体育素养是学校工作的重要环节。学生体育素养的目标是要求学生掌握体育知识、体育技能，形成体育个性，养成体育运动的终身习惯；在体育课程设置和安排上，要结合学校办学特色和当地人文风情，挖掘当地传统优秀的运动项目，尽可能调动学生对体育运动项目的热爱，积极培养学生对体育运动的积极性和主动性；在体育课上的学习中，教师要尊重学生个体差异性，因材施教，在教学中尽量让学生能够掌握一些简单的运动项目，并且能够运用到比赛中去。同时，教师应该让学生在体育活动或比赛中遵守规则、尊重规则，养成良好的体育道德。

第二，创设优质的体育素养培养环境。创建良好的体育文化环境对于学生成长至关重要。家庭中，家长要养成锻炼的习惯，给孩子树立榜样；学校要经常开展体育知识讲座、举办体育赛事，创建美好的体育文化环境；社区要经常开展丰富多彩的体育文化活动，形成社区良好的体育文化氛围；政府要颁布关于体育文化的相关文件，协调组织相关赛事的开展，发挥媒体作为宣传和资源整合的优势。如果学生能够从小就在多元、优质的培养环境中长大，具备较高水平的体育素养是自然的事情。所以，建立一个良好的体育文化环境是学生体育素养提升的重中之重。

第三，整合多方力量，发挥主体优势，即资源整合，优势互补。学生体育素养培养是一个长期的过程，短期内不可能奏效，同样只寄托于学校力量去实现是相对单薄的，更需要学生自己参与、家长支持、社区和多媒体的共同参与、协同合作才能完成。不同的培养主体具备一定优势，像学校体育资源的系统性和开放性、家庭培养中的启发和基础作用、社区体育文化氛围的影响、媒体宣传和资源整合优势等，通过对各培养组织进行资源整合和优势互补，实现1+1>2的培养效果，实现体育素养培养过程的整体性、连贯性。

2."互联网+体育素养"线上培养策略

（1）建立互联网数字化学习平台，培养运动兴趣，掌握体育知识技能

互联网嵌入式的教育思维、共享的教育理念要求学生运用互联网技术的优势，努力提升自己的体育素养。学校应建立数字化学习平台，该平台的建立是以"体育知识学习、体育技能学习"为基本理念，培养学生的运动兴趣，增强体育知识和技能。平台的设计界面力求简洁实用，分为用户管理、微课教学、赛事指南、场馆查询、在线交流等功能，建立体育素养的终身学习网站。学生可以通

过用户管理，登录自己的账号参与学习，通过"微课"或下载视频进行体育知识和技术的学习，网站的管理人员随时更新微课的教学资源。赛事指南板块主要是学校赛事信息的发布和重大比赛的相关信息，学生既可以通过此模块了解相关的体育赛事信息，也可以通过网络报名参加比赛，学习和增强自己的体育技能。学生通过场馆查询功能够预约学校场地进行锻炼。在线交流是教师根据不同运动项目建立交流群，学生可以申请自动加入群，和同学们一起谈论比赛，对于不懂的问题也可以进行交流，同时也可以一起约比赛。

（2）形成"五位一体"多组织培养形式

互联网具有信息无线畅通、不受地域限制、信息时效性快的特点，可以充分地调动各组织的创造性资源。学生体育素养培养的组织形式主要以学校为主，形式过于单一，是学生体育素养培养的弊端，如何形成家庭—学校—社会—企业—政府"五位一体"的多组织联动途径是提升学生体育素养的关键。运用互联网平台的优势，可以构建家庭、学校、社会、企业和政府"五位一体"的多组织形式。在互联网平台的技术支持下，各组织之间可以通过网络平台建立多方面的互动联系，展开多方面的活动和协作。例如，学校可以通过官方网站发布信息，组织体育活动，家长可以作为参赛人员和孩子一起进行体育锻炼，也可以参与活动角色，活动以学生为中心，各单位各负其责，保证活动顺利进行。学校和体育企业可以通过互联网平台展开合作，体育企业可以给学校提供实习的岗位，通过实习机会，学生可以发现自己在体育方面的不足，进而有效补充必要的体育知识。企业可以向学校提供资金和物质的支持，学校也可以与政府合作获得更多体育的优惠政策等。

另外，网络社交使人与人之间的关系形成网络化，人们可以以体育项目为符号，建立各种项目的QQ群、微信群以及各种新型的组织形式。"五位一体"的各组织之间的相互协作和新型的组织形式将会给学生体育素养的提升带来全方位的便利。

（3）拓宽培养渠道，发挥学生主观能动性

学生体育素养的培养渠道大都源自传统的教学方式——教师授课。传统的教学方式是有边界的、封闭式的，大部分学生的学习都在操场或教室里，时间也有所限制。在"互联网+"时代，像微信公众号、"微课"、翻转课堂、云课堂等多样化的学习方式，将资源有效整合，促进教育效率的提高。"互联网+体育素养"培养策略下，翻转课程成为学生课前学习的亮点。翻转课堂是学生利用课前教师提供的音频、视频、电子材料进行学习，在体育课上进行答疑以及进行重点讲解的教学方式。翻转课程的优势颠覆了过去"以教师为中心"的课堂教学策略，可以发挥学生的主观能动性，学生可以充分利用自己的碎片化时间进行学习。学生对课前老师提供的资料进行学习，不懂或者不会的问题可以给老师留言，老师可以通过后台程序对学生提出的重点难点进行归类总结，在体育课上通过体验教学法、个性教学法等多种形式引导学生积极互动，保证体育课顺利进行的同时也增加了体育课的乐趣。"互联网+体育素养"培养策略强调学生在学习中的主体地位，学生也可以通过不同的网站和服务平台对自己喜欢的运动项目在网上进行学习，选择自己喜欢的老师进行学习，同时也可以在网上预约自己喜欢运动项目的老师，约定在线下学习的时间，学习结束后还可以对教师的教学进行评价，这种方式可以满足学生个性化的需求。另外，体育服务机构也可以根据学生评价的好坏对教师的教学质量进行考核，对表现较差的教师进行再培训，有利于服务机构更好的长期发展。总之，多途径的培养渠道可以为学生的体育学习提供更多机会，可以更好地促进学生体育素养的提升。

（4）发挥社会环境优势，开发学校体育App，形成良好体育文化氛围

全民健身和健康中国战略的实施是我国良好社会体育文化的助推剂，使全国上下都参与到全民健身中来。互联网作为信息的载体，在体育的信息传递中具有重要的作用。各种体育网站发布体育赛事的最新信息，时时影响着人们的生活。学校应该利用互联网技术的优势，开发学校体育App软件，功能可分为"信息公告、赛事指南、体育社团管理、场馆预订、资源共享"等。"信息公告"主要是学校定期发布体育赛事新闻、赛事活动和体育相关的知识讲座，引导学生了解体育知识和健康常识；"赛事指南"是学生可以通过学校赛事安排，进行报名参加，方便学生了解学校的体育活动的相关信息；"体育社团管理"是指参加体育社团的人员管理，各社团之间可以相互交流，共同致力于建设好校园体育文化氛围；"场馆预订"是指学生可以合理安排自己的时间提前预订学校体育场地进行体育锻炼；"资源共享"主要是体育和健身的学习视频，学生可以根据自己的需求选择不同的项目进行学习。学校应当多组织各种各样的体育活动，赛前进行有效宣传，促进形成良好的体育文化氛围，也可以设定体育项目的微信公众号，方便学生进行报名和了解赛事的相关信息。如上海交通大学的足球项目，有"希望杯""新生杯""校友杯"的比赛。另外，学校还会邀请著名人物来做讲坛，如2017年7月18日举办的"温格上海交通大学主体论坛"，学生通过关注"上海交大足协"微信公众号就可以了解体育赛事的相关信息，多样化的宣传方式形成了良好的体育文化氛围。

（5）"众筹+众包"增加体育场馆设施，延长开放时间

如何让每个青少年都能积极地参加体育锻炼，对于国家和民族的未来有着极为重要的意义。推进全面健身和健康中国战略，首先要解决场地设施问题。场地设施是青少年参与健身、追求健康的场所，是实现全民健身和健康中国非常重要的措施。2017年4月，教育部、国家体育总局联合印发《关于推进学校体育场馆向社会开发的实施意见》，明确规定推进体育场馆向学生开放，促进学生更好地参加体育锻炼。在体育设施、场地的建设方面，政府和学校的有关部门可以利用互联网平台，通过众筹和众包的方式满足学校体育设施场地的建设。众筹是指以政府或学校体育的有关部门为发起人，借助网络平台依靠社会各方募集资金。应当建立多元化资金筹集机制，优化投融资引导政策，设立体育场地设施建设专项投资基金和政府购买服务等方式，鼓励社会力量投资建设体育场地设施。众包是指体育相关的负责部门通过互联网平台做场馆设施的开发需求调研，并以普通学校学生的真实体验和感受为出发点购买相应设备或者建设体育场地设施。这样可以真正做到了以人为本，以学生体育需求为出发点，通过购买多种体育设施，来满足学生对体育运动的需求，提高学生对体育运动的兴趣，进而养成体育运动习惯。

在场地设施管理和运营方面，学校和企业应当运用互联网技术进行广告宣传，营造良好体育氛围。首先学校尽可能多地开放体育场馆，其次要延长体育场地设施的开放时间；企业应尽可能多地开放优惠活动，吸引大家对其场馆的关注度，像首单免费体验、节假日半价优惠等。学生可以通过网站或手机App软件对学校或企业附近的体育场馆检索，进行场地预订，下单支付，通过在线支付的方式线下进行体育锻炼，学生运动体验结束后可以对场馆的服务进行评价和提出意见，这样可以更好地促进企业人性化发展。

（6）注重培养教师互联网教学思维，建立多元化师资库

学校应当要求教师加强互联网教学思维的培养，定期举办教师互联网思维培训。另外，要充分利用校内和校外的体育师资力量，建立多学科交叉、理论型和实践型多元化的师资力量。体育教师要具备互联网思维，进行互联网思维教学，同时要适应互联网形式下的教学组织形式，由原来单一的教学到多种模式或混合模式的转变。利用互联网平台构建多样化的体育师资库，师资库不仅包括学校的老师，也应该包括校外其他院校的老师和优秀教练员、退役运动员、社会体育指导员以及企业、政府的体育工作者。互联网技术的优势可以实现不同地域、不同空间的教学，体育专家、健身教练等都可以利用互联网进行远程教学，或

者通过网络社交进行一对一的教学等，教师或健身教练可以通过身份注册、审核通过的形式在学校官方网站上进行挂名教学，学生可以通过网站对老师进行选择，老师也可以通过不同项目设定学生填写的问卷，根据问卷的填写，选择合适的学生进行教学，对于不符合要求的学生可以提出建议参加其他运动项目等。学习结束，学生可以对老师的课程进行评价，通过过程性评价更好地促进教师素养的提高。

3."互联网+体育素养"线下培养策略

学生体育素养的培养涉及家庭、社区、学校等，培养主体较多，各自相互独立，缺少联系，"互联网+体育素养"线下培养策略是基于共同责任理论，构建"以学生为主体，家庭为基础，学校为动力，社区、多媒体为支撑"的学生体育素养培养策略。目的是发挥各主体的优势，通过优势互补实现功能最大化，促进学生体育素养的提升。

（1）发挥学生主体地位，培养运动兴趣，磨炼意志品质

目前学生体育知识和体育技能缺乏，主要是由于"懒惰""学业压力重""没有兴趣"等多种因素共同作用的结果，笔者在调查中发现有些学校的师资、场地设施等方面都具有优良的条件，所以激发学生参加体育锻炼的内在需求是关键。学生应该认识到健康的重要性，同时掌握一两项体育技能，平时多关注体育素养相关的书籍和参加与体育相关的活动，养成经常锻炼的习惯，磨炼自己的意志品质，任何人要想从运动中获益，必须长期坚持，将运动融入生活。

（2）丰富家庭体育生活，形成体育文化氛围

学生体育素养的培养最开始源于家庭，家庭体育文化氛围的优劣对孩子的健康成长能够产生很强的感染力和影响力，同时也决定了孩子能否养成坚持体育运动和健身的习惯。所以，家庭是学生养成体育习惯、培养体育素养的基础力量。家庭成员之间要共同努力，形成良好的家庭体育文化氛围。父母要养成体育锻炼的习惯，发挥榜样力量，同时鼓励和监督学生在家期间进行体育锻炼，周末或节假日带孩子出去爬山、野炊、徒步旅行等，营造良好的家庭体育文化氛围。

（3）发挥学校体育牵引动力，营造校园体育文化

学校在学生体育素养培养中具有牵引的作用。先进的体育教学理念，成熟的体育教育与健康体系，优越的师资条件和优质的体育场地设施为学生的体育素养培养提供了思想和物质保障。学校应当充分利用资源整合，成立学生体育素养培养专任小组，因材施教、因地制宜的制订和实施学生体育素养培养方案，另外还

要提供必要的专款支持。学校要与家长、社区建立共同培养机制，实现各组织的资源互补。学校要经常开展体育赛事和体育文化活动，丰富校园文化生活，形成良好的体育文化氛围。

（4）努力建设社区体育文化，发挥媒体宣传效应

社区体育是学生走出校园步入社会的运动场所，很多社区覆盖了学生所住的家庭，社区与家长的联合至关重要。要加强体育场地设施的建设，为学生提供更多的锻炼机会。媒体作为信息传播的载体，目前已成为学生除了教师教授以外学习的最重要的渠道，很多学生利用自己碎片化的时间进行体育知识和技能的学习，随着新媒体的不断发展，学生获取体育资讯的渠道将会越来越广泛。

4."互联网+体育素养"线上线下结合培养策略

"互联网+体育素养"培养模式是科学、有效地促进学生提高体育素养的完整体系。培养目标是顶层设计，通过对体育素养培养目标进行细分定位为：体育知识与技能、体育意识与行为、体育体质与道德，在培养目标的指引下，将培养体育素养的各要素进行有效分配，各要素之间相互配合，有效促进培养体系的运行。培养组织、培养渠道、师资力量、场地设施、培养环境是实现培养目标的途径，五个方面通过线下和线上平台的整合，实现了1+1>2的协同效应。同样，根据人才培养的规律，培养过程分为开始、形成、巩固和提高阶段，最后通过互联网平台筹集资金、物质和人力资源，为学生体育素养的提升提供保障，总之，"互联网+体育素养"培养策略的运行机制是为了实现学生体育素养提升的目标，统筹校内外资源，建立和完善多组织、多渠道的学生体育网络和联动机制，以课程、场地、设施建设为重点，线上与线下结合，科学调配培养过程中的要素，实现资源的有效利用、层层递进的培养过程。

第四节 "互联网+"在青少年体质健康实施中的应用

一、在学校中的应用

学校体育是青少年健康成长的"主战场"，运用"互联网+"新的生态模式来帮助学校体育工作的进一步开展，使其在体育教学、课外业余体育活动和课余

体育竞赛得以充分使用，有利于促进青少年体质健康水平的提升。

（一）在体育教学中的应用

体育与健康课程教学是学校体育工作之首要完成的重点任务，通过"互联网+"的模式能有效完善体育教学。

首先，要实现"互联网+"模式中体育教育资源共享的任务。体育老师可以通过互联网平台收集相关的体育教学资料，加入体育教学研究相关的QQ群、微信群进行交流，有目的地提升自身的教学科研水平，更好地为体育教学做好服务。

其次，体育老师可以在"互联网+"实现体育教育资源共享的基础上，在体育教学中利用多媒体教学提高教学质量。通过播放有声、有色的视频或音频资料来充实体育教学资源，调动青少年学生的积极性，营造欢乐多变的体育教学氛围，使枯燥乏味的课堂充满活力。

再次，学生可以通过学校建立的"互联网+"服务平台，充分发挥学生主观能动性，进行体育教学内容的选择，改变体育教师主导体育教学内容选择的传统教学模式。学生依据自己的兴趣爱好，根据课表的安排，在网络教学平台上选择一项或几项运动项目。通过对学生主体性的充分调动与发挥，有效地在本源上提高体育教学质量。

最后，建立"互联网+"的学校体育教学服务平台，进一步推动教学改革。可通过此平台完成体育教师与学生之间的教学互动交流，通过文字形式提交体育理论学习的作业，通过录像视频提交自己所完成的体育课后作业，要求学生一段时间后提交体育教学思考，学会体育学习。通过以上的应用，有效地提高体育教学质量。

（二）在课外体育活动中的应用

为了提高课外体育活动的效果，有效促进青少年体质健康，可以将"互联网+"模式应用到课外业余体育活动中。

首先，将学校课外体育活动的检查、评比、考核纳入学校体育制度中，通过学校建立的"互联网+"服务平台，把学生的课间操、大课间体育活动、课外体育活动课都列入评比制度中。学校新媒体将不时地对班级进行拍摄，由学校主管部门、体育教师、班主任共同进行检查、评比、考核，形成最终结果并公示，做到表扬批评相结合。

其次，在校园的电子大屏幕上滚动播放"互联网+"服务平台中所收集的各班级参加课外体育活动的状况，会对学生产生视觉、听觉等全方位的冲击体验，以此推进学校课外体育活动的充分开展，进一步丰富校园体育文化。

最后，体育教师可以通过校园"互联网+"服务平台为学生提供课外活动锻炼运动处方的服务，有效指导各类学生科学地参加课外体育活动，逐步养成课外体育活动锻炼的习惯。

（三）在课余体育竞赛中的应用

学校要大力发展课余体育竞赛工作，全面提高青少年的身体、心理、社会参与的健康水平。通过"互联网+"的模式实现学校课余体育竞赛工作的积极开展。

首先，在学校运动会、各种单项竞赛、趣味活动竞赛举办前，将活动的宗旨、竞赛规程、举办形式、活动奖品等推送到学校建立的"互联网+"服务平台上，鼓励学生积极通过平台报名。

其次，活动举办过程中，学校新媒体要对每个项目进行跟踪拍摄，鼓励学生和教师通过微信、QQ等媒介方式介入宣传，将精彩瞬间配上文字推送到学校的"互联网+"服务平台上，并公布最终体育竞赛成绩和获奖名单。

最后，全校全员参与在"互联网+"服务平台上评选学校课余体育竞赛的宣传报告优秀稿件和积极参与者的名单，并公示奖励。

二、在家庭中的应用

家庭是青少年成长经历中的基石，与学校及社会教育相比，家庭教育更具有连续性、持久性，并始终伴随孩子成长的全过程。家庭中家长的学历层次、工作状况、家庭氛围和经济基础以及家长对孩子的教育方式，对孩子形成正确的体育理念、价值观、健康的体育活动习惯等都具有重要的影响。目前家庭中成员的锻炼意识逐步增强，在家庭中充分运用"互联网+"技术直接干预青少年体质健康水平的提升很有必要。

（一）在家庭室内健身中的应用

《国务院办公厅关于加强全民健身场地设施建设发展群众体育的意见》要求：推动居家健身。按照目前常态化疫情防控要求，大力推广居家健身和全民健身网络赛事活动，充分发挥全民健身在提升全民健康和免疫水平方面的积极作用。在健康中国行动系列工作中大力推进居家健身促进计划，鼓励各地区与线上运动平台合作开办居家健身课程。鼓励体育明星等体育专业技术人才参加健身直播活动，以普及运动健身知识、提供科学健身指导、激发群众健身热情。

家庭室内健身的方式现在已经被许多现代家庭所采用，许多家庭考虑到家长自身的需要和孩子的安全，会将健身房中的设备买回来放在家中陪孩子一起锻炼。通过"互联网+"的模式，根据家庭的每一个成员的健身需求，量身定制不同的健身方案。在健身的实施过程中，通过"互联网+"技术将体育健身设备与计算机或手机连接在一起，通过电子终端实行实时的对家庭成员健身锻炼进行监控，并通过网络对具体的数据进行记录、储存和传输，这些具体的健身数据一般包括训练时长、训练方式、训练强度以及自身能量消耗等，"互联网+"中有一些具体的网络健身平台提供健身服务指导，每个家庭可以根据自己的锻炼内容和喜好进行选择。当这些数据传输到指定的"互联网+"体育健身服务平台或网站时，对方有专业的教练通过对比标准数据进行分析，提供优化的健身指导方案，进行远程的、有针对性的健身指导。家庭室内健身让家庭成员互相监督，不仅使自身的身体素质得到提高，而且增进了家庭成员之间的感情，更为青少年树立了榜样。青少年在家还是占有一定的时间，家庭的锻炼氛围潜移默化地影响着青少年通过"互联网+"平台参加健身锻炼，有效地提高了青少年的体质健康水平。

（二）在家庭户外运动中的应用

随着中国现代化步伐的加快，人们的工作生活节奏也在不断提速，家庭选择娱乐的途径与方式也发生了相应的变化。家庭成员都有自己的锻炼项目和锻炼的时间安排，许多家庭选择休息日进行集体参与的户外运动。青少年可以通过健身服务平台高效地参加家庭户外运动；家庭体育户外运动场馆的选择，可以通过商业性体育场馆线上—线下的运营模式来进行。家庭可以在"互联网+"体育健身服务平台上浏览场馆的设施和运营时间等，预订心仪的场馆进行锻炼。智能手机的GPS（全球定位系统）定位功能与运动App功能软件让户外运动的跟踪服务变成可能，把运动App安装在智能手机上，户外锻炼只要带上自己的手机，就可以记录手机持有者的运动路线、距离、时间、热量消耗等。这些资料马上传送到"互联网+"体育健身服务平台上，根据练习者的要求，对方可以对这些真实的数据进行记录与分析，一段时间后为锻炼者提供改进方案，从而进行更加高效的锻炼。这种方式已经被大多数进行健身锻炼的人群所接受，青少年应该充分的应用这些"互联网+"体育健身服务平台,来积极参加家庭体育户外运动,从而达成促进体质健康的目的。

三、在社会中的应用

《体育发展"十三五"规划》的基本理念及目标内容之一是"加快青少年体育发展",实施青少年体育活动促进计划。广泛开展丰富多样的青少年公益体育活动和运动项目技能培训,增加青少年社会体育社团的建设,举办形式多样的社会体育群众竞赛,以此促进青少年体育锻炼习惯的养成。在社会层面充分运用"互联网+"技术直接促进青少年体质健康水平的提升。

(一)在社区体育组织活动中的应用

《国务院办公厅关于加强全民健身场地设施建设发展群众体育的意见》要求:推进"互联网+健身"。依托现有平台和资源,委托专业机构开发基于PC端、移动端和第三方平台的国家社区体育活动管理服务系统,集成全国公共健身设施布局、科学健身知识、社会体育指导员情况等内容,实现健身设施查询预订、社会体育指导员咨询、体育培训报名等功能,并作为"全国社区运动会"的总服务保障平台。依托该平台,运用市场化方式打造"全国社区运动会"品牌,鼓励各地区正在开展或拟开展的线上、线下社区赛事活动自愿加入平台,为相关活动提供组织管理、人才技术等方面的支撑,提高全民健身公共服务智能化、信息化、数字化水平。

在国家现代化建设的影响下,社区体育服务信息化正在快速发展,丰富多样的公益体育活动正如火如荼地开展。青少年之间在社区网站、微信、QQ上进行体育信息的沟通交流,了解体育公益事业发展的详细情况,社区体育服务正在影响着青少年对公益事业的关注。社区体育活动应该在"互联网+体育"的平台下,给予青少年参与锻炼和服务的充足机会。通过在社区电子显示仪表上公布社区各项体育活动信息,同时给予青少年较为优惠的参与条件,让青少年越来越多地关注社区的体育公益活动,并参与到社区体育公益事业中。如此操作程序让青少年在实现锻炼身体、增强体质目标的同时,又实现了人格的完善和社会化的进程,有利于逐步培养青少年社会责任感的提升;社区体育指导员应该关心青少年运动项目技能培训工作,通过"互联网+体育"平台组建各类项目体育活动兴趣小组,体育指导员利用社区影响,通过家庭招募青少年校外体育锻炼兴趣小组,给予运动能力和技术提升的机会，从而有效促进该社区内青少年体质健康水平的提升。

（二）在城市网络体育社团中的应用

近年来，人们已经不再满足于"一个人"的体育锻炼方式，娱乐性和社交性的需求促使有相同爱好和兴趣的人聚集到一起，以期收获更好的运动体验。在无锡，草根形态的体育社团发展迅猛，光市级层面就有56个体育协会，仅2021年11月就新增了无锡市路跑、滑雪运动两个协会，其中近20个协会在20世纪90年代就已成立，并在无锡全民健身发展中发挥了重要作用。

城市网络体育社团是通过城市"互联网+体育"平台技术支持成立起来的，建立在社区校外体育锻炼兴趣小组基础之上的体育活动与竞赛的城市民间社团组织，是现代体育社团形式之一。城市网络体育社团以体育运动活动内容为肌肉、体育活动目的为骨架支撑的组织团体，以专业网站、主题贴吧及微信群组、QQ群组、微博为形式。城市网络体育社团现在基本上是一种自发组织，缺少政策支撑和活动经费，有待进一步发展完善。

广大青少年应该通过城市"互联网+体育"技术平台，在校外积极注册或申请加入会员，在社团中主动参加体育现时热点讨论、运动技术分析交流来完成体育资源共享，通过城市"互联网+体育"平台相约共同参加各类体育活动与竞赛。这样的体育民间组织能有效团结青少年一起参加体育活动、开拓体育视野、提升体育素养、养成体育活动习惯，从而达成青少年促进体质健康的目的。

（三）在社会体育竞赛平台上的应用

目前，全民体育已上升为国家战略，大众体育的地位显著提高。各级政府经常大力拨款举行各种民间体育赛事，如各地举办的形式多样的马拉松比赛，"谁是球王""我爱足球"等一系列比赛。

青少年是社会体育竞赛平台参与的主要成员，社会也应该为青少年设置更多的比赛项目。为深入学习贯彻习近平总书记"七一"重要讲话精神和关于加强青少年体育教育的一系列重要论述，落实全民健身和健康中国国家战略，按照《"健康中国2030"规划纲要》和《中长期青年发展规划（2016—2025年）》有关要求，着力提高青少年的身体素质，2021年11月，共青团中央联合国家体育总局、全国学联面向全国大学生团员组织开展"青春爱运动　健康强中国"全民健身活动。该活动旨在通过项目化活动开展模式，着力推广普及度较高的体育项目、本校特色体育项目和新兴体育项目，广泛动员学生团员参与。

青少年通过"互联网+体育"技术平台有目的、有选择地报名参加社会组织的体育各类体育项目竞赛，并通过平台的审查获得参赛的资格，青少年再通过"互联网+体育"技术平台学习和获取体育竞赛规程、参赛的注意事项等信息和要求，积极准备参赛；在比赛时根据举办方的要求全身心地投入比赛，比赛的成绩和名次，以及获奖情况都可以通过"互联网+体育"这个平台进行查询，按照平台上的要求到相关部门领取比赛成绩证明，为后续参加此类比赛做好积分准备。这种运行模式有效地引入了社会资源，为青少年参加各级体育竞赛提供了更多的机会，也让青少年通过各类社会竞赛提高了对体育运动的兴趣，从而有效地增强了自身的体质和健康。

四、案例分析——北京市着力构建校外体育活动网络服务平台

互联网已成为学生获取相关体育信息和指导的重要平台。据CNNIC统计，截至2021年6月，中国网民规模达10.11亿人，较2020年12月增长2175万，互联网普及率达71.6%。从年龄结构来看，国内网民以10—39岁年龄段为主要群体，比例达到78.4%，在网民中占绝大多数，青少年和许多中青年已成为互联网最主要的使用者。在互联网蓬勃发展的今天，互联网在整合线上线下资源与解决信息不对称方面具有突出优势，具体到互联网在青少年校外体育发展优势方面，主要表现在以下几点：首先，在整合校外体育健身资源和信息传播效率上，互联网传播将更加高效、即时；其次，在校外体育资源的传播途径上，网络传播手段更加多样化，不仅可以集传统网站传播手段之长处，而且可以利用现在发展迅速的移动互联网、App等手段，扩大使用受众；最后，互联网的开放性和实时交互性，使健身指导员和青少年群体可以实现实时交流和互动。因此，在"互联网+体育"迅速发展的大环境下，青少年校外体育活动应借助互联网这一载体，整合有效的校外体育活动资源和信息，构建校外体育活动网络服务平台。

北京市关于小学生对网络健身指导的使用情况进行了调查，结果显示，在互联网上，对于有无使用过健身指导的问题，在互联网上获取过健身指导的小学生占参与调查总人数的25.9%，没有获取过健身指导的小学生占总人数的74.1%；其中获取过健身指导的男生占总人数的16.9%，女生占总人数的9.0%；没有获取过健身指导的男生占总人数的35.3%，女生占总人数的38.7%。这说明北京市小学生在互联网上是否获取健身指导服务的比例中，获取过的占少数，

约是没有获取过的1/3；在有获取的比例中，男生高于女生；在没有获取的比例中，男女比例较为一致，但女生稍略高于男生。

北京市小学生使用过网络健身的指导形式情况调查显示，在获取过网络健身指导的144名北京市小学生中，使用过的网络健身的指导形式主要是视频指导、文字图片相结合、文字图片视频相结合、文字指导、图片指导，其余专家在线交流、运动健身论坛、在线健身自测、健身应用下载等指导形式，虽也有少数人使用，但是与传统的传播形式相比，交互性较强的在线交流、运动健身论坛、在线健身自测、健身应用等指导形式也逐渐被小学生所接触并使用。在获取过网络健身指导的144名北京市小学生中，选择视频指导的人数最多，占35.4%，表明小学生对视频最是青睐。小学生对于文字指导、图片指导、图文指导、图文视频指导等指导形式的使用度差不多，都在14%—21%范围之内。小学生对于专家在线交流、运动健身论坛、在线健身自测、健身应用下载等交互性较强的指导形式的使用程度最低，各展示方式的选择人数均在10%以下。另外，4.9%的小学生运用了其他的网络健身指导形式。

北京市小学生比较感兴趣的网络健身指导内容首先主要是运动技术指导、运动饮食与营养，其次是健身计划、培训机构、体质测试与评估、运动损伤等方面，健身信息和运动健身交流方面最少。根据此调查显示，在获取过网络健身指导的144名北京市小学生中，有31.9%的人使用运动技术指导；有26.4%人使用运动饮食与营养；有19.4%的人使用健身计划；使用培训机构搜索和体质测试与评估的人均为16.7%；使用过运动损伤指导的人占16.0%，运动健身交流占13.2%，健身信息占12.5%。由此表明，北京市小学生对运动技术指导和运动饮食与营养的使用最高，对健身计划、培训机构、体质测试与评估、运动损伤的使用度一般，对健身信息的使用度最低。

第五章　基于大数据的青少年体质健康教学

第一节　大数据的概念及发展历史

一、大数据的概念与特点

大数据是一个较为抽象的概念，正如信息学领域大多数的新兴概念，大数据至今尚无确切、统一的定义。在维基百科中关于大数据的定义为，大数据是指利用常用软件工具来获取、管理和处理数据所耗时间超过可容忍时间的数据集。笔者认为，这并不是一个精确的定义，因为无法确定常用软件工具的范围，可容忍时间也是个概略的描述。IDC（互联网数据中心）对大数据做出的定义为，数据一般会涉及两种或两种以上数据形式。它要收集超过100TB的数据，并且是高速、实时数据流；或者是从小数据开始，但数据每年会增长60%以上。这个定义给出了量化标准，但只强调数据量大、种类多、增长快等数据本身的特征。研究机构Gartner（高德纳咨询公司）给出了这样的定义：大数据是需要新处理模式才能具有更强的决策力、洞察发现力和流程优化能力的海量、高增长率和多样化的信息资产。这也是一个描述性的定义，在对数据描述的基础上加入了处理此类数据的一些特征，用这些特征来描述大数据。当前，较为统一的认识是大数据有四个基本特征：数据规模大、数据种类多、数据要求处理速度快、数据价值密度低。这些特性使得大数据区别于传统的数据概念。大数据的概念与"海量数据"不同，后者只强调数据的量，而大数据不仅用来描述大量的数据，还更进一步指出数据的复杂形式、数据的快速时间特性以及对数据的分析、处理等专业化处理，最终获得有价值信息的能力。

（一）数据量大

大数据聚合在一起的数据量是非常大的，根据IDC的定义至少要有超过

100TB的可供分析的数据，数据量大是大数据的基本属性。导致数据规模激增的原因有很多，首先是随着互联网的广泛应用，使用网络的人、企业、机构增多，数据获取、分享变得相对容易。以前，只有少量的机构可以通过调查、取样的方法获取数据，同时发布数据的机构也很有限，人们难以在短期内获取大量的数据，而现在用户可以通过网络非常方便地获取数据，同时用户在有意地分享和无意地点击、浏览，可以快速地提供大量数据；其次是随着各种传感器数据获取能力的大幅提高，使得人们获取的数据越来越接近原始事物本身，描述同一事物的数据量激增。早期的单位化数据，对原始事物进行了一定程度的抽象，数据维度低，数据类型简单，多采用表格的形式来收集、存储、整理，数据的单位、量纲和意义基本统一，存储、处理的只是数值而已，因此数据量有限，增长速度慢而随着应用的发展，数据维度越来越高，描述相同事物所需的数据量越来越大。以当前最为普遍的网络数据为例，早期网络上的数据以文本和一维的音频为主，维度低，单位数据量小。

近年来，图像、视频等二维数据大规模涌现，而随着三维扫描设备以及Kinect等动作捕捉设备的普及，数据越来越接近真实的世界，数据的描述能力不断增强，而数据量本身必将以几何级数增长。此外，数据量大还体现在人们处理数据的方法和理念发生了根本的改变。早期，人们对事物的认知受限于获取、分析数据的能力，一直利用采样的方法，以少量的数据来近似的描述事物的全貌，样本的数量可以根据数据获取、处理能力来设定。不管事物多么复杂，通过采样得到部分样本，数据规模变小，就可以利用当时的技术手段来进行数据管理和分析，如何通过正确的采样方法以最小的数据量尽可能分析整体属性成了当时的重要问题。随着技术的发展，样本数目逐渐逼近原始的总体数据，且在某些特定的应用领域，采样数据可能远不能描述整个事物，可能丢掉大量重要细节，甚至可能得到完全相反的结论，因此，当今有直接处理所有数据而不是只考虑采样数据的趋势。使用所有的数据可以带来更高的精确性，从更多的细节来解释事物属性，同时必然使得要处理的数据量显著增多。

（二）数据类型多样

数据类型繁多、复杂多变是大数据的重要特性。以往的数据尽管数量庞大，但通常是事先定义好的结构化数据。结构化数据是将事物向便于人类和计算机存储、处理、查询的方向抽象的结果，结构化在抽象的过程中，忽略一些在特定的应用下可以不考虑的细节，抽取了有用的信息。处理此类结构化数据，只需事先分析好数据的意义及数据间的相关属性，构造出结构来表示数据的属性。数据都以表格的形式保存在数据库中，数据格式统一，以后不管再产生多少数据，只需根据其属性，将数据存储在合适的位置，就可以方便处理、查询，一般不需要为新增的数据更改数据聚集、处理、查询方法，限制数据处理能力的只是运算速度和存储空间。这种关注结构化信息，强调大众化、标准化的属性，使得处理传统数据的复杂程度一般呈线性增长，新增的数据可以通过常规的技术手段处理。而随着互联网与传感器的飞速发展，非结构化数据大量涌现。非结构化数据没有统一的结构属性，难以用表结构来表示，在记录数据数值的同时还需要存储数据的结构，增加了数据存储、处理的难度。而时下在网络上流动着的数据大部分是非结构化数据，人们上网不只是看看新闻，发送文字邮件，还会上传下载照片、视频、发送微博等非结构化数据；同时，遍及工作、生活中各个角落的传感器也不断地产生各种半结构化、非结构化数据，这些数据结构复杂，种类多样。非结构化数据量已占到数据总量的75%以上，且非结构化数据的增长速度比结构化数据快10倍到50倍。在数据激增的同时，新的数据类型层出不穷，已经很难用一种或几种规定的模式来表征日趋复杂、多样的数据形式，这样的数据已经不能用传统的数据库表格来整齐的排列、表示。大数据正是在这样的背景下产生的，大数据与传统数据处理最大的不同就是重点关注非结构化信息，大数据关注包含大量细节信息的非结构化数据，强调小众化、体验化的特性使得传统的数据处理方式面临巨大的挑战。

（三）数据处理速度快

要求数据的快速处理，是大数据区别于传统海量数据处理的重要特性之一。随着互联网和各种传感器等信息获取、传播技术的飞速发展和普及，数据的产生、发布越来越容易，产生数据的途径增多，个人甚至成了数据产生的主体之一，数据呈爆炸式快速增长，新数据不断涌现，快速增长的数据量要求数据处理的速度也要相应地提升，才能使得大量的数据得到有效的利用，否则不断激增的数据不但不能为解决问题带来优势，反而成了快速解决问题的负担。同时，数据不是静止不动的，而是在互联网中不断流动，且通常这样的数据的价值会随着时间的推移而迅速降低，如果数据尚未得到有效处理，就会失去价值，大量的数据就没了意义。此外，在许多应用中要求能够实时处理新增的大量数据，比如有大量在线交互的电子商务应用，就具有很强的时效性，大数据以数据流的形式产生、快速流动、迅速消失，且数据流量通常不是平稳的，会在某些特定的时段突然激增，数据的涌现特征明显，而用户对于数据的响应时间通常非常敏感。心理学实验证实，从用户体验的角度，3秒钟是可以容忍的最大极限，对于大数据应用而言，很多情况下都必须要在1秒钟内形成结果，否则处理结果就是过时和无效的。这种情况下，大数据必须快速、持续的实时处理。对不断激增的海量数据的实时处理要求，是大数据与传统海量数据处理技术的关键差别之一。

（四）数据价值密度低

数据价值密度低是大数据关注的非结构化数据的重要属性。传统的结构化数据，依据特定的应用，对事物进行了相应的抽象，每一条数据都包含该应用需要考量的信息。而大数据为了获取事物的全部细节，不对事物进行抽象、归纳等处理，而是直接采用原始的数据，保留了数据的原貌，且通常不对数据进行采样，而是直接采用全体数据，由于减少了采样和抽象，呈现出所有数据和全部细节信息，因此可以分析更多的信息，但也引入了大量没有意义的信息，甚至是错误的信息，因此相对于特定的应用，大数据关注的非结构化数据的价值密度偏低。以当前广泛应用的监控视频为例，在连续不间断监控过程中，大量的视频数据被存储下来，许多数据可能是，对于某一特定的应用，比如获取犯罪嫌疑人的体貌特征，有效的视频数据可能有一两秒，大量不相关的视频信息增加了获取这有效的一两秒数据的难度。但是大数据的数据密度低是指相对于特定的应用，有效的信息相对于数据整体是偏少的，信息有效与否也是相对的，对于某些应用是无效的信息，但对于另外一些应用则成为最关键的信息。数据的价值也是相对的，有时一条微不足道的细节数据可能造成巨大的影响。比如网络中的一条几十个字符的微博，就可能通过转发而快速扩散，导致相关的信息大量涌现，其价值不可估量。因此为了保证对于新产生的应用有足够的有效信息，通常必须保存所有数据，这样导致两方面的结果：一方面是数据的绝对数量激增，另一方面是数据包含有效信息量的比例不断减少，数据价值密度偏低。

二、大数据的发展历史

当今IT界有句非常著名的话，"人类正在从IT时代走向DT时代"。一般而言，IT界提到的"IT"是指"Information Technology"，即"信息技术"。那么，与此对应，"DT"就应该是"Data Technology"，即"数据技术（或数据处理技术）"。如果说在IT时代是以自我控制、自我管理为主，那么到了DT时代，则是以服务大众、激发生产力为主。

在DT时代，人们比以往任何时候更能收集到丰富的数据。数据正在改变我们的生活，催生了大数据行业的发展。

有专家这样定义大数据，指无法在一定时间范围内用常规软件工具进行捕捉、管理和处理的数据集合，是需要新处理模式才能具有更强的决策力、洞察发现力和流程优化能力的海量、高增长率和多样化的信息资产。

上述定义中的"新处理模式"就是大数据技术了。大数据技术发展的主要历程，如图5-1所示。

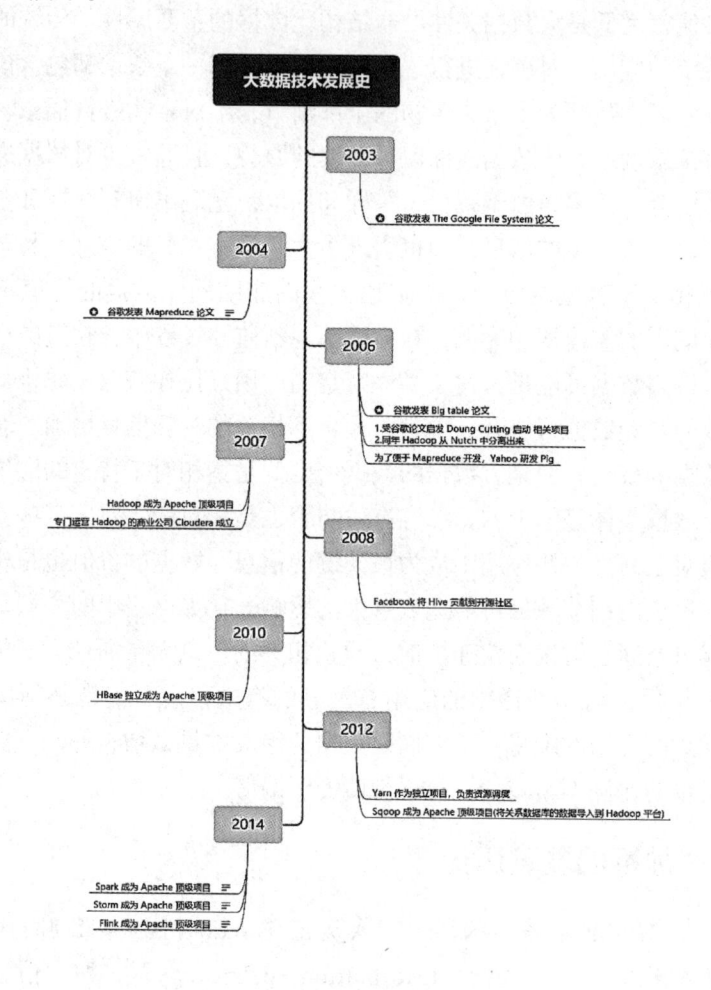

图5-1 大数据发展史

大数据将近30年的发展历史，经历了以下阶段。

（一）萌芽阶段

20世纪90年代到21世纪，数据库技术成熟，数据挖掘理论成熟，也称数据挖掘阶段。

20世纪90年代，商业智能的业务数据转化为知识，帮助企业管理者进行经营决策。比如零售场景中，需要分析商品的销售数据和库存信息，以便制订合理的采购计划。

显然，商业智能离不开数据分析，它需要聚合多个业务系统的数据（如交易系统、仓储系统等），再进行大数据量的查询。而传统数据库都是面向单一业务的增删改查，无法满足此需求，这样就促使了数据仓库概念的出现。

2000年左右，互联网时代来临，同时带来了海量信息，数据规模变大，互联网巨头一天可以产生上亿条行为数据。

（二）突破阶段

2003—2006年，非结构化的数据大量出现，传统的数据库处理难以应对，这一时期也称非结构化数据阶段。显然，传统数据仓库无法支撑起互联网时代的商业智能。2003年，谷歌公布了三篇鼻祖型论文（俗称"谷歌三驾马车"），包括《分布式处理技术MapReduce》《列式存储BigTable》《分布式文件系统GFS》。这三篇论文奠定了现代大数据技术的理论基础。

谷歌并没有开源这三个产品的源代码，只是发布了详细的设计论文。2005年，雅虎资助海林普按照这三篇论文进行了开源实现，这一技术变革正式拉开了大数据时代的序幕。

（三）成熟阶段

2006—2009年，谷歌公开发表两篇论文《谷歌文件系统》和《基于集群的简单数据处理：MapReduce》，其核心技术包括分布式文件系统GFS、分布式计算系统框架MapReduce、分布式锁Chubby以及分布式数据库BigTable，这期间大数据研究的焦点是性能、云计算、大规模的数据集并行运算算法以及开源分布式架构。

相对于传统数据仓库，大数据具有以下优势：完全分布式，可以采用廉价机器搭建集群，完全可以满足海量数据的存储需求。弱化数据格式，数据模型和数据存储分离，可以满足对异构数据的分析需求。

（四）应用阶段

2009年至今，大数据基础技术成熟之后，学术界及企业界纷纷开始转向应用研究。随着海林普技术的成熟，2010年提出了"数据湖"的概念。数据湖是一个以原始格式存储数据的系统。企业可以基于海林普构建数据湖，将数据作为企业的核心资产。由此，数据湖拉开了海林普商业化的大幕。

2013年，大数据技术开始向商业、科技、医疗、政府、教育、经济、交通、物流及社会的各个领域渗透，因此，2013年也被称为大数据元年。

2016年左右，已经属于移动互联网时代了，随着大数据平台的普及，也催生了很多大数据的应用场景。此时开始暴露出一些新问题：为了快速实现业务需求，烟筒式开发模式导致了不同业务线的数据是完全割裂的，这就导致了大量数据指标的重复开发，不仅研发效率低，还浪费了存储和计算资源，使得大数据的应用成本越来越高。

第二节 大数据技术及应用领域

在麦肯锡全球研究所给出的定义中：大数据是一种规模大到在获取、存储、管理、分析方面大大超出了传统数据库软件工具能力范围的数据集合。简单而言，大数据是数据多到爆表。大数据的单位一般以PB衡量。那么PB是多大呢？1GB=1024MB，1PB=1024GB。

大数据不仅仅拥有本身的信息价值，还拥有商业价值。大数据在结构上还分为：结构化，半结构化，非结构化。结构化简单来讲是数据库，是由二维表来逻辑表达和实现的数据。非结构化即数据结构不规则或不完整，没有预定义的数据模型。由人类产生的数据大部分是非结构化数据。半结构化处于结构化和非结构化之间。

一、大数据技术

1.大数据的主要组成部分和生态系统

2011麦肯锡全球研究所的报告描述的大数据的主要组成部分和生态系统如下：

①分析数据的技术，如A/B测试、机器学习和自然语言处理。
②大数据技术，如商业智能、云计算和数据库。
③可视化，如图表、图表和其他数据显示。

2.大数据基本技术

多维大数据。多维大数据也可以被表示为张量，它可以更有效地处理以张量为基础的计算。附加技术被应用于大数据，包括大规模并行处理（MPP）数据库、基于搜索的应用程序等。一些MPP关系数据库具有存储和管理数据字节的能力。隐式是加载、监视、备份和优化RDBMS中大数据表使用的能力。

大数据分析过程的实践者通常对较慢的共享存储有敌意，优选直接连接的存储（DAS）以各种形式从固态驱动器（SSD）到埋在并行处理节点内的高容量SATA磁盘。

真实或近实时的信息传递是大数据分析的定义特征之一。内存中的数据是FC-SAN连接的另一端上的旋转磁盘的良好数据，SAN在分析时应用程序所需的规模上的成本远远高于其他存储技术。

大数据虚拟化。大数据虚拟化是在单个层中从几个源中收集数据的一种方式，收集的数据层是虚拟的。与其他方法不同，大多数数据保持在适当位置，直接从源系统接收。

二、大数据技术应用的具体领域

（一）政府

在政府里使用和采用大数据在成本、生产力和创新方面取得了效率，但并非没有缺陷。数据分析通常需要政府的多个部门协作，并通过创造新的和创新过程来提供期望的结果。

（二）国际发展

研究信息和通信技术对发展的有效利用表明，大数据技术可以做出重要贡献，但也对国际发展提出了独特挑战。大数据分析的进展提供了有效的机会，以改善决策的关键发展领域，如医疗保健、就业、经济生产力、犯罪、安全、自然灾害和资源管理等。然而，发展中地区的长期挑战，如技术基础设施不足、经济和人力资源稀缺，加剧了对诸如隐私、不完善的方法和互操作性问题等大数据的担忧。

（三）制造业

供应计划和产品质量的改进提供了制造业大数据的最大利益。大数据为制造业的透明化提供了基础设施，这是一种能够消除不一致的组件性能和可用性等不确定性的能力。预测制造是一种适用于接近零停工时间和透明度的方法，需要大量的数据和先进的预测工具来将数据系统化为有用的信息。

（四）医疗保健

大数据分析有助于医疗保健提供个性化医疗和处方分析、临床风险干预和预测分析。随着越来越多的采用MeHealthe、eHealth+和可穿戴技术，数据量将继续增加。包括电子健康记录数据、成像数据、患者生成数据、传感器数据和其他难以处理的数据形式。

（五）教育

麦肯锡全球研究所发现，150万名训练有素的数据专家和管理人员，以及田纳西大学和加州大学伯克利分校在内的多所大学已经创造出了满足大数据需求的硕士课程。私人BooCAM还开发了满足这一需求的程序，包括数据孵化器或付费程序等免费程序。

（六）媒体

要了解媒体如何利用大数据，首先需要在媒体处理机制中提供一些上下文。媒体和广告从业人员将大数据作为数百万人可操作的信息点。该行业似乎正在远离使用特定媒体环境（如报纸、杂志或电视节目）的传统方式，而是以最佳技术到达最佳位置的目标人群来向消费者敲击。最终目的是服务或传达一个信息，或者内容符合消费者的心态。例如，发布环境越来越多地剪裁消息和内容，以吸引通过各种数据挖掘活动专门收集信息的消费者。

（七）物联网

大数据和物联网协同工作。从设备中提取的数据提供了设备互联的映射，这样的映射已经被媒体行业、公司和政府使用，以便更准确地瞄准它们的受众，并提高媒体效率。物联网也越来越多地被用作收集感官数据的手段，这种感官数据已经被用于医疗、制造业和交通中。

数字创新专家定义了物联网：“如果我们拥有所有知道一切的计算机，我们就可以在没有任何帮助的情况下利用收集到的数据来了解事物，而且大大减少了

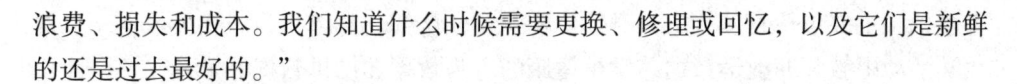

浪费、损失和成本。我们知道什么时候需要更换、修理或回忆，以及它们是新鲜的还是过去最好的。"

（八）信息技术

自2015年以来，作为帮助员工更有效地工作和简化信息技术的收集和分发的工具，大数据在企业运营中起着举足轻重的作用。通过将大数据原则应用到机器智能和深度计算的概念中，IT部门可以预测潜在的问题并提供解决方案。通过将单个数据筒仓组合在一起的平台，从整个系统产生洞察力，而不是从孤立的数据口袋中获取信息。

第三节 基于大数据的青少年体质健康教学内涵解读

在大数据技术、教育信息化所引领的教育变革的潮流下，精准教学日益成为教学质量提升的重要途径，其使教师专注于精准地针对问题开展教学，同时，为学习者提供更优质的学习产品与服务。由此，面对我国青少年体质健康促进的现实困境，作为促进主体的学校体育教学，理应具有精准化的"应然属性"。

一、基于大数据的青少年体质健康教学

20世纪60年代，精准教学是最早由奥格登·林斯利根据斯金纳的行为学习理论提出的一种教学方法。历经几十年的发展，形成了一套较为完整的理论框架。从精准教学的评价纬度看，学生掌握知识与技能的"流畅度"是主要评价指标，其涵盖"准确"和"速度"两个主题，即要求学生准确、精准掌握知识与技能，更强调知识与技能应用的速度和熟练程度。从精准教学的教学过程看，教师主要通过对学生学习表现的精细测量与记录所采集的数据，进行学习表现诊断与教学干预决策。由此可见，精准教学是以行为学习理论为理论基础，通过测量、记录和诊断学生学习的行为过程及其表现，不断调整教学决策，以实现高质、高效的学习效果为目标的教学方法或评估教学"流畅度"的有效性框架。

基于大数据的青少年体质健康精准教学，就是要将大数据的理念、方法和技术贯穿和应用于学校体育教学的全方位和全过程，以青少年体质健康领域大数据

为基础（主要包括身体能力、身体体验、身体认知、身体行为的相关数据，日常教学活动中教师的教学数据、学生健康的行为数据和结果数据等），以"个性化和数据驱动"为核心理念，增强差异化体质现状诊断与个性化体质健康需求识别的科学性和准确性，提高体质健康促进精细化、方案个性化和力度精确化水平，加强体质健康促进的动态性和统筹协调性，实现面向所有青少年学生的高质量、精准化的体质健康教育。

二、基于大数据的青少年体质健康精准教学的作用机理

1.精益的体质健康教学理念

体育教学与体质健康息息相关。基于大数据的精准教学在继承"健康第一，终身体育"这一理念之上，将倡导一种以"精益"为核心的体育教学理念。

基于大数据的精准教学所倡导的精益理念是指体质健康教学追求精益求精的教学过程。强调体育教师自我专业素养的提升，聚焦学生体质健康细节的精益化发展。传统体育教学中，固化的教学环境、统一的教学内容、单一的教学方法阻滞体育教师思想与理念的提升、行为与方法的创新。而通过精准教学各环节的反复迭代，教学活动的创造性开展，交往互动的日常化进行，体育教师职业满足感与幸福感将不断升华。同时，精益求精的教学过程也将对青少年的身体素养产生深刻影响。身体素养包含身体能力、身体体验、身体认知、身体行为四大素养，相较于体质，其更强调青少年学生健康行为的养成。在基于大数据的精准教学过程中，青少年学生将获得情感、体验、认知的身体等相互关联的多维度体验，教师将立足于学生的整体发展，针对健康现实需求进行针对性的指导，促使学生由"补短"到"均衡"，由合格到优秀、由"不会体育"转向"会体育"，并最终促成"终身体育"的健康行为习惯。

2.强调以人为本的体育教学价值取向

"以人为本"一直是体育教学的核心。长期以来，体育教学实践中就一直存在以"快乐体育"选项课程、体育俱乐部等教学模式的变革来实现教学效果提升、运动动机形成的实践方向，对于是否满足青少年差异化、阶段化和动态性的体质健康需求、是否有助于全面提升体质健康状况与养成良好运动习惯并没有明确的绩效评价。在大数据时代，体质健康精准教学使青少年体质健康个性化、系统化、持续化发展成为可能。

3.构建高效共治的体质健康教学环境

大数据打造的是一个高效互动的体质健康促进生态系统。在体育教学过程中，为满足体质"优秀"与"补短"的个性化需求，学生和家长通过线上需求表达，平台将整合资源、智能推送定制化的健康教育课程、课外锻炼指南，形成课内课外、线上线下一体化的体质健康促进供给模式。另外，大数据的多样性、异构性决定其是跨学科专业、跨平台、跨组织的开放跨界资源，基于互联网、大数据技术的青少年体质健康促进平台，将打破不同部门、组织之间界限，将学校、教师、数据分析者、学生、家庭、第三方健康促进机构等利益相关者紧密联系，以"共同体"的姿态，依据数据共享及其整合分析实现体质健康共治共管。从资源配置看，数据平台通过对体质健康促进过程中所涉及的时间、人员、场馆、装备等资源进行合理规划与精准配置，可以避免场地器材等资源重复建设和供给真空问题。

第四节　大数据对青少年体质健康教学的影响

大数据时代的兴起不仅丰富了我们认识世界的方式，也对人们的日常生活产生了重要影响，还给教育信息和资源带来了巨大的改变。

这种变化使青少年教育在教育内容、教育方法、教育决策与教育评估等方面都产生了新的问题，提出了新的挑战。

一、成为推动青少年体质健康教学的一种创新驱动力

1.青少年体质健康的提高离不开大数据的推动

在传统的体育教学中，教师一般都是通过传授实际经验来完成体育教学的。在大数据应用到体育教学之后，传统的经验式教学将转化为海量的数据化教学，教师可以借助大数据来分析学生参加体育项目的频数和次数。青少年阶段的体育教学实质上是一种经验的传授，经验丰富的体育教师能把握住对学生的教育和管理。但是，借助大数据技术能采集真实状态下的全样本评价数据，可以给年轻的体育老师提供更大的发展空间，进而提高学生体质健康评价的信度和效度。

2.利用大数据可以掌握青少年在校期间的健身行为数据

传统的体育教学模式是一位老师面对众多的学生，很难具体了解每位学生的具体情况，无法做到"因材施教"，学生的主动性和积极性都不高。在大数据运用到体育教学之后，体育教师可以通过平时的量化积累和数据化的分析，了解每位学生的特长及优缺点，从而针对每位学生的实际情况因材施教，增加每位学生的活动量，促进青少年体质全面发展。运用大数据的分析结果，能够提高青少年体质健康综合评价预测资源的支持度和预测结果的精准度。

3.依托大数据可以建立有效的青少年体质健康体系和干预机制

目前所开展的"学生体质健康监测"还单纯停留在体质测试上，很多地区和学校并没有将测试和诊断结果反馈到学生和家长手中。依托大数据技术可以建立有效的体质健康管理系统，通过技术手段对青少年的体质健康信息进行分析，并针对每个学生的体质健康状况制订增进计划，做出健康干预，进行绩效监测和效果反馈等。

4.大数据可以为青少年体质健康政策的制定提供参考

青少年的体质健康促进缺乏有效的政策保障，有关学生体质健康和学校体育的法规多为早些年制定的，缺乏必要的硬性执行标准，导致学生体质健康促进举措难以落到实处，而借助大数据的分析可以为青少年体质健康政策的制定提供准确的参考依据。

5.借助大数据平台可以完善对青少年体质健康数据的采集

建设青少年体育大数据平台已经成为健康中国、科技兴国战略的重要内容。大数据对青少年体质健康有着不可忽视的影响，体育教学可以充分利用大数据来拉近教育者与受教者的距离。教学的内容、方法和手段与大数据平台不断融合是趋势，教师可以在自己教学经验的基础上，通过记录分析群体的规律和秩序，有针对性地对学生进行全面指导。学校应建立类似的信息管理平台，对学生的体质健康数据进行挖掘、积累和应用，从而建立更加科学的人才培养体系。

二、为青少年体质健康教学提供科学的政策制定依据

青少年的体质健康发展水平是一个国家综合国力的重要体现，保障青少年的健康成长、保证国家后备人才的活力和力量是政府义不容辞的责任和使命，当然青少年也是推动历史发展和社会前进的重要力量。青少年体质健康的促进需要强

有力的政策支持，让政策为青少年体质健康保驾护航。当前，不仅保障青少年体质健康的政策还不够完善，而且还存在监管不严、落实不到位、执行不彻底等问题。如何不断完善青少年体质健康政策，如何将政策既符合宏观布局又精细于微观，这就需要在新时代建立健全的政策制定协同体系。

大数据是推动健康政策完善补位的科学力量。数据对于国家政策制定是起决定性作用的，传统健康数据采集的方式和数量是非常有限的，仅仅通过简单的统计分析，反映某个时间段我国青少年的体质健康状况是不科学的，而且难以发挥数据的预测价值，也无法为制定青少年健康政策提供科学的依据。青少年的体质健康数据无时无刻不在产生，如何高效地将这些健康数据运用于政策完善，就需要对健康数据进行全面采集与深度挖掘，增强健康数据的实时性、连贯性和完整性，对日趋复杂和多样的健康数据进行系统化、关联化和深入化的分析，用数据说话，使政策的制定更具科学性和有效性。大数据技术通过海量数据的关联性处理，能够发现体质健康数据之间的内在联系，有助于构建更加系统化、有序化的体质健康模型，科学地推动国家青少年体质健康政策的制定与调整。此外，基于数据的体质健康促进决策的实施也容易得到广大健康关联体的理解和支持。

三、大数据时代青少年体质健康教学的变革

（一）强化体育教师自身素养，科学认知现代技术

体育教师应对"互联网+"进行科学的认知，以及教学运用分析，帮助课堂教学从低效率逐渐转化为高效率，让体育教学和现代技术实现充分的融合。基于这样的教学需求，体育教师应该强化自身的综合素养，对现代技术进行科学的认知，从而提升课堂教学的先进性。一方面，体育教师对"互联网+"实施多角度的探索和分析，思考在课堂教学中运用相关先进技术的价值。教师需通过书籍和网络在线学习等方式对"互联网+"进行认知，树立科学的教学理念，从而开展高水准的体育教育。另一方面，体育教师也应该立足学生的课程基础和认知能力开展课程教育，科学借助现代技术开展体育教学。

（二）充分应用信息技术，激活学生兴趣

长期以来，体育教学往往是"热身—讲解—训练"的课堂模式，忽略了学生的认知情趣，很多学生在训练时不走心，滥竽充数，导致教学效率下降，无法达成教学目标。当前，互联网已经深入各阶段的教育，我们的体育教学也应该结合

学生的认知规律重新整合，要充分发挥互联网的信息优势，抓住学生的好奇心，激发他们的求知欲和运动欲。比如学习篮球知识，一般模式是先给学生讲解如何运球、投篮等各种理论知识，其实很多学生可能听不进去，接下来的运动实践就成了自主发挥，这样起不到规范化教学的作用。而借助互联网，我们可以通过多媒体给学生展现他们喜欢的球星的运球、投篮等经典片段，形象又直观，能准确展现语言所不能表达的效果，学生就能对每个环节做到心中有数。

（三）利用"互联网+"，增强师生互动

课堂学习中每个学生囿于认知能力和知识背景的不同，对同一教学信息会产生不同的认知，甚至会产生学习误区，如果是封闭的缺乏交流的课堂模式，那产生的误区还可能被长期继承和放大。这就要求教师在教学过程中要注意适时互动，通过互动能准确收集学生的学习动态，能引导学生及时取长补短，矫正自己的错误。体育教学是运动实践性比较强的学科，更需要大量的互动。而实际教学中由于课堂时间有限，限制了学生的充分交流和互动，在"互联网+"时代，教师可以借助互联网引导学生在课下交流互动。通过互联网交流，不但能让孩子们及时学习他人的长处，弥补自己的不足，还能让孩子们通过更广阔的互联网空间向更多的专业人士学习并进行交流。

（四）创新教学方式，展现线上教学的独特性

体育教师的教学方法直接影响着学生的学习兴趣的延伸。在体育教学中，教师要创新教学方法，以培养学生的学习兴趣为主，采用与互联网相结合的方式，最大限度地调动学生学习的积极性，提高学生的学习兴趣，增加体育课堂的活力。很多体育教师要转变传统教学的思想，在体育课堂中实现互联网技术的融入。例如，在日常的课程中，教师能利用互联网技术给学生进行正确动作的示范，可以让学生很快地领略到体育课程的魅力。在室内课程的时候，教师可以挑选适合学生年龄阶段的一些体育竞赛、体育知识竞赛等视频在课堂上播放，可以有效地提升学生的学习兴趣，提升学生对体育课程学习的积极性。

（五）利用"互联网+"教学技术，开设适合本校的校本课程

互联网技术是当前较先进的技术，把它融入体育课程中，教师应该因地制宜、因材施教，有效提升学生的学习质量。因此，体育教师就需要积极开发适合自己学生的校本课程，逐渐探索出学生喜欢的、适合学生年龄发展的互联网体育教学技术，让学生在教师的指引中充分发展自身的体育技能。同时教师一定要用

先进的思想来武装自身的头脑，让更多有趣的内容和新时代的内容进入体育校本课程，培养学生各方面的体育能力。

第五节　基于大数据的青少年体质健康教学模式设计

在传统教学环境下，教师更倾向于套用某一种成熟的教学模式，而精准教学往往被视为一种教学评估策略或者某一门课程的教学方法，而非教学模式，故精准教学在应用和推广时首先便遭遇了教师这种思维理念上的阻碍。大数据突破了传统教学环境的诸多制约，有利于推动教师在思维理念上接受并认可精准教学，故利用大数据构建可供教师借鉴的精准教学模式，对推动精准教学的发展、促进精准教学的应用具有重要意义。

我们可以从精准需求识别、精细目标确立、精益过程设计、精准决策制定四个维度，构建基于青少年体质健康大数据的精准教学模式，如图5-2所示。

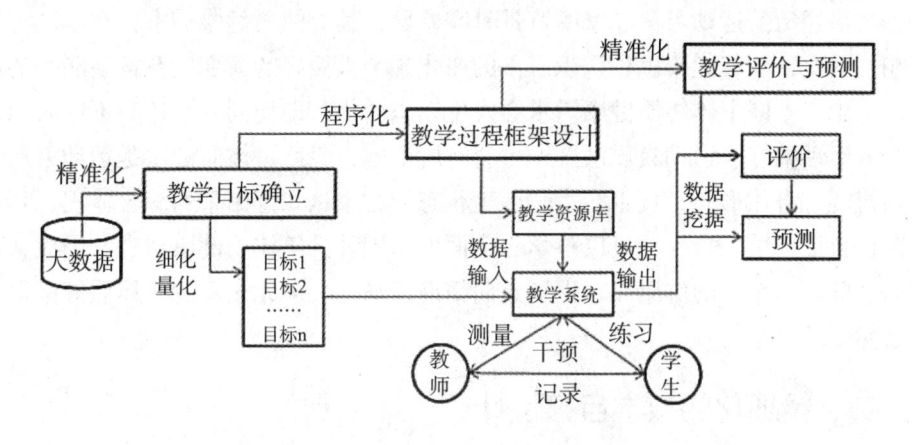

图5-2　基于大数据的精准教学模式

一、精准化的教学目标确立

明确教学目标是实施教学的逻辑起点，也是检验教学成败的重要依据。据此，精准教学的首要任务便是确立精准化的教学目标。在传统教学环境下，教学目标可以是模糊的，如在计算机基础课程中，某一节课程的教学目标可以是"熟练掌握十进制、二进制的换算",其中的"熟练掌握"便是一个模糊的程度词。但在精准教学中,必须设计精准化的教学目标,即对学生掌握的知识或技能程度必须有一个精准的解释和描述——解释的基本思想是问题的分解与细化,描述的方式即量化。也就是说,在精准教学中,每条教学目标应转化为对应的问题,每个问题则应分解、细化为可以量化描述的小问题。如"熟练掌握十进制、二进制的换算"可以转化为"3分钟之内完成1 000以内的十进制、二进制互换算题5道,正确率100%"。这里的"熟练掌握"经分解、细化、量化后,既包括对知识或技能的准确掌握,也包括运用知识或技能的速度,故与精准教学的"流畅度"衡量指标完全契合。

体质健康需求的精准识别是青少年体育精准教学的起点,是精准目标、决策制定的基础,其满足程度是评价青少年体质健康精准促进绩效评价的重要指标。体质健康需求可以分为现实需求与主观诉求两个方面,现实需求基于对青少年体质健康的全面现状诊断,来自现实与目标之间的差距;主观诉求则来源于兴趣、爱好、习惯等。需要注意的是,无论是现实需求或是主观诉求需求,其都具有差异性、动态性、复杂性特征。首先,差异性主要表现为青少年个体的运动能力、生活经历、运动习惯、家庭背景具有差异,其对体质健康需求存在不同程度影响;其次,随着健康思想认识水平的变化、个人偏好的演变以及运动能力的提升,青少年不同个体体质健康需求会发生动态变化,即使同一个体在不同时期,其个人运动偏好、运动素质敏感期也会有所不同;最后,体质健康是运动素质、身体机能、身体形态、技术能力、心理状态、健康认知等因素的综合体现,具有复杂性特征,单一指标不足以科学、全面地识别青少年体质健康状态。因此,从粗略、静态、单一的健康需求识别走向精准、动态、多元是青少年体质健康促进的必然要求。

二、精细化的教学目标设计

教学目标的确立是实施精准教学的逻辑起点,也是评价教学效果的重要依据。学校体育精准教学的目标是体质健康的提升与健康行为的养成。而人体体质健康与行为是一个复杂的系统,涵盖健康认知、锻炼行为、运动能力、运动动机、互动习惯等多要素的综合体现,其影响因素也涉及生理、心理、环境等多方面。因此,学校体育精准教学的目标确定应该精细化、细致化,还应包括实现体质健康所要学习的知识或技能的目标、为了掌握该知识或技能以及学生必须完成的子目标。基于递归思想,精准教学的目标可以看作为一棵目标树,目标树的根节点是所要掌握的知识或技能的总目标，目标树中的子节点是学生个体需要完成的子目标。需要注意的是，根节点的总目标具有一致性，而精准教学的子目标具有个性化特征。

精准地识别学生体质所存在的具体问题并为破解这些问题而开展针对性教学，是精准教学的价值所在。因此，如何准确定位问题、细化问题，是确定精细化目标的前提。例如，学生立定跳远测试未达标，可能是没有理解技术要领、缺乏练习或下肢爆发力差等子原因造成的，"未达标"是一个模糊的程度词，缺乏对学生立定跳远未达标这个现实问题所进行的精准的解释和描述，即以量化的方式对问题的分解与细化。据此逻辑，在体育精准教学中，每条教学目标应该精细化，其对应为可以细化、量化描述的子问题。如"熟练掌握原地篮球投篮技术"这一模糊的教学目标可以转化为熟记动作要领、动作姿态正确、动作熟练流畅、原地投篮成功率高，再到比赛投篮得分率高等子目标。可见，与传统体育教学目标不同，体育精准教学目标的确立指向更准确、更精细，直击各个需要破解的子问题。

三、程序化的教学过程框架设计

设计程序化的教学过程框架，是保障精准教学有效实施的关键。本书设计的程序化教学过程框架，是指基于大数据实施精准教学的流程与规则，具体包括：①建立大数据教学资源库，并实施个性化资源推荐；②优化传统教学过程，融入精准练习、测量与记录；③实施精准干预。

四、精准化的教学评价与预测

在传统教学环境下，教学评价或为模糊的经验判断，如通过"优""良""中""及格""差"等程度词来评价学生的学习表现；或者为简单的分数判断，如通过期末考试成绩、期中考试成绩、总分、平均分等来评价学生的学习结果。而在大数据环境下，传感器技术、人脸识别技术、学习分析技术等众多先进技术的融合应用，使得精准教学评价从伴随教学行为的开始到结束，并能够对尚未发生的未来进行精准预测。如郑怡文等提出了一种课堂大数据采集技术，该技术集成了学生坐姿测量系统、眼部识别系统和噪声识别系统，通过获取学生在课堂的一些生存状态大数据，可以比较准确地解读、分析，进而判断出学生的学习情况（如到课情况、思想集中情况、课堂活跃情况、身体疲倦情况等）。该技术具有较高的实时性，使对每个学生实施精准有效的关注成为可能。由此可见，基于大数据的精准教学评价是一种全员、全过程、全方位的实时评价。

在基于大数据的精准教学模式中，教学评价主要依赖于技术手段（包括大数据采集、教育数据挖掘、学习分析和数据可视化技术），通过各类智能教学系统自动监控、自动分析学生的学习情况，并实时反馈给所需要的人；教师、学生、家长等可以根据自身的需求，查询并生成可视化的评价报告。

预测是指综合分析每个学生在各个阶段的学习表现数据和其他系统数据（包括各个教育系统、评估系统、专家系统）后，形成数据决策支持系统，并对学生在未来一段时间的学习表现进行预测，进而根据预测结果提出相关的改进建议或学习对策。

参 考 文 献

［1］张超慧. 学校体育评价[M]. 成都四川大学出版社，2005.
［2］胡晓龙，毕秀红. 青少年体质健康问题及解决策略的研究[J]. 城市地理，2014，9（3）：50-51.
［3］李静，马军. 中国学生体质健康研究现状及存在问题[J]. 沈阳医学院学报，2004，6（3）：154-156.
［4］陈玉忠. 关于我国青少年体质健康问题的若干社会学思考[J]. 中国体育科技，2007，43（6）：83-90.
［5］马新东，刘波，程杰. 美国青少年体质研究探析及对我国的启示[J]. 体育与科学，2010，31（1）：81-83.
［6］孙汉超. 我国居民体育消费行为研究[J]. 武汉体育学院学报，2001（1）：4-8.
［7］赖小玉，刘海金，刘尚礼. 我国青少年体质持续下降的原因分析及抑制措施[J]. 体育学刊，2007，14（5）：125-128.
［8］赵婀娜. 中国儿童青少年身体活动指南[N]. 人民日报，2021-09-17（07）.